岳麓書社

读名著　选岳麓

六韬 三略

附素书

黄朴民 导读 注译

岳麓書社·长沙

目 录

六 韬

三 略

附录 素 书

六韬

序 言

一、《六韬》其书

《六韬》是我国先秦时期的一部著名兵书，在宋神宗元丰年间被列为《武经七书》之一，相传为西周开国功臣姜太公吕望所撰。但据历代学者考证，其书并非殷周之际的作品，而很显然当为后人所依托。

《六韬》最早明确见诸著录的是《隋书·经籍志》，以后各代史书及公私目录书因之。但是《庄子·杂篇·徐无鬼》曾记载《金版》《六弢》,《史记·留侯世家》曾提到《太公兵法》三卷,《汉书·艺文志》"儒家类"与"道家类"又分别著录《周史六弢》六篇、《太公》二百七十三篇。它们与《隋书·经籍志》所载《太公六韬》之间的关系，古今学术界的意见很不一致，其中唐代颜师古《汉书》注指出《周史六弢》"即今之《六韬》也，盖言取天下及军旅之事。弢字与韬同也"。我认为《六韬》与《周史六弢》不无一定的渊源关系，但是，这种关系究竟怎么定位，则很难明确地加以说明。

《六韬》大约成书于战国后期，当时的庄周曾见过《金版》《六弢》。西汉《淮南子·精神训》也曾提到《豹韬》，高诱注说："《金縢》《豹韬》，周公、太公阴谋图王之书也。"再从《六韬》所反映的时代特色来看，其书所涉及的许多重要内容，如作战方式上的步、车、骑并举，武器装备方面的铁兵器名目增多，军事训练方法与《尉缭子》《吴子》等典籍所载的情况基本一致，以及大量地引述与袭用《墨子》等先秦典籍的文字等事实，都与战国时代的社会状况与军事斗争特点相吻合。

尤其值得注意的是，1972 年山东临沂银雀山西汉前期古墓出土的竹简中，有《六韬》等书。其中的《文韬》《武韬》《龙韬》等内容，与传世本《六韬》的相关文字基本相同。1973 年河北定县汉墓出土的竹简中，也有《六韬》一书的残文。这些考古发现，从实物的角度有力地证明了《六韬》成书于战国末年而广为流行于西汉初年这一实际状况。

传世《六韬》的版本很多，其中比较重要的有北宋元丰二年何去非校定的《武经七书》本，北宋元丰间朱服校刊《武经七书》本，涵芬楼《续古逸丛书》影印宋刊《武经七书》本，明嘉靖十年施德刊《校定武经七书》本，清乾隆年间《四库全书》抄本，商务印书馆《四部丛刊》影印宋抄本，扫叶山房石印《百子全书》本等。《六韬》很早就流传到国外，16 世纪时开始被译成外文，据不完全统计，仅日本对《六韬》进行翻译、注解和评点的著作就达四十余种。此外它还先后传入朝鲜、越南等国，有朝鲜文、越南文等译本刊行。

《六韬》的“韬”，与“弢”字相通，原为“弓套”的意思，含有深藏不露的意义，被引申为谋略。所谓“六韬”，就是六种秘密谋略，即论述军事问题的六种韬略。《六韬》全书共分六卷六十篇，通过姜太公与周文王、周武王对话问答的形式，阐述了经国治军的基本方略和指导战争的重要理论与原则。第一卷《文韬》，包括《文师》《盈虚》等十二篇，撇开具体的军事问题，主要讲治国安民的韬略；第二卷《武韬》，包括《发启》《文启》等五篇，主要讲通过武力或非武力手段夺取天下的韬略；第三卷《龙韬》，包括《王翼》《论将》等十三篇，主要讲军事指挥、将帅队伍建设、以法治军以及兵力部署的韬略；第四卷《虎韬》，包括《军用》《三阵》等十二篇，主要讲在一般地形条件下作战的具体战略战术及兵器使用的韬略；第五卷《豹韬》，包括《林战》《突战》等八篇，主要论述了在各种特殊地形条件下作战的基本指导原则和具体战法；第六卷《犬韬》，包括《分合》《武锋》等十篇，比较集中地阐述了军事训练以及各兵种的作战特点和协同作战方法的韬略。全书内容丰富，论述精辟，逻辑严谨，文采飞扬。它的问世，充实了我国军事理论宝库，标志着我国先秦军事思想体系的进一步发展和成熟，一定程度上，可以视为先秦兵学理论的集大成之作，在中国古代军事理论发展史上占有重要地位，对后世军事思想的发展也产生了深远的影响。

《六韬》一书具有一些突出的特点，概括而言，大致有以下三点：第一，军事学术体系的完备性和系统性。它所论述的范围包括政治、经济与军事的关系，全胜战略，军事战略，治军理论，作战指导思想，国防建设原则，军事后勤方针等各个方面，而且具有相当的深度，从而构筑成一个非常完备的兵学理论体系，具有从国家大战略层面认识与把握军事问题的鲜明特色，堪称先秦军事理论著作中的集大成之作。先秦兵学思想大致经历了三个主要发展阶段，这首先是以《军志》《军政》、古者《司马兵法》等典籍为主要载体的初始阶段，其主要特点是在战争观、治军、作战上贯彻和反映“军礼”的精神。其次是以《孙子兵法》出现为标志的转折发展时期，其基本特征是兵学思想摆脱“军礼”的束缚，贴近变革中的现实，更准确地体现军事斗争的自身规律特点。其三就是以《六韬》面世为标志的全面总结阶段，其特点就是兵学思想体现高度的综合融会。从这个意义上说，《六韬》的价值十分巨大。第二，当时社会政治思潮对它的广泛渗透和高度规范。这首先是黄老之学清静无为、执一统众的指导性质，其次是儒家民本主义思想的深厚影响和法家所强调的“法不阿贵”的治军理论与管理原则。第三，其书所阐述的不少问题，具有鲜明的独创性和启迪意义。如《文伐》十二法的高明运用，《兵征》诸篇所反映的“兵阴阳家”理论指导下的军事预测方法，《王翼》中早期“司令部”构成设想等就是这方面的例证。

二、《六韬》的主要军事思想及成就

1.《六韬》的战争观。

关于战争胜负的决定因素，作者认为："利天下者，天下启之；害天下者，天下闭之。天下者，非一人之天下，乃天下之天下也。取天下者，若逐野兽，而天下皆有分肉之心；若同舟而济，济则皆同其利，败则皆同其害。然则皆有以启之，无有闭之也……大明发而万物皆照，大义发而万物皆利，大兵发而万物皆服。"(《武韬·发启》）这就是说，能否在战争中克敌制胜，进而取得天下，其决定因素绝不在于个人的意志和愿望，也不在于单纯地依赖武力，而在于是否顺应天下的民心民意，是否合乎天地间的道义公理。若战争的动机与目的能够顺应民心、合乎道义，就能得到天下万民的支持，就能无往而不胜；反之，则天下之人皆成为你的对抗者和劲敌，就必然导致失败。

关于战争与国家政治的关系，作者也基于民本主义的立场，提出了爱民的思想，具体内容是："利而勿害，成而勿败，生而勿杀，与而勿夺，乐而勿苦，喜而勿怒……故善为国者，驭民如父母之爱子，如兄之爱弟。见其饥寒则为之忧，见其劳苦则为之悲。赏罚如加于身，赋敛如取己物。"(《文韬·国务》）也就是说，实施统治，制定和采取各项治国措施，都要考虑到民众的利益，要保障广大民众的生产和生活的基本条件，使他们安居乐业，心情舒畅。统治者要将人民当作自己的亲人一样去悉心爱护，与其同忧同乐，"与人同病相救，同情相成，同恶相助，同好相趋。故无甲兵而胜，无冲机而攻，无沟堑而守"(《武韬·发启》)。只有在政治上取得人民的支持，才能政通人和，内部和谐，上下一心，这才是取得战争胜利最根本的保证。

2.《六韬》的战略指导思想。

《六韬》在战略指导方面继承了《孙子兵法》"不战而屈人之

兵”“上兵伐谋”的“大战略”思想，并在具体措施和手段上有所发展。作者提出“全胜不斗，大兵无创”(《武韬·发启》)，“故善战者，不待张军；善除患者，理于未生；善胜敌者，胜于无形。上战无与战”《龙韬·军势》，把“不斗”“无与战”的方式和“全胜”“无创”的结果作为战争的最高层次和境界，即尽量将战场的暴力、残酷的厮杀降到最低程度，而最大限度地发挥非暴力手段的制胜作用。《六韬》对非暴力手段的作用及其运用方法的论述主要集中在《武韬》中的《文伐》《三疑》两篇中。所谓“文伐”，就是以文事伐人，不用交兵接刃而伐之，即以政治、外交、经济、文化等多种方式削弱敌国的实力，迫使敌国屈服，或为最后的武力取胜创造有利条件。在《文伐》篇中，作者提出了“文伐十二节”，即十二种削弱敌国的方法，其根本的目的就是要腐蚀、麻痹、分化、瓦解敌国的君臣，使其在政治、经济、军事等多方面造成严重损失，以消耗其实力，挫伤其锐气，在时机、条件成熟之际，对其发动军事进攻。正如作者最后指出的：“十二节备，乃成武事。所谓上察天，下察地，征已见，乃伐之。”

在《三疑》篇中，作者又进一步提出了“攻强”“离亲”“散众”的伐谋之道的实施策略，即“因之”“慎谋”“用财”。概括起来说，就是要想战胜强大的敌人，就要欲擒故纵，因势利导，助长其强大的势头和扩张的野心，使其盛极而衰；要想离间其君臣间亲近的关系，使用的计谋和手段一定要慎重、周密、隐蔽，使其无法察觉；要想离散其民众，就要设法给其民众施以恩惠，而不能吝惜钱财，用利益加以收买或笼络。这些都是对“文伐十二节”的补充。

此外，《六韬》的战略指导思想还体现在战略形势的判断和战略决策的制定方面。作者认为，战略形势的判断和战略决策的制定应建立在对情况的全面了解和深入分析的基础之上，指出：“天道无殃，不可先倡；人道无灾，不可先谋。必见天殃，又见人灾，乃可以谋。必见其阳，又见其阴，乃知其心。必见其外，又见其内，乃知其意。必见其疏，又见其亲，乃知其情。”(《武韬·发启》)只有对天、人、阴、阳、内、外、亲、疏等方方面面的情况都已有深入的了解与全面的掌握，才能做出正确的判断和决策。同时，一旦得出对战略形势的判断，对战争的得失利弊有了深刻的认识与把握，就应果断决策，不可贻误战机，纵敌为患，所以作者说：“用兵之害，犹豫最大；三军之灾，莫过狐疑。”(《龙韬·军势》)

3.《六韬》的作战指挥思想。

《六韬》作战指挥思想首先表现在其对战国时期活跃于战场之上的步兵、车兵、骑兵诸兵种协同作战战法，以及各兵种的主要作用、基本特点、长短优劣的论述上。

在《虎韬》《豹韬》《犬韬》中，作者分别就相关军队集成以及协同作战进行了论述。如《虎韬·必出》说：“勇力、飞足、冒将之士居前，平垒为军开道，材士强弩为伏兵居后，弱卒车骑居中……以武冲扶胥前后拒守，武翼大橹以备左右。”提出突围战中各兵种的使用和协同。如《豹韬·林战》说：“林战之法：率吾矛戟，相与为伍。林间木疏，以骑为辅，战车居前，见便则战，不见便则止。”指出在林地作战中诸兵种的使用和协同。在《豹韬·敌武》中说：“伏我材士强弩，武车骁骑为之左右，常去前后三里。敌人逐我，发我车骑，冲其左右……选我材士强弩，伏于左右，车骑坚阵而处。敌人过我伏兵，积弩射其左右，车骑锐兵疾击其军，或击其前，或击其后。”提出了在遭遇战中诸兵种的使用和协同。在《豹韬·鸟云泽兵》中说：“须其毕出，发我伏兵，疾击其后；强弩两旁，射其左右。车骑分为鸟云之阵，备其前后，三军疾战。敌人见我战合，其大军必济水而来，发我伏兵，疾击其后，车骑冲其左右。”指出在江河防御战中诸兵种的使用和协同。关于各兵种的运用特点，作者在《犬韬·战车》中指出：“步贵知变动，车贵知地形，骑贵知别径奇道，三军同名而异用也。”也就是说使用步兵贵在随时掌握战场形势的变化，这样才能随机应变；使用战车贵在熟悉地形情况，这样才能充分发挥其作用；使用骑兵贵在了解和掌握小路、捷径，这样才能有效地发挥骑兵机动的突出优势，对敌实施奇袭。

这些论述，很多是具有开创性的，对于丰富和发展我国古代的作战指挥理论做出了很大的贡献。

《六韬》的作者继承了《孙子兵法》“将能而君不御”“君命有所不受”等观点，特别强调要赋予将领独立的指挥权，指出：“凡兵之道，莫过于一。一者，能独往独来。”（《文韬·兵道》）即认为将领在作战指挥中必须拥有能临机决断的大权，这样才能不受外界因素的干扰和限制，充分发挥其指挥才能，独往独来，无往而不胜。因而，作者在《龙韬·立将》中十分详细地叙述了国君对军队主将的任命和授权的隆重仪式，并着重指出：“军中之事，不闻君命，皆由将出。临敌决战，无有二心。若此，则无天于上，无地于下，无敌于前，无君于后。是故智者为之谋，勇者为之斗，气厉青云，疾若驰骛，兵不接刃，而敌降服。”

此外，作者根据战国时期战场范围广大、作战地形复杂的新情况，论述了山地作战、林地作战、沼泽地作战、渡水作战、险隘地形作战、深草灌木地带防敌火攻作战等特种作战的战法；根据战国时期军队规模扩大、作战样式日趋多样化的新特点及其对作战指挥提出的新要求，论述了金鼓旗号等指挥工具以及阴符、阴书等通信联络手段的用途和使用方法。

《汉书·艺文志》曾对“兵权谋家”的内涵与特征做过系统的归纳与总结，“以正治国，以奇用兵，先计而后战，兼形势，包阴阳，用技巧者也”。应该说，在现存的兵学著作中，《六韬》一书是最能体现

“兵权谋”这个特点的，其中《国务》《大礼》诸篇，体现了“以正治国”的基本精神，而大量有关军事指挥艺术的论述，反映了“以奇用兵”的本质特征。它讲谋略，讲庙算，讲战略运筹、战略预测，可谓充分做到了“先计”，它的诸多战略战术原则阐述，又是“后战”的具体写照。《军势》《奇兵》诸篇的高超用兵之法，是对“兼形势”的生动诠释，《五音》《兵征》诸篇的内容，又显示了“包阴阳”的特色，而《农器》《军用》诸篇则无疑是“用技巧”的形象说明。总之，《六韬》一书的军事价值与意义至为显著，对其进行深入的考察与全面的总结实有必要。

三、诸子学说对战国兵书的渗透与影响

中国古代军事思想在春秋战国时期得到很大的发展，取得突出的成就。这既表现为《左传》等史书和儒、墨、道、法学派的著作中，对军事问题的高度重视和深刻论述，更体现为以《孙子兵法》为代表的成熟兵书的纷纷面世。它们为中国古代军事思想的发展奠定了坚实的理论基础。从更深的层次考察，诸子论兵之作的丰富和兵书理论体系的完善，在当时是互为关系、相辅相成的，即兵书的发展，给予诸子军事思想的成熟以有力的推动，而诸子的基本理论，又对兵书文化精神的构建产生了深刻的影响。战国晚期文化上的重大特征之一，是学术兼容成为不可逆转的历史趋势。在这样的背景之下，稍晚出的兵书，如《司马法》《吴子》《孙膑兵法》《尉缭子》《六韬》等，就开始较多地受到诸子学说的某些渗透与影响，传递当时各家学说的不同政治文化信息。

诸子学说对战国兵书文化精神构建的影响，比较集中地体现为战国兵书较多地带有政治伦理学的色彩。这是由中国古代学术的本质特征所决定的。因为政治、伦理思想占有主导地位，乃是中国古代思想史的重要特征。所谓“六合以外，圣人存而不论”（《庄子・齐物论》），

就是这个含义。近人梁启超在其名著《先秦政治思想史》序言中也明确指出了中国古代学术的这一基本特色："中国学术，以研究人类现世生活之理法为中心，古今思想家皆集中精力于此方面之各种问题。以今语道之，即人生哲学及政治哲学所包含之诸问题也。盖无论何时代何宗派之著述，未尝不归结于此点。"受这一文化传统的影响和制约，战国兵书注重将军事问题较大限度地从属于政治伦理学的主体，换言之，就是其许多军事观点，在一定程度上成为政治伦理学的具体诠释。战国兵书中都有大段大段的政治色彩浓厚的论述，而且一般都放在全书的首篇或靠前位置，例如《司马法》的《仁本》《天子之义》,《尉缭子》的《天官》《兵谈》《制谈》《战威》诸篇,《孙膑兵法》中的《见威王》,《六韬》中的《文韬》,《吴子》中的《图国》等，就是明证。它们均不是纯粹从军事学的角度立论，而是从政治学的本体基础上对军事问题进行理性的认识和总结。这应该说是诸子学说对战国兵书文化精神构建施加影响的必然结果。

儒、道、墨、法、名、阴阳是战国时期主要的思想学术流派，集中地体现了当时社会思潮的基本面貌。战国兵书文化精神构建对诸子学说的汲取和提炼，也主要表现为对这六家学派思想理论的接受。

儒家学说是战国时期的"显学"，它在社会中影响极大，它的基本精神对战国兵书的影响是非常显著的。儒家学说在战国时虽有孟、荀不同流派之间的差异，如思孟学派更为恪守孔子的立场，侧重于对仁义的阐述，特别重视道德上的自我完善；而荀子的思想则具有批判地综合各家的特色，侧重于对"礼制"和"礼教"的阐述。但其基本精神是一致的，即讲究"仁义"，提倡"礼乐"，严格等级名分，注重道德伦理教育和自我修身养性，重视"民本"，追求由"小康"臻于"大同"的理想社会，等等。它们的影响所及，使得战国兵书普遍注意强调战争与政治的关系，注意民心的向背对战争胜负的影响。这些构成了战国兵书指导原则上的浓厚儒学色彩，具体表现为当时兵书通常以儒学精神来判断战争的性质，把握战争的目的，认识战争的成败。

战国兵书中有关战争目的与性质的论述，比较突出地体现了儒家在把握这些问题上的基本精神，它们对军事活动必要性以及根本宗旨之认识，基本上与儒家“吊民伐罪”的原则相一致。这就是《尉缭子·武议》所说的“故兵者，所以诛暴乱，禁不义也”。然而，它们同儒家一样，称赞寝兵息战为圣德之治，肯定兵不血刃而定天下为用兵的最理想境界：“狱弭而兵寝，圣德之治也”(《司马法·仁本》)；“全胜不斗，大兵无创，与鬼神通”(《六韬·武韬·发启》)。认为兵为凶器，不得已而用之：“故兵者，凶器也；战者，逆德也；争者，事之末也。故王者伐暴乱，本仁义焉。”(《尉缭子·兵令上》) 指出一味依赖武力，频繁用兵，乃自取其辱之道，必然招致败亡：“然夫乐兵者亡，而利胜者辱。兵非所乐也，而胜非所利也。”(《孙膑兵法·见威王》)

战国兵书对于战争成败之关键的理解，也大多本于儒家的看法。它们认为战争的成败得失，多取决于政治的清明与否，仁义礼乐的推行与否：“以礼为固，以仁为胜。”(《司马法·天子之义》) 强调人是决定战争胜负的重要因素：“天时不如地利，地利不如人和，圣人所贵，人事而已”(《尉缭子·战威》)，“百姓皆是吾君而非邻国，则战已胜矣”(《吴子·图国》)。

值得充分注意的是，儒家的民本思想，在战国兵书之中得到了有力的体现。这是儒家思想对当时兵书文化精神构建最富有积极意义的影响。这种民本思想，在《司马法·仁本》中的表述，就是“战道：不违时，不历民病，所以爱吾民也；不加丧，不因凶，所以爱夫其民也；冬夏不兴师，所以兼爱其民也”。在《尉缭子·战威》中，是“励士之道，民之生不可不厚也；爵列之等，死丧之亲，民之所营不可不显也”。而《六韬·武韬·发启》中则表述为：“无取民者，民利之；

无取国者，国利之；无取天下者，天下利之。”战国兵书中这些渗透着儒学精神的民本概念，如果不单纯考虑其实施的效果，而从理性的角度分析，那么就应该承认它的进步性，值得后人借鉴和继承。

法家学说对战国兵书的影响也是显而易见的。法家的要义是“尊主卑臣”，提倡“不别亲疏，不殊贵贱，一断于法”(《史记·太史公自序》)，“信赏必罚，以辅礼制”(《汉书·艺文志》)，主张“循名责实”，强调加强君主专制，以严刑峻法治民，厉行赏罚，奖励耕战，巩固封建土地所有制，建立统一的集权国家，以农致富，以战求强，以法为教，以吏为师。所有这一切，都说明法家学说的本质特征为具体的可供操作的政治权力思想。在现实生活中，它比“迂远而阔于事情”的儒学显得更为高明。兵书要积极发挥自己适应统治阶级需要的现实功能，自然完全有必要汲取法家学说的某些内容。

从现存的战国兵书内容来看，它们都充分吸收了法家厉行赏罚的主张，极力提倡在军事活动中明赏严罚，以保证军队上下统一号令，强化军事纪律。这就是《尉缭子·制谈》中所言的“吾用天下之用为用，吾制天下之制为制。修吾号令，明吾刑赏，使天下非农无所得食，非战无所得爵。使民扬臂争出农战，而天下无敌矣”。这里不仅讲求赏罚，而且将赏罚直接与奖励耕战结合起来，这与《商君书》《韩非子》《管子》的思想实有相一致之处。另外像《六韬·龙韬·将威》中说“将以诛大为威，以赏小为明，以罚审为禁止而令行。故杀一人而三军震者，杀之；赏一人而万人说者，赏之。杀贵大，赏贵小”，《吴子·治兵》中称“若法令不明，赏罚不信，金之不止，鼓之不进，虽有百万，何益于用”等，也同样体现了法家的赏罚理论。从实际操作角度看，法家的赏罚严明主张的确符合军事活动的组织要求，因此为战国兵书所广泛吸收，其中尤以《尉缭子》一书最为显著。

战国兵书普遍强调军队的集中管理，主张以君权至上为军事活动的遵循规范，这显然是深受法家“尊主卑臣”“专制独断”理论的影响。《尉缭子·原官》对这一问题是如此论述的：“守法稽断，臣下之节也。明法稽验，主上之操也。”意思是说，最高统治者有主宰一切的权限，臣下只能毫不保留地为主上尽忠效命而已。《六韬》中所反映出来的集权思想更为深刻，它一再提倡君主要千方百计巩固权柄，以便左右一切：“无疏其亲，无怠其众，抚其左右，御其四旁。无借人国柄，借人国柄，则失其权……无借人利器，借人利器，则为人所害，而不终其正也。”（《文韬·守土》）这与法家慎到对“势”的论述如出一辙。其实，战国兵书中这种君权本位倾向的存在并不奇怪，因为时至战国专制主义日益成熟之际，兵书中贯彻专制集权的要求，乃是与社会历史发展的总趋势相一致的。

法家的“循名责实”理论，也为战国兵书所充分汲取和肯定。《六韬·文韬·举贤》有云：“将相分职，而各以官名举人，按名督实。选才考能，令实当其名，名当其实。”这就是要求在用人之时，必须严格区分职责权限，根据职责的名分，来考察其职责的实绩。这种辨名析实的军事行政管理手段，的确是法家“循名责实”理论的流韵余泽。

法家提倡极端专制主义，认为君臣之间、平民百姓之间的关系，都是建立在相互的利害取舍基础上的：“臣尽死力以与君市，君垂爵禄以与臣市。”（《韩非子·难一》）战国兵书也深受其影响，提倡在军事活动中的人际关系问题上，利用人的私欲，利用人的本性，借满足人们的欲望，来达到战争的目的，为专制统治者服务。例如，《尉缭子·战威》就主张：“因民所生而制之，因民所荣而显之。”同时，它更强调封建统治者应努力使广大民众“去私”“无欲”，至少不敢“有欲”，指出：“善政执其制，使民无私，为下不敢私，则无为非者矣。”（《尉缭子·治本》）这实质上就是法家“不以小功妨大务，不以私欲害人事”主张的翻版。总之，战国兵书文化精神的构建受到法家学说的影响，乃是不争的事实。这与法家注重解决现实问题，适应当时统治者实行专制主义的需要这一特征是紧密地联系在一起的。

道家的基本思想倾向，《汉书·艺文志》中有比较扼要而准确的表述："道家者流，盖出于史官，历记成败存亡祸福古今之道，然后知秉要执本，清虚以自守，卑弱以自持，此君人南面之术也。合于尧之克让，《易》之嗛嗛。一谦而四益，此其所长也。及放者为之，则欲绝去礼学，兼弃仁义，曰独任清虚可以为治。"具体地说，道家的要义大抵有四个主要层次，即以"道"为主宰和天下万物所生本源的宇宙生成论；事物相互依存、相互对立、相互转化、循环重复的朴素辩证法；"无为而无不为"，以退为进，柔弱胜刚强的策略论；"无为而治""小国寡民"的社会政治理想。其中"清静无为""贵柔守雌""无为而无不为"的处世原则和思维方式，尤其为人们所重视，被运用于社会生活的诸多领域。

战国兵书对道家的学说同样情有独钟，充分加以汲取。其中以《六韬》尤为突出。它们对神秘玄虚的道家语言多有搬用，以努力显示自己的深奥玄妙，不可捉摸。如言"治兵者，若秘于地，若邃于天，生于无"(《尉缭子·兵谈》)，"至事不语，用兵不言……倏而往，忽而来，能独专而不制者，兵也"(《六韬·龙韬·军势》)。这种形式上的模仿还不是最主要的，更突出的是，战国兵书主张在治军、作战中贯彻"无为而无不为"的原则，计大利而不计小利："不以役作之故，害民耕绩之时。削心约志，从事乎无为。"(《六韬·文韬·盈虚》)认为这样做的好处就在于："无取于民者，取民者也；无取于国者，取国者也；无取于天下者，取天下者也。"(《六韬·武韬·发启》)而道家以退为进、以静制动、以柔克刚的后发制人策略原则，则更得到战国兵书撰著者的青睐："安徐而静，柔节先定；善与而不争，虚心平志，待物以正"(《六韬·文韬·大礼》)，"正兵贵先，奇兵贵后，或先或后，制敌者也"(《尉缭子·勒卒令》)。在《孙膑兵法》中，更具体总结为"让威"的作战原则。

同时，战国兵书对社会动荡原因的分析，也常常采取道家学说的价值标尺予以衡量。如说："圣人务静之，贤人务正之。愚人不能正，故与人争。上劳则刑繁，刑繁则民忧，民忧则流亡。"(《六韬·武韬·文启》) 这种评论社会问题的价值取向，同样表明战国兵书文化精神构建过程所受道家学说的影响之深厚。

其他诸家如墨家、阴阳家等，对战国兵书文化精神的构建，也或多或少有所渗透和影响。概略而言，墨家的影响体现为战国兵书大多强调"尚贤""节用"以及"兼爱""救守"。而阴阳家的影响，则主要表现为某些战国兵书也注重论述"五行"，谈说"六甲"等。《六韬》中有《五音》《兵征》诸篇，侈言"五行之符，佐胜之征，成败之机"云云，即是明证。它与《汉书·艺文志》所言的"兵阴阳"的特征，毫无疑义是相一致的："阴阳者，顺时而发，推刑德，随斗击，因五胜，假鬼神而为助者也。"

战国时代，由于诸子学说存在着一种相互兼容的总趋势，所以战国兵书对诸子学说的借鉴和吸收，就自然而然地显得多元而混杂，很不纯粹。同一部兵书之中，往往既有儒、法的痕迹，也不时有道、墨的影子。有时甚至在同一段话中，各家学说的影响也交相混糅。例如《六韬·文韬·盈虚》中，所谓"鹿裘御寒，布衣掩形，粝粱之饭，藜藿之羹"之类，是墨家的余泽；所谓"削心约志，从事乎无为"，乃是道家的流风；"平心正节，以法度禁邪伪。所憎者，有功必赏；所爱者，有罪必罚"，乃是法家的要义；而"其自奉也甚薄，其赋役也甚寡，故万民富乐而无饥寒之色"，则是儒家的面孔了。这种现象的存在，充分表明战国兵书文化精神的构建实乃笼罩在诸子学说的氛围之中，可谓是诸子学说在当时兵学领域中的一种信息传递。

综上所述，诸子学说对战国兵书文化精神的构建，都有不同程度上的渗透和影响，其中尤以儒家与法家学说最为突出。这不仅表现为这两派学说的基本语言、概念范畴以及思想观点在战国兵书中出现的频率远较其他学派为高，而且也表现为它们在实质上决定了战国兵书的价值取向和基本文化特征。具体而言，儒家学说为战国兵书规范了用兵的宗旨与目的，对待战争的基本态度，以及战争与政治之间的内在逻辑关系等问题。一句话，即儒家学说从总揽全局的高度，为战国兵书解决了政治原则问题，从而使战国兵书在哲理上获得了升华。而注重实事的法家学说，亦从政治操作的角度，给战国兵书提供了具体而丰富的政治实践理论，并从实用的层次上满足了社会大变革条件下对兵书的要求。理想的境界与成熟的经验这两者的密切结合，互为弥补，这就是儒、法两派学说对战国兵书文化精神构建最富有积极意义的渗透和影响。

诸子学说对战国兵书文化精神构建的影响，既然表现为诸子政治思想在兵书中的贯彻和落实，使战国兵书在很大程度上受到政治、伦理的规范，那么它的历史意义也就自然而然地具有了双重的性质。

一方面，战国兵书由于受到政治、伦理的规范，笼罩着比较浓厚的政治色彩，这就在相当程度上淡化了军事学术的独立存在价值，使军事学沦落为政治学的附庸。同时，诸子学说影响渗透到当时的兵家著作之后，也使得后世兵家难以摆脱政治、伦理精神的束缚，并使古代兵学的创造性的发展受到极大的压抑。在漫长的古代社会里，兵学著作无有出《孙子兵法》之右者，以致产生“前孙子者，孙子不遗；后孙子者，不能遗孙子”(《武备志·兵诀评》）这样的说法，其重要的原因恐怕一在于斯。

另一方面，战国兵书由于受到浓厚的政治、伦理的规范，也使它具有了一定的历史合理性。因为战争的确是政治活动的最高表现形式，用现在通行的话来说，即战争是政治的继续。政治、伦理对于分析、判断战争的性质，理解战争的成败，认识战争的宗旨，都是有密切的联系的。从这个意义上讲，战国兵书从政治、伦理的角度认识军事规律，探讨战争问题，这一逻辑思路应该说是正确的，因为它合乎理性思维的正常途径。同时，战国兵书吸收儒家学说，提倡仁义爱民，主张调和社会矛盾，使得其战争观具有温和、中庸的色彩，这无疑是宝贵的识见，显示了对待战争应有的正确态度，对后人不无启迪意义。而它们重视民心向背对于战争胜负的影响，同样是非常卓越的见解，具有超越时空的价值。至于战国兵书吸收法家的实用政治学说，用来充实自己的治军、作战理论，乃是顺应时代潮流的选择，具有历史的必然性和逻辑的合理性，在今天更有必要予以公正的评价。其他像道家、墨家、阴阳家学说对战国兵书渗透与影响的意义，也应作如是观。

总而言之，战国兵书文化精神的构建深受诸子学说的渗透和影响，乃是一种客观存在的历史现象。对此，我们既不可简单贬低它的应有地位，也不应人为拔高它的历史意义，而必须以科学的态度进行缜密的分析和认真的总结。这是我们研究战国兵书的客观要求，也是我们对中国古代兵学发展嬗变历史进一步进行科学认识的必要前提。

卷第一 文韬

文师第一

导读

本篇是《六韬》的首篇,生动而具体地记载了周文王与姜太公的君臣际会历史及其谋划天下之韬略。姜太公胸怀雄才大略,可惜时运不济,怀才不遇,只好隐居岐山,垂钓渭水。而周文王为了成就灭商大业,求贤若渴,正在四处网罗人才。在这种情况下,两人不期而遇。初次见面,不明周文王底细的姜太公以钓鱼为话题进行试探,结果彼此言谈投机,一见如故,大有相见恨晚之感。姜太公见文王态度恳切,便明确地向文王提出了推翻商王朝以夺取天下的建议。为了坚定文王的信心,姜太公进一步指出表面上强大的商王朝已是日薄西山,来日无多,而现在尚默默无闻的周却如日东升,前程一片光明。周文王被姜太公所描绘的前景所鼓舞,向姜太公提出了何以取天下的问题。姜太公于是阐明了"天下非一人之天下,乃天下人之天下也"重要命题。提出了"同天下之利者,则得天下;擅天下之利者,则失天下"。因此要夺取天下,必须从"仁""德""义""道"几个方面着手。综览全篇,作者强调圣人独闻独见,能够见微知著,洞悉强弱盛衰转化之迹;主张以"仁"为核心,以"道"为方向,以"德"为纲目,行德秉义,积极地争取天下归服。其思想与孟子"仁者无敌"、《司马法》以"仁"为本的观念相通。既提出了夺取天下的战略目标,又阐明了实现这一目标的相关措施和具体方法。因此,我们可以把本篇看作周灭商的政治纲领和战略决策。

原文

文王[1]将田，史编[2]布卜曰："田于渭阳[3]，将大得焉。非龙、非螭[4]、非虎、非罴[5]，兆得公侯[6]。天遗[7]汝师，以之佐昌，施及三王。"

文王曰："兆致是乎？"

史编曰："编之太祖史畴为禹[8]占，得皋陶[9]，兆比于此。"

译文

周文王准备去打猎，太史编占卜以后说："您这次在渭河北岸狩猎，将会有很大的收获。所得的不是龙，不是螭，不是虎，也不是罴，根据征兆将得到的是一位公侯之才。他是上天恩赐给您的导师，来辅佐您的事业，使之日渐昌盛，并且施惠于您的后代子孙。"

文王问："兆辞果真是这样吉利吗？"

史编回答说："我的远祖史畴曾为夏禹占卜，卜知得到皋陶，其征兆正与今天的相似。"

注释

1 文王：殷商末年周部族领袖，姬姓，名昌。他招贤纳士，发展生产，积极备战，扩充势力，为其子武王灭商奠定了基础。

2 史编：史，官职名；编，人名。在先秦时期，史官主要掌管记事、祭祀及占卜诸项事务。

3 渭阳：渭水北岸地区。水北为阳，水南为阴。渭，渭水，今称渭河，位于陕西省中部。

4 螭：古代传说中的一种没有角的龙。

5 罴：兽名，俗称人熊。

6 公侯：古代爵位的名称，五等爵位中第一等称公，第二等称侯。此处是指有公侯才能的人。

7 遗(wèi):赠与。

8 禹:传说中上古夏后氏部落的领袖,姒姓,曾治理洪水,平息水患,为我国古代军事民主制时期的最后一位领袖。其子启建立了我国历史上的第一个王朝——夏朝。

9 皋陶:传说中的东夷族领袖,曾主管刑狱,为中国古代司法的始祖。

原文

文王乃斋[1]三日,乘田车[2],驾田马[3],田于渭阳,卒见太公,坐茅以渔。

文王劳而问之曰:“子乐渔邪?”

太公曰:“臣闻君子乐得其志;小人乐得其事。今吾渔,甚有似也,殆非乐之也。”

译文

文王于是戒斋三天,然后,乘着猎车,驾着猎马,到渭水北岸行猎。终于见到了太公,当时他正坐在长满茅草的河岸上钓鱼。

文王上前向太公致以慰劳之意,并询问他:“您喜欢钓鱼吗?”

太公回答说:“我听说君子乐于实现自己的抱负,普通人乐于做好自己的事情。现在我钓鱼,其道理与这很是相似,而并非真正喜欢钓鱼这件事本身。”

注释

1 斋:斋戒,古人祭祀和举行其他典礼前要沐浴更衣,不饮酒,不食荤,不近女色,以示虔敬,称之为斋。

2 田车:指打猎用的车,比一般兵车和乘车形制略小。

3 田马:即打猎时用以驾驭田车的马。

原文

文王曰:“何谓其有似

译文

文王问道:“为什么说两者之间

也？”

太公曰：“钓有三权[1]：禄等以权，死等以权，官等以权。夫钓以求得也，其情深，可以观大矣。”

文王曰：“愿闻其情。”

太公曰：“源深而水流，水流而鱼生之，情也；根深而木长，木长而实生之，情也；君子情同而亲合，亲合而事生之，情也。言语应对者，情之饰也；言至情者，事之极也。今臣言至情不讳，君其恶之乎？”

文王曰：“唯仁人能受至谏，不恶至情，何为其然？”

有相似之处呢？”

太公说：“钓鱼包含三种权术含义。用厚禄收买人才，这是一种以饵诱鱼的权术；用重金招揽勇士，使其慷慨赴死，这也是一种以饵诱鱼的权术；用官职授予臣僚，使其效忠尽力，这更是一种以饵诱鱼的权术。凡是垂钓都是为了得到鱼，这里面的道理十分深奥，并可以用来观察大的事情。”

文王说：“我愿意聆听这其中的道理。”

太公说：“水的源流深，水流就不息，水流不息，鱼类就能得以生存，这是自然的道理；树的根须深，枝叶就茂盛，枝叶繁茂，果实就能结成，这也是自然的道理。君子情同意合，就能亲密合作，亲密合作，事业就能够成功，这同样是自然的道理。言语应对，通常是用来表达感情的；能说真情实话，那是最好的事情。现在我说真情实话而毫不隐讳，您大概会反感吧？”

文王说：“只有仁德之人才能接受正直的规谏，不厌恶真情实话，我怎么会反感您的诤言呢？”

注释

1 权：权术。

原文

太公曰:“缗[1]微饵明,小鱼食之;缗调饵香,中鱼食之;缗隆饵丰,大鱼食之。夫鱼食其饵,乃牵于缗;人食其禄,乃服于君。故以饵取鱼,鱼可杀;以禄取人,人可竭;以家取国,国可拔;以国取天下,天下可毕[2]。

“呜呼!曼曼绵绵[3],其聚必散;嘿嘿昧昧[4],其光必远。微哉!圣人之德,诱乎独见[5]。乐哉!圣人之虑,各归其次[6],而树敛[7]焉。”

译文

太公说:“钓丝细微,鱼饵可见,小鱼就会来吃;钓丝适中,鱼饵味香,中鱼就会来吃;钓丝粗长,鱼饵丰盛,大鱼就会来吃。鱼儿贪食香饵,就会被钓丝牵住。人要得到君主的俸禄,就会服从君主的驱使。所以,用香饵钓鱼,鱼就可供烹食;用爵禄网罗人才,人才就能悉为己用。以家为基础取国,国就能据为己有。以国为基础取天下,天下就可全部征服。

“哎呀!土地幅员广大,国祚绵延久长,但如果不得人心,最后必定是烟消云散。有的国君虽然眼下默默无闻,但若能实施清明政治,那么,他的光辉必能够普照四方。微妙啊!圣人之德,就在于独创地、潜移默化地争取人心。快乐啊!圣人之虑,就是使天下之人各得其所,并努力制定各种收揽人心的方法。”

注释

1 缗:指钓丝。

2 毕:古时田猎用的长柄网,也指捕取禽兽。这里引申为征服。

3 曼曼绵绵:曼曼,指幅员广阔无际。绵绵,持续长久的意思。

4 嘿嘿昧昧:嘿嘿,同“默默”,寂然无声。昧昧,昏暗不明之貌。

5 诱乎独见:诱,诱导,因势利导,喻指争取人心。独见,独到的见解或方法。

6 各归其次：各得其所的意思。

7 敛：收揽、聚拢的意思。

原文

文王曰："树敛何若而天下归之？"

太公曰："天下非一人之天下，乃天下之天下也。同天下之利者，则得天下；擅天下之利者，则失天下。天有时，地有财，能与人共之者，仁也；仁之所在，天下归之。免人之死，解人之难，救人之患，济人之急者，德也；德之所在，天下归之。与人同忧、同乐、同好、同恶者，义也；义之所在，天下赴之。凡人恶死而乐生，好德而归利，能生利者，道也；道之所在，天下归之。"

文王再拜曰："允

译文

文王问道："那么，该制定什么样的收揽人心的方法，才能够使得天下归顺呢？"

太公回答说："天下不是一个人的天下，而是天下人共同拥有的天下。能同天下之人共享天下利益的，就可以得到天下。而独占天下利益的，就会失掉天下。天有四时，地生财富，能同人们共同享受利用的，这就是仁爱，仁爱所在，天下之人就会归顺。免除人们的死亡，排解人们的苦难，拯救人们的祸患，扶济人们的危急的，这就是恩德，恩德所在，天下就会归顺。和人们共历忧患，共享欢乐，好恶一致的，这就是道义，道义所在，天下之人就会争先恐后地去归附。人们无不厌恶死亡而乐于生存，喜欢恩德而追求利益，能为天下人创造利益的，这就是王道。王道之所在，天下人就会归顺之。"

文王再次拜谢后说："您讲得太正确了。我岂敢不接受上天的旨意！"于是，就

哉[1]，敢不受天之诏[2]命乎！”乃载与俱归，立为师。

把太公请上自己的猎车，一起回到国都，并拜太公为师。

注释

1 允哉：允，允当、正确的意思。

2 诏：古时上级给下级的命令文告。秦汉以后，专指皇帝颁发的文书命令。

盈虚第二

导读

盈虚，意为盛衰。本篇从历史与现实相结合的高度，深入地讨论国家盛衰、国势消长、社会治乱之缘由。作者强调指出，治乱兴衰，不是由天命所决定的，关键在于国君的贤明与否。如果国君贤明，就会“国安而民治”。否则，就会“国危而民乱”。接着以帝尧为例，进一步阐明如果要达到“国安而民治”的目的，那么，身为国君就必须做到清心寡欲，无为而治，生活俭朴，轻徭薄赋，奖励农桑，赏功罚罪，存养孤苦等。

原文

文王问太公曰：“天下熙熙[1]，一盈一虚[2]，一治一乱，

译文

文王询问太公说：“天下如此纷杂熙攘，有时强盛，有时衰弱，有时

所以然者，何也？其君贤不肖不等乎？其天时[3]变化自然乎？”

太公曰：“君不肖，则国危而民乱；君贤圣，则国安而民治。祸福在君，不在天时。”

文王曰：“古之贤君可得闻乎？”

太公曰：“昔者帝尧[4]之王天下，上世所谓贤君也。”

安定，有时混乱，所以这样，究竟是什么缘故？这是因为君主贤与不贤不一样的关系？还是因为天命变化自然递嬗的结果？”

太公回答说：“君主不贤，则国家危亡而民众动乱；君主贤明，则国家安定而民众顺从。所以，国家的祸福在于君主的贤明与否，而不在于什么天命。”

文王问：“古代贤君的情况，我可以听听吗？”

太公答：“从前帝尧统治天下，上古的人们都称道他为贤君。”

注释

1 熙熙：纷杂乱糟糟的样子。

2 一盈一虚：盈，本义为充满，此处引申为强盛。虚，意谓衰弱。

3 天时：天地自然变化演进的时序。这里是指天命。

4 帝尧：传说中的我国古代部落联盟的领袖，号陶唐氏。据说他效法天时，制定历法，任用贤能，推行教化，使天下太平。后禅位于虞舜。

原文

文王曰：“其治如何？”

太公曰：“帝尧王天下之时，金银珠玉不饰，锦绣文绮[1]不衣，奇怪珍异不视，玩好[2]之器不宝，淫泆

译文

文王问：“他是怎样治理国家的？”

太公说：“帝尧统治天下的时候，不用金银珠玉做装饰品，不穿锦绣华丽的衣服，不观赏珍贵奇异的物品，不把玩好之器视作宝贝，不听淫泆的靡

之乐不听，宫垣屋室不垩[3]，甍、桷、椽、楹[4]不斫[5]，茅茨遍庭不剪[6]。鹿裘[7]御寒，布衣掩形，粝[8]粱之饭，藜藿[9]之羹。不以役作[10]之故，害民耕绩之时。削[11]心约志，从事乎无为[12]。吏忠正奉法者尊其位，廉洁爱人者厚其禄。民有孝慈者爱敬之，尽力农桑者慰勉之。旌别[13]淑德，表其门闾[14]。平心正节，以法度禁邪伪。所憎者，有功必赏；所爱者，有罪必罚。存养天下鳏寡孤独[15]，振赡祸亡之家。其自奉也甚薄，其赋役也甚寡，故万民富乐而无饥寒之色，百姓戴其君如日月，亲其君如父母。"

文王曰："大哉！贤君之德也！"

靡之音，不用白土粉饰宫廷的墙垣，不雕饰甍、桷、椽、楹，不修剪庭院中的茅草。以鹿皮为裘衣抵御寒冷，用粗布裁衣遮蔽身体。吃粗粮做的饭，喝野菜煮的汤。不因为征发劳役而妨害耽误农民的耕织。抑制自己的欲望，清静无为。官吏中忠正守法的就升迁爵位，廉洁爱民的就增加俸禄。对人民中孝敬长辈、慈爱晚辈的人给予尊敬，对人民中尽力从事耕作、发展蚕桑的人给予慰勉鼓励。区别善恶良莠，表彰褒扬善良人家。提倡心志公平，节操端正，并用法令制度来禁止邪恶诈伪。对自己所厌恶的人，他若立有功勋同样给予奖赏；对自己所喜爱的人，他若犯有罪行同样给予惩罚。慰问和赡养天下那些鳏、寡、孤、独的人，救济那些遭受天灾人祸的家庭。至于帝尧他自己的生活，则是非常的俭朴，征发民众的赋税劳役也很轻微。因此，天下民众富足安乐而没有饥寒的面容，百姓爱戴这样的君主就像景仰日月一样，亲近这样的君主就像亲近自己的父母一样。"

文王感叹地说："帝尧这位贤君的德行是多么的伟大啊！"

注释

1 锦绣文绮:指做工精细、漂亮华丽的丝织品。

2 玩好:供欣赏、玩乐的奢侈品。

3 垩:可供粉刷的白土。此处是粉刷墙壁的意思。

4 甍、桷、椽、楹:甍,屋栋。桷,方形的椽子。椽:椽子,即放在梁上支架屋顶的木条。楹:厅堂前部的大柱子。

5 斫:大锄,引申为砍、削、斩,此处指雕饰。

6 茨:蒺藜。

7 鹿裘:用鹿皮做的衣服。鹿裘粗陋易得,是平民所服。

8 粝:粗糙的劣质米。

9 藜藿:通指野生粗劣的菜蔬。

10 役作:征发人民从事劳役,兴建宫室。

11 削:削弱,这里有抑制的意思。

12 无为:道家政治哲学思想的重要命题。指顺应自然,效法天地,不求有所作为,无为而无不为。

13 旌别:识别、甄别。

14 闾:里巷之门。

15 鳏寡孤独:泛指失怙无恃的人。老而无妻曰鳏,老而无夫曰寡,幼而无父曰孤,老而无子曰独。

国务第三

导读

国务,就是治理国家的大政方针。作者认为治国的大政方针关键之所在,就是能够做到“主尊人安”,而实现这一目标的基本途径乃是爱民,具体而言就是“利而勿害,成而勿败,生而勿杀,与而勿夺,乐而勿苦,喜而勿怒”,篇中最后指出爱民之道应该“如父母之爱子,如兄之爱弟”。

原文

文王问太公曰:“愿闻为国之大务,欲使主尊人安,为之奈何?”

太公曰:“爱民而已!”

文王曰:“爱民奈何?”

太公曰:“利而勿害,成而勿败,生而勿杀,与而勿夺,

译文

周文王询问太公说:“我愿意倾听治国的根本道理,要想使君主受到尊崇,民众得到安宁,应当怎么办呢?”

太公答道:“只要爱民就行。”

文王问道:“应当怎样爱民呢?”

太公说:“使民众获得利益而不要损害他们,使民众取得好收成而不要耽误他们的农时,使民众生存下去而不要无辜加以杀戮,给予民众好处实惠而不要掠夺侵占,使民众安乐而不要使其蒙受痛苦,使民众喜悦而不要激起他们的怨怒。”

乐而勿苦，喜而勿怒。”

文王曰：“敢请释其故。”

太公曰：“民不失务[1]，则利之；农不失时，则成之；省刑罚，则生之；薄赋敛[2]，则与之；俭宫室台榭[3]，则乐之；吏清不苛扰，则喜之。民失其务，则害之；农失其时，则败之；无罪而罚，则杀之；重赋敛，则夺之；多营宫室台榭以疲民力，则苦之；吏浊苛扰，则怒之。

“故善为国者，驭民如父母之爱子，如兄之爱弟。见其饥寒则为之忧，见其劳苦则为之悲。赏罚如加于身，赋敛如取己物。此爱民之道也。”

文王说：“请您解释一下其中的道理。”

太公说：“民众不失掉职业，就是得到利益；农时不被耽误，就是促成了民众的生产；减省刑罚，就是保障了民众的生存；少征收赋税，就是给了民众实惠；少修缮宫室台榭，就是使民众安乐；官吏清廉，不苛扰盘剥，就是使民众喜悦。反之，如果使民众失掉职业，就是损害了他们的利益；农时受到耽误，就是败坏了他们的农事；民众无罪而妄加惩罚，就是对他们进行杀戮；横征暴敛，就是对他们进行掠夺；大肆营建宫室台榭而使民力疲惫，就是给民众造成痛苦；官吏贪污苛扰，就会激起民众的愤怒。

“所以，善于治理国家的君主，统治民众就像父母爱护子女、兄长爱护弟弟一样。见到他们饥寒，就为其忧虑；见到他们劳苦，就为其悲痛。对民众施行赏罚，就像自己身受赏罚一样；向民众征收赋税，就像夺取自己的财物一样。所有这些，就是爱民的道理。”

注释

1 务：事务，这里引申为职业。

2 敛:征收赋税。

3 台榭:台,高而平的建筑物,一般供瞭望或游观用。如瞭望台、亭台、楼阁。榭,在台上盖的高屋,本为存置武器之所,后来成为游观的场所。

大礼第四

导读

大礼,即君臣之间的行为准则。本篇首先阐明君臣之间的行为规范:君礼效法天,当体察下情,普施恩惠;臣礼效法地,当服从命令,安分守职。接着从“主位”“主听”“主明”三方面论述君主应具备的行为规范和品德修养,能够海涵一切,集思广益,沉稳镇静,正直平和,从而做到“目贵明,耳贵聪,心贵智”。

原文

文王问太公曰:“君臣之礼如何?”

太公曰:“为上唯临[1],为下唯沉[2],临而无远[3],沉而无隐[4]。为上唯周[5],为下唯定[6];周则[7]

译文

周文王询问太公说:“君主与臣民之间的礼法应该怎样?”

太公回答道:“为君主的要能洞察下情,为臣民的要能驯服虔敬。洞察下情在于不疏远民众,驯服虔敬在于不隐瞒私情。为君主的要普施恩惠,为臣民的要安分守职。普施恩惠,要像苍天那样覆盖万物;安分守职,要天也，定则地也。或天或地，大礼乃成。”

像大地那样稳重厚实。君主效法苍天，臣民效法大地。这样，君臣之间的礼法就可以圆满构成。”

注释

1 临：居高临下，引申为洞察下情。

2 沉：深沉隐伏，引申为驯服虔敬。

3 远：疏远民众的意思。

4 隐：言隐匿私情，不尽忠诚。

5 周：周遍、周遭，意指普施恩惠。

6 定：稳定，指安分守己。

7 则：效法的意思。

原文

文王曰：“主位如何？”

太公曰：“安徐[1]而静，柔节先定；善与而不争，虚心平志，待物以正。”

文王曰：“主听如何？”

太公曰：“勿妄而许，勿逆而拒；许之则失守[2]，拒之则闭塞。高山仰之[3]，不

译文

文王问：“处于君主地位的，应该怎样做才好？”

太公说：“应该安详稳妥而沉潜清静，应该柔和节制而胸有成竹；要善于施恩予民而不同他们争利，做到虚心静气而公道无私，处理事务则要公平正直。”

文王问：“做君主的应该怎样倾听意见？”

太公答道：“既不要轻率地赞许，也不要粗暴地拒绝。轻率赞许就容易丧失主见，粗暴拒绝就容易闭塞言路。君主要像高山那样，使人仰慕不已；要像深渊那样，使人莫测

可极也;深渊度之,不可测也。神明之德,正静其极。”

文王曰:“主明如何?”

太公曰:“目贵明,耳贵聪,心贵智。以天下之目视,则无不见也;以天下之耳听,则无不闻也;以天下之心虑,则无不知也。辐凑[4]并进,则明不蔽矣。”

其深。神圣英明的君主之德,就是清静公正达到极致。”

文王问:“做君主的怎样才能洞察一切呢?”

太公说:“眼睛贵在能明察,耳朵贵在能敏听,头脑贵在能思虑周详。依靠天下人的眼睛去观察,那么就能无所不见;凭借天下人的耳朵去倾听,那么就能无所不闻;利用天下人的头脑去思虑,那么就能无所不知。如果四面八方的意见消息都汇集到君主那里,那么君主就能够洞察一切而不受蒙蔽了。”

注释

1 安徐:安详徐缓,意谓谨慎,不妄动。

2 守:操守,此处引申为内心的主见。

3 高山仰止:语出《诗·小雅·车舝》:“高山仰止,景行行止。”意指仰慕、效法。

4 辐凑:同“辐辏”。车辐集中于毂,通常用以比喻人或物聚集在一处。

明传第五

导读

本篇论述将国祚传给子孙后代的要道大义。文中从正反两方面论述了为君处事的根本原则，指出君主应该厉行禁止三种情况："见善而怠，时至而疑，知非而处。"应该积极提倡四种情况："柔而静，恭而敬，强而弱，忍而刚。"作为国家的统治者，要开诚布公，坚定不移地秉持义胜欲、敬胜怠的立场。

原文

文王寝疾[1]，召太公望，太子发[2]在侧。曰："呜呼！天将弃予，周之社稷[3]将以属汝，今予欲师至道之言，以明传之子孙。"

太公曰："王何所问？"

文王曰："先圣之道，其所止，其所起，可

译文

文王卧病在床，召见太公望，太子姬发也在床旁。文王叹息说："唉！上天将要终结我的生命了，周国的社稷大事就要托付给您。现在我想要听您讲讲至理明言，以便明确地传给子孙后代。"

太公问道："君王您要问些什么呢？"

文王说："古代圣贤治国安民之道，所要废弃的是什么，所要推行的又是什么，这中间的道理，您可以讲给我听听吗？"

太公说："见到善事却怠惰不为，时机

得闻乎？”

太公曰：“见善而怠，时至而疑，知非而处，此三者，道之所止也。柔而静，恭而敬，强而弱，忍而刚，此四者，道之所起也。故义胜欲则昌，欲胜义则亡；敬胜怠则吉，怠胜敬则灭。”

来临却迟疑不决，明知有错却泰然处之，这三种情况是先圣治国之道中所要废止的。柔和而能清静，谦恭而能敬谨，强大而能自居弱小，隐忍而能内蕴刚强，这四点就是先圣治国之道中所要推行的。所以，道义胜过私欲，国家就昌盛，私欲胜过道义，国家就衰亡；敬谨胜过怠惰，国家就祥和，怠惰胜过敬谨，国家就覆灭。”

注释

1 寝疾：卧病。

2 太子发：即姬发，文王之次子，文王去世后继位为君，以太公、周公、召公等人为辅弼，率周军伐纣灭商，建立西周王朝。史称武王。

3 社稷：社，土神；稷，谷神。古代天子与诸侯均设庙立坛，祭祀此二神，社稷遂被作为国家的象征。

六守第六

导读

六守，是指六种应该始终信守如一、毫不动摇的高贵品德。本篇首先指出了国君遭遇失败，以致失去天下的原因，乃在于用人不当。接着系统全面地论述了国君必须坚持“六守”，掌握“三宝”。所谓“六守”，就是考察和选拔人才的六条基本标准，即仁、义、忠、信、勇、谋，要运用富、贵、付、使、危、事等六种手段来考核与观察一个人是否符合这六条标准。所谓“三宝”，就是国君必须控制和掌握关系国家经济命脉的三大行业，即农、工、商，这实际上就是后世汉武帝时代所谓的“利出一孔”的先声。最后指出：“六守长，则君昌；三宝完，则国安。”

原文

文王问太公曰：“君国主民者，其所以失之者何也？”

太公曰：“不慎所与[1]也。人君有六守[2]、三宝[3]。”

文王曰：“六守何也？”

太公曰：“一曰仁，二曰义，三曰忠，四曰信，五曰勇，六曰谋，是谓六守。”

文王曰：“慎择六守者何？”

太公曰：“富之而观其无犯[4]，贵之而观其无骄，付之而观其

译文

文王询问太公道：“统治国家、管辖民众的君主，其之所以失掉国家和民众的原因是什么？”

太公回答说：“那是用人不慎所造成的。人君应当做到‘六守’‘三宝’。”

文王问：“‘六守’是什么呢？”

太公说：“一是仁爱，二是正义，三是忠诚，四是信用，五是勇敢，六是智谋。这就是所谓的‘六守’。”

文王问：“怎样慎重地选择拔擢符合‘六守’标准的人才呢？”

太公说：“使他富裕，以观察他能否不逾越礼法；使他尊贵，以观察他是否不骄傲自大；委以重任，来观察他是否能毫不犹豫去完成；指派他处理问题，来观察他是否能不隐瞒欺骗；让他置身危难，来看他能否临危不惧；让他解决突发事件，来看他能否

无转，使之而观其无隐，危之而观其无恐，事之而观其无穷。富之而不犯者仁也，贵之而不骄者义也，付之而不转者忠也，使之而不隐者信也，危之而不恐者勇也，事之而不穷者谋也。人君无以三宝借人，借人则君失其威。”

应付裕如。富足而能不逾越礼法的，是仁爱之人；尊贵而能不骄傲的，是正义之人；身负重任而能毫不犹豫去做的，是忠诚之人；处理问题而能不隐瞒欺骗的，是守信之人；身处危难而能无所畏惧的，是勇敢之人；面对突发事件而能应付裕如的，是足智多谋之人。同时，君主不要把‘三宝’交给他人，如果把‘三宝’交给他人，那么君主就会丧失自己的权威。”

注释

1 与：给予、托付。引申为任用人才的意思。

2 六守：守，遵守，奉行，此处指任用臣属的标准。六守，即六项用人的标准。

3 三宝：宝，宝贵之物，此指国家经济命脉。三宝，即指关系到国家经济命脉的三件大事。

4 犯：指违背礼制，干犯法禁。

原文

文王曰：“敢问三宝？”

太公曰：“大[1]农、大工、大商，谓之三宝。农一[2]其乡[3]，则谷足；工一其乡，则器

译文

文王问：“您说的‘三宝’是指什么？”

太公说：“重视农业、手工业、商业，这三件事情叫作‘三宝’。把农民聚集在一个地方进行生产，粮食就充足；把工匠聚集在一个地区进行生产，器具就充足；把商贾聚集在一个地区进行贸易，财货就充足。让

足；商一其乡，则货足。三宝各安其处，民乃不虑。无乱其乡，无乱其族，臣无富于君，都[4]无大于国[5]。六守长，则君昌；三宝完，则国安。”

这三大行业各安其业，民众就不会寻思变乱了。不要打乱这种乡村经济组织，也不要拆散人们的家族组织。使臣民不得富于君主，城邑不得大于国都。具备‘六守’标准的人才得到任用，那么君主的事业就能昌盛兴旺；‘三宝’发展完善，那么国家就能长治久安。”

注释

1 大：重视、发展的意思。

2 一：统一，这里引申为聚集、集结。

3 乡：行政区划单位，泛指城市郊外地区，所辖范围，历代不同。周制，一万二千五百家为乡。春秋齐制，郊内五家为轨，十轨为里，四里为连，十连为乡。郊外五家为轨，六轨为邑，十邑为率，十率为乡。

4 都：大城邑。

5 国：国都。古代君主所居住的城邑称“国”，与首都同义。

守土第七

导读

本篇论述保卫国土和维系政权的基本策略。具体说来，有以下几点：

对内团结宗亲,“无疏其亲,无怠其众”,这实际上就是俗语所说的“打虎亲兄弟,上阵父子兵”的道理;对外抚御左右四方,“抚其左右,御其四旁”。恩威并施、刚柔相济,文武两手都要硬。政治上“无借人国柄”,防止大权旁落;经济上行“仁政”以富国殷民。作者认为,只要不舍本治末,做到以仁义敬众合亲,就能达成“天下和服”的目的。

原文

文王问太公曰:“守土奈何?”

太公曰:“无疏其亲,无怠其众,抚其左右,御其四旁[1]。无借人国柄[2],借人国柄,则失其权。无掘壑而附丘[3],无舍本而治末[4]。

“日中必彗[5],操刀必割,执斧必伐。日中不彗,是谓失时;操刀不割,失利之期;执斧不伐,贼人将来。涓涓不塞,将为江河;荧荧[6]不救,炎炎奈何;两叶[7]不去,将用斧柯。

“是故人君必从事于富。不富无以为仁,

译文

文王询问太公说:“守卫国土应当怎么办?”

太公答道:“不要疏远宗室亲族,不可怠慢广大民众,安抚左右近邻,控制天下四方。不要把治国大权委托给他人,如果把治国权柄交给他人,君主就会失去自己的权威。不要挖掘沟壑的泥土去堆高土丘,不要舍弃根本而去追逐枝末。

“太阳正当中午,必须抓紧时机曝晒;拿起刀子,必须抓紧时机收割;手中执有斧钺,必须抓紧时机征伐。中午阳光充足时不曝晒,这叫作丧失机遇;拿起刀子不收割,就会失去有利的时机;手执斧钺不杀敌,坏人就会乘虚而入。涓涓细流不加堵塞,就会汇成滔滔江河;微弱的火星不予扑灭,熊熊大火燃起时就将无可奈何;刚萌芽的嫩叶不除去,将来就得动用斧柯去砍伐。

不施无以合亲。疏其亲则害，失其众则败。无借人利器[8]，借人利器，则为人所害，而不终其正也。”

“所以，做君主的必须努力使国家变得富强。不富强，就难以行施仁义，不施行仁义就无从团结宗亲。疏远自己的宗室亲族就会受害，失去自己的民众就会失败。不要把国家的统治权力交给别人，统治权交给他人，就会被人所害而得不到善终。”

注释

1 四旁：四方。

2 国柄：国家的权力。

3 无掘壑而附丘：意谓不要损下以益上。

4 舍本而治末：古代重视农业，喻之为本；轻视工商业，喻之为末。舍本治末，指忽视农业而热衷工商业。

5 彗：通“熭”，曝晒。

6 荧荧：极其微弱的火光。

7 两叶：指嫩叶，此处比喻草木萌生。

8 利器：锐利的兵器，这里喻指国家的权力。《老子·三十六章》：“国之利器，不可以示人。”

原文

文王曰：“何谓仁义？”

太公曰：“敬其众，合其亲。敬其众则和，合其亲则喜，是谓仁义之纪[1]。无使人夺汝威。

译文

文王问：“什么是仁义？”

太公说：“敬重自己的民众，团结自己的宗亲。敬重民众就上下和睦，团结宗亲就普遍喜悦，这就是仁义的基本原则。不要让人侵夺你的威权。要做到明察是非，顺应常理去待人接物。对于顺从自己的人，就施以

因其明,顺其常。顺者任之以德,逆者绝之以力[2]。敬之无疑,天下和服。”

恩德加以任用;对于反对自己的人,就动用武力加以消灭。遵循上述原则而毫不疑虑,天下就会顺从而和平了。”

注释

1 纪:纲纪,基本原则、准则。

2 绝之以力:谓动用武力加以灭绝。

守国第八

导读

本篇论述保卫国家的原则和方法。文中在阐扬天地四时与万物的运化规律的基础上,提出圣人的天地经纪思想,主张兼用阴阳之道,顺应自然运化的规律,以实现维系国脉,长治久安的战略目标。作者首先阐明在和平时期,应根据万物生长的规律来管理民众,治理天下。接着论述了在天下动荡之时,要采取“发之以其阴,会之以其阳”的策略与手段,韬光养晦,一旦时机成熟,即及时入局,逐鹿天下,使“天下和之”,夺取天下。最后指出,当夺取天下后,应“莫进而争,莫退而让”。作者认为,如果能这样守国,就能“与天地同光”了。

原文

文王问太公曰:“守国奈何?”

太公曰:“斋。将语君天地之经[1],四时所生,仁圣之道,民机之情[2]。”

王即斋七日,北面[3]再拜而问之。

太公曰:“天生四时,地生万物,天下有民,仁圣牧之[4]。故春道生,万物荣;夏道长,万物成;秋道敛,万物盈;冬道藏,万物寻[5]。盈则藏,藏则复起,莫知所终,莫知所始。圣人配[6]之,以为天地经纪。

“故天下治,仁圣藏;天下乱,仁圣昌,至道其然也。

“圣人之在天地间也,其宝[7]固大矣。

译文

文王问太公道:“怎样才能保卫国家呢?”

太公说:“请您先行戒斋,然后我将告诉您有关天地运行的规律,四季万物生长的缘由,圣贤立国的道理,民心变化的本性。”

于是文王就斋戒七天,执弟子礼再度拜谒太公,询问守国的道理。

太公说:“天有四季的更迭,地有万物的生长。天下有众多的民众,他们是由圣贤所统治的。春天的特征是滋生,所以万物欣欣向荣;夏天的特征是成长,所以万物繁荣茂盛;秋天的特征是收获,所以万物饱满成熟;冬天的特征是贮藏,所以万物潜藏不动。万物成熟就当收藏起来,收藏阶段过去后则又重新滋生。如此周而复始、循环往复,既无终了,也无起点,圣人参照效法这一自然规律,来作为治理国家的普遍原则。

“所以,天下大治,圣人仁君就隐藏不露;天下动乱,圣人仁君就拨乱反正、建功立业。这乃是必然的规律。

“圣人处于天地之间,他的地位和作用的确是十分重大的。通常他遵循常理而治理天下,以使民众得到安定。民心浮动,就产生变乱的契机。一旦出现这种契机,就必然发生得失之争。这时圣人就秘密地发展自己的

因其常而视之则民安。夫民动而为机，机动而得失争矣。故发之以其阴，会之以其阳[8]，为之先唱，天下和之。极反其常，莫进而争，莫退而让。守国如此，与天地同光。”

力量，等待时机成熟，就公开地进行征讨，首先为之倡导，天下必然群起响应。当变乱平息，一切恢复常态时，既不要进而争功，也无须退而让位。立国守业能做到这样，就可以和天地同光，永恒长久！”

注释

1 经：常道、通理，可理解为一般规律。

2 机：指诈伪智巧的机变之心。

3 北面：古代拜人为师也称北面。

4 牧：牧民。古时把官吏治理民众，比作牧人牧养牲畜。

5 寻：当作“隐”，隐藏不动的意思。一说，寻当作“静”。

6 配：相配，引申为参照仿效。

7 宝：宝贵之物，此指圣人的地位与作用。

8 发之以其阴，会之以其阳：发，蕴育、发展。阴，暗中、秘密。会，际会、时机。阳，光明正大。

上贤第九

导读

本篇兼容道、法、儒三大思想学派的政治理念，充分体现了战国诸子学说对当时兵学理论建构的渗透与影响。作者首先指出，作为君主，应该做到“上贤，下不肖；取诚信，去诈伪；禁暴乱，止奢侈”。接着论述了作为君主，应该警惕和防止“六贼”“七害”。所谓“六贼”，就是“伤王之德”“伤王之化”“伤王之权”“伤王之威”“伤功臣之劳”“伤庶人之业”的六种人和事。所谓“七害”就是有碍于统治民众、治理国家和统率军队的七种人和事，对这七种人应该禁而勿用，不让其扰乱国政。《六韬》作者是将选官用人问题，提升到国家安危存亡的战略高度加以认识的。

原文

文王问太公曰：“王人者，何上、何下？何取、何去？何禁、何止？”

太公曰：“王人者，上贤，下不肖；取诚信，去诈伪；禁暴乱，止奢侈。故王人者，有六贼、七害。”

译文

文王问太公说：“对君主而言，什么样的人该尊崇？什么样的人该压抑？什么样的人该取用？什么样的人该除去？什么样的事该严禁？什么样的事该制止？”

太公回答说：“作为君主，应该尊崇贤人，抑制无才无德之辈，取用忠诚信文王曰:"愿闻其道。"

太公曰:"夫六贼者:一曰,臣有大作宫室池榭,游观倡乐[1]者,伤王之德。

"二曰,民有不事农桑,任气游侠[2],犯历法禁[3],不从吏教者,伤王之化。

"三曰,臣有结朋党,蔽贤智,障主明者,伤王之权。

"四曰,士有抗志高节[4],以为气势,外交诸侯,不重其主者,伤王之威。

"五曰,臣有轻爵位[5],贱有司,羞为上犯难者,伤功臣之劳[6]。

"六曰,强宗侵夺,陵侮贫弱者,伤庶人之业。

实的人,除去奸诈虚伪之辈,严禁暴乱的行为,制止奢侈的风气。对君主来说,应当警惕六种坏事、七类坏人。"

文王说:"我愿意听听这些道理。"

太公说:"所谓六种坏事就是:第一,臣下有大肆营建宫室亭池台榭,以供游玩观赏的,就会败坏君主的德行。

"第二,民众有不从事农桑,纵意气,好游侠,违犯国家的法令,不服从官吏的管教的,就会败坏君主的教化。

"第三,臣下有结党营私,排挤贤智,蒙蔽君主视听的,就会损害君主的权势。

"第四,士人有心志高傲,标榜节操,自以为是,在外又结交诸侯,不尊重自己的君主的,就会损害君主的威严。

"第五,臣下有轻视爵位,藐视主官,耻于为君主冒险犯难的,就会挫伤功臣的积极性。

"第六,强宗大族中有争相掠夺,凌贫欺弱的,就会损害民众的生业。

注释

1 倡乐:倡,古代表演音乐歌舞来娱乐统治者的艺人。倡乐,指由倡所表演的音乐歌舞。

2 游侠：古代爱好交游、勇于急人之难的人，他们既有轻生重义的一面，也有以武犯禁的一面。

3 犯历法禁：触犯、违反法令。

4 抗志高节：高傲心志，标榜节操。

5 爵位：指君主颁赐给功臣或亲属的贵族封号，分若干等级，往往可以世袭并享有种种特权。

6 伤功臣之劳：可以理解为打击功臣的积极性。

原文

"七害者：一曰，无智略权谋，而以重赏尊爵之故，强勇轻战，侥幸于外[1]，王者慎勿使为将。

"二曰，有名无实，出入异言[2]，掩善扬恶，进退为巧，王者慎勿与谋。

"三曰，朴其身躬，恶其衣服，语无为以求名，言无欲以求利，此伪人也。王者慎勿近。

"四曰，奇其冠带[3]，伟其衣服，博闻辩辞，虚论高议，以为容美，穷居静处，而诽时俗[4]，此奸人也。王者慎勿宠。

"五曰，谗佞苟得，以

译文

"所谓的七类坏人是：第一，没有智略权谋，但为了获取重赏高爵，而强横恃勇，轻率赴战，企求侥幸立功，这种人，君主切勿让他担任将帅。

"第二，徒具虚名而无实才，言行不一，掩人之善，扬人之恶，到处钻营取巧，这种人，做君主的切勿同他共谋大事。

"第三，外表朴素，衣服粗劣，高谈无为，实际求名；阔论无欲，实际图利，这是虚伪之人，做君主的切勿同他亲近。

"第四，冠带奇特，衣服时髦，博闻善辩，高谈空论，以此来为自己脸上贴金，身居偏僻简陋之处，专门诽谤时事风俗，这是奸诈之人，对这种人，做君主的切勿宠爱他。

"第五，谗言谄媚，不择手段，以谋求高官尊爵；鲁莽急躁，轻率冒死，以贪求官爵；果敢轻死，以贪禄秩[5]；不图大事，得利而动，以高谈虚论，说于人主，王者慎勿使。

“六曰，为雕文刻镂，技巧华饰[6]，而伤农事，王者必禁之。

“七曰，伪方异伎[7]，巫蛊左道[8]，不祥之言，幻惑良民，王者必止之。

取俸禄。不顾大局，见到利益就妄动，靠着高谈阔论，来讨得君主的欢心。对这种人，做君主的切勿予以任用。

“第六，从事雕文刻镂、技巧华饰一类奢侈工艺，以至于妨碍农业生产。对此，做君主的必须严加禁止。

“第七，用骗人的方术、奇特的技艺以及巫蛊等旁门左道、妖言咒语，来迷惑欺骗善良的民众。对这种人的行径，做君主的必须坚决制止。

注释

1 侥幸于外：外，指战场。企求在对外军事行动中侥幸取胜。

2 出入异言：言行不一，当面一套，背后一套。

3 冠带：此处泛指穿着打扮。

4 穷居静处，而诽时俗：意谓身居简陋僻静的地方，以诽谤攻击时俗为荣。

5 禄秩：禄，古代官员的俸给。秩，古代官吏的职位或品级。

6 技巧华饰：用各种巧妙的方法与技术装饰各类用品，使之华丽美观。

7 伪方异伎：方，指方士。伎，方技，指医卜星相与养生炼丹之类的技术。

8 巫蛊左道：古代迷信，认为巫师使用邪术加祸于人为巫蛊。蛊，毒虫。左道，歪门邪道。

原文

“故民不尽力，非吾民也；士不诚信，非吾士也；

译文

“所以民众不尽力从事耕作，就不是君主的好民众；士人不忠诚守信，就

臣不忠谏，非吾臣也；吏不平洁爱人，非吾吏也；相不能富国强兵，调和阴阳[1]，以安万乘之主[2]，正群臣，定名实[3]，明赏罚，乐万民，非吾相也。

“夫王者之道如龙首[4]，高居而远望，深视而审听[5]，示其形，隐其情，若天之高不可极也，若渊之深不可测也。故可怒而不怒，奸臣乃作；可杀而不杀，大贼[6]乃发。兵势不行，敌国乃强。”

文王曰：“善哉！”

不是君主的好士人；臣子不尽忠直谏，就不是君主的好臣子；官吏不公平廉洁爱护百姓，就不是君主的好官吏；宰相不能够富国强兵，调和各种矛盾，稳固君主的地位，匡正群臣的言行，核定名实，严明赏罚，使民众安居乐业，就不是君主的好宰相。

“所以做君主的，有如隐而不现的龙头，置身于极高之处，远眺世间万物，深刻洞察问题，审慎听取意见。显示高大的形象，隐蔽内心的真情，就像苍天那样高高在上不可穷极，有如深渊那样深不见底无从测量。因此，君主如果当怒而不怒，奸臣就会兴风作浪；当杀而不开杀戒，坏人恶徒就会乘机作乱；应当兴兵讨伐而不这么去做，敌国就会强大起来。”

文王说：“讲得真好啊！”

注释

1 调和阴阳：此处喻指妥善处理各种矛盾。

2 万乘之主：国君。乘，战车计量单位。战国时各国军事力量激增，故万乘之主成了大国君主的代称。

3 定名实：核定名实。名，名分、名义。实，实质、实况。法家主张“循名责实”。

4 王者之道如龙首：意谓做君主的，要像龙头一样，高居于九天之上，隐约于云雾之中，使人可望而不可即，可望而不可测。

5 审听：仔细地听。

6 大贼:指那些祸国殃民的大恶巨奸。

举贤第十

导读

本篇深刻地论述了举用贤能的基本原则和具体方法。作者强调指出"举贤必用贤",认为"举贤而不获其功"并导致"世乱愈甚,以致危亡"的原因在于"举贤而不用""有举贤之名,而无用贤之实"。之所以导致这种结果,根源乃是由于君主用世俗的评价标准来考察和选拔人才,因此难以得到真正的人才。在这样认识的基础上,作者指出解决问题的办法是"按名督实。选才考能,令实当其名,名当其实"。唯有如此,才"得举贤之道"。

原文

文王问太公曰:"君务[1]举贤而不获其功,世乱愈甚,以致危亡者,何也?"

太公曰:"举贤而不用,是有举贤之名,而无用贤之实也。"

译文

文王问太公说:"君主致力于举用贤能,却不能够收到实效,社会动乱愈演愈烈,以致国家陷于危亡,这是什么缘故?"

太公说:"选拔出贤能但不能加以任用,这是空有选贤的虚名,而没有用贤的实质。"

文王说:"导致这种过失的原因究竟

文王曰："其失安在？"

太公曰："其失在君好用世俗[2]之所誉，而不得真贤也。"

文王曰："何如？"

太公曰："君以世俗之所誉者为贤，以世俗之所毁者为不肖，则多党[3]者进，少党者退。若是，则群邪比周[4]而蔽贤，忠臣死于无罪，奸臣以虚誉取爵位，是以世乱愈甚，则国不免于危亡。"

文王曰："举贤奈何？"

太公曰："将相分职，而各以官名举人[5]，按名督实[6]。选才考能，令实当其名，名当其实，则得举贤之道矣。"

在哪里？"

太公说："导致这一过失的原因，是君主喜欢用世俗所称赞的人，而没有得到真正有德才的人。"

文王问道："为什么这么说？"

太公说："君主以世俗所称赞的人为贤能，而以世俗所诋毁的人为不肖之徒，那么党羽多的人就得到进用，党羽少的人就遭到排斥。这样一来，那么一群奸邪之徒就会结党营私而埋没贤能，忠臣无罪而被置于死地，奸臣们则凭借虚名而攫取爵位，因此而导致社会动乱愈演愈烈，而国家也就不能避免陷于危亡了。"

文王说："应该怎样举用贤能呢？"

太公说："要做到将相分工，并根据各级官职的设置要求分别举用人才，要按照官吏的职责标准督核其实际工作成绩。遴选各类人才，考查其能力强弱，使其德才条件与官位相称，官位同他的德才相称，这样就算是掌握了举用贤能的基本要领了。"

注释

1 务：致力于。

2 世俗：指平常、凡庸的当代人。

3 党:朋党、党羽。

4 比周:串通勾结,结党营私。

5 以官名举人:指根据官名所表示的意思去选用合适的人才担任这一官职。

6 按名督实:指就其名而求其实,考察是否名实相副。

赏罚第十一

导读

本篇论述赏罚的目的和实行赏罚的相关原则。作者指出赏罚的目的是"赏所以存劝,罚所以示惩"。而赏罚的原则是"赏者贵信,罚者贵必",就是强调一个"信"字,言必信,行必果,令行禁止,执法如山。认为能如此,则"不闻见者莫不阴化"。

原文

文王问太公曰:"赏所以存劝[1],罚所以示惩,吾欲赏一以劝百,罚一以惩众,为之奈何?"

太公曰:"凡用赏者贵信,用罚者贵必。赏信罚

译文

文王问太公说:"奖赏是用来鼓励人的,而惩罚则是用来警诫人的,我想要通过奖赏一人来鼓励百人,惩罚一人以警诫众人,应该怎么办呢?"

太公回答道:"通常行使奖赏贵在守信,实施惩罚贵在必行。奖赏守

必，于耳目之所闻见，则所不闻见者莫不阴化[2]矣。夫诚，畅[3]于天地，通于神明[4]，而况于人乎！”

信，惩罚必行，是人们耳朵能听到、眼睛能看见的，即使是不能听到和看见的，也能因此而潜移默化了。这种诚信，能够畅行于天地，上通于神明，更何况是对人呢！”

注释

1 劝：鼓励、勉励的意思。

2 阴化：指暗中变化、潜移默化。

3 畅：畅行无阻的意思。

4 神明：神祇、神灵。

兵道第十二

导读

兵道，即用兵的基本原则和方法。通观全篇，我认为，其主旨有以下几点：一是强调“凡兵之道，莫过乎一”，就是用兵要突出重点，把握关键，集中兵力，统一指挥。部队的行动如果能够达到“一”的要求，就能“独往独来”，达到“阶于道，几于神”的境界。二是任何事物都是矛盾的对立与统一，“存”与“亡”以及“乐”与“殃”虽然是对立的，但它们在一定的条件下又可以互相转化。因此，应该存时虑亡，乐时虑殃，灵活用兵，促使形势向有利于自己的方面转化。三是在两军相遇、双方势均力敌的情况下，要取得胜利，必须伪装诱敌，欺骗敌人，声东击西，灵活机动，变化无穷。四是兵贵神速，击敌不意。通过料敌虚实来明察战机，一旦战机出现，就应该捕捉和利用，“速乘其利，复疾击其不意”。

原文

武王问太公曰：“兵道如何？”

太公曰：“凡兵之道，莫过乎一[1]。一者，能独往独来[2]。黄帝曰：‘一者，阶于道[3]，几于神[4]。’用之在于机，显之在于势，成之在于君。故圣王号兵为凶器[5]，不得已而用之。

“今商王[6]知存而不知亡，知乐而不知殃。夫存者非存，在于虑亡；乐者非乐，在于虑殃。今王已虑其源，岂忧其流乎！”

武王曰：“两军相遇，彼不可来，此不可往，各设固备，未

译文

周武王问太公说：“用兵的原则是什么？”

太公说：“一般用兵的原则，最重要的莫过于指挥上的高度统一。指挥统一，军队就能行动自由，所向披靡。黄帝曾经说过：‘做到统一指挥就算是掌握了用兵的规律，从而能达到神妙莫测的境界。’统一指挥这一原则，运用的关键在于把握时机，力量的显示在于利用态势，成功的枢机在于君主的所作所为。所以古代圣王称战争为凶器，只有在不得已的情况下才使用它。

“现在，商王只知道自己的统治还存在，却不知道这种统治已濒临灭亡。只知纵情享乐，而看不到大祸临头。国家能否长存，不在于眼下存在的事实，而在于做到居安思危；君主能否享乐，不在于眼前享乐的本身，而在于做到乐不忘忧。现在武王您已考虑到安危存亡这根本问题，难道还用得着忧虑其他枝节问题吗？”

武王说：“两军相遇，敌人不能来进攻我们，我们也不能去攻打敌人。双方都设置坚

敢先发，我欲袭之，不得其利，为之奈何？”

太公曰：“外乱而内整，示饥而实饱，内精而外钝。一合一离，一聚一散，阴其谋，密其机，高其垒，伏其锐士，寂若无声，敌不知我所备。欲其西，袭其东。”

武王曰：“敌知我情，通我谋，为之奈何？”

太公曰：“兵胜之术，密察敌人之机而速乘其利，复疾击其不意。”

固的守备，谁都不敢率先发起进攻，我军想要袭击敌人，但又不具备有利的条件，应该怎么办才好？”

太公说：“要外表假装混乱，而内部实际严整；外表假装缺粮，而实际给养充足；实际战斗力强大，而装作战斗力疲弱。使军队或合或离、或聚或散，以迷惑敌人。要隐匿自己的谋略，保密自己的意图，加高巩固自己的壁垒，巧妙埋伏自己的精锐。士卒行动要隐若无形，寂若无声，从而使敌人无从知道我方的部署。想要从西边打击敌人，则先从东边进行佯攻，以调动敌人。”

武王说：“敌人若已知道我军的情况，识破了我方的计谋，那应该怎么办？”

太公说：“作战取胜的方法，在于周密地察明敌情，把握住有利的战机，在敌人意识未及情况下，予以猛烈的打击。”

注释

1 一：事权专一、指挥统一的意思。

2 独往独来：指用兵艺术高超，能够做到行动自由、无拘无束。

3 阶于道：指进入灵活用兵的上乘境界。

4 几于神：几乎就是神妙莫测。

5 凶器：古人大多认为战争为不祥之物。《老子·三十一章》言：“兵者，不祥之器，非君子之器。”

6 商王：这里是指殷商王朝的末代君主纣王。

卷第二　武韬

发启第十三

导读

本篇论述吊民伐罪、发动讨伐不义战争的基本前提和夺取天下的具体策略,有以下几个要点值得关注:一是要对内“修德以下贤,惠民以观天道”。清明政治,和谐内部,为夺取战争胜利提供政治上的基本保障。二是要正确认识战略形势,通过对天道、人道以及“心”“意”“情”等方面的观察,来分析和判断战略时机是否成熟,不打无准备之仗,不打无把握之仗。三是强调“全胜不斗,大兵无创”,以实力为后盾,不战而屈人之兵,这样就可以“无甲兵而胜,无冲机而攻,无沟堑而守”。四是要夺取天下,必须收揽民心,与民同利。五是要巧妙隐蔽自己的战略意图,“大智不智,大谋不谋”“道在不可见,事在不可闻,胜在不可知”“圣人将动,必有愚色”。六是指出商王朝灭亡的征兆已经出现,灭亡商朝的战略时机已经成熟。“大明发而万物皆照,大义发而万物皆利,大兵发而万物皆服”。这时只要振臂一呼,必定群起响应,遂可摧枯拉朽,成就大业。

原文

文王在酆[1]召太公曰:“呜呼!商王虐极,罪杀不辜,公尚[2]

译文

周文王在酆邑召见太公,叹息道:“唉!商纣王暴虐到了极点,任意杀害无辜之人。公尚您来帮助我拯救天下之民,请问该怎么助予忧民,如何?"

太公曰:"王其修德以下贤[3],惠民以观天道[4]。天道无殃,不可先倡;人道[5]无灾,不可先谋。必见天殃,又见人灾,乃可以谋。必见其阳,又见其阴,乃知其心。必见其外,又见其内,乃知其意。必见其疏,又见其亲,乃知其情。

"行其道,道可致也;从其门,门可入也;立其礼,礼可成也;争其强,强可胜[6]也。

"全胜不斗,大兵无创,与鬼神通。微哉!微哉!

办?"

太公说:"君主应该修养德行,礼贤下士。要施惠于民,并观察天道吉凶。当天道还没有降下祸殃的时候,不可首先倡导征讨;当人道还没有出现灾难的时候,不可首先谋划兴师。一定要见到出现了天灾,又看到了人祸,才可以谋划兴师征讨。一定要看到他的公开言行,又了解他的秘密活动,才能够知道他的真正想法。一定要见到他的外在表现,又掌握他的内心情况,才能够了解他的本来意图。必须看见他在疏远什么人,又看见他在亲近什么人,才能够洞察他的真情实感。

"实行吊民伐罪之道,政治理想就可以实现;遵循正确的途径前进,统一天下的目的就可以达到;建立适应社会发展的礼乐制度,这样的制度就一定能取得成功;争取确立强大的优势地位,强大的敌人也就能够战胜。

"以智谋取得全胜而无须经过战斗,以大军临敌而能完整无损,做到这一点,真可谓用兵如神。实在微妙啊!微妙啊!

注释

1 酆:古都邑名,周文王曾建都于此,在今陕西西安市西南,沣河西岸。周武王定都镐京后,酆仍是西周王朝的政治文化中心之一。

2 公尚：指太公尚，即姜太公。
3 下贤：尊崇礼遇贤能之士。
4 天道：自然规律，此处特指天命。
5 人道：此处是指人事好坏、政治得失。
6 强可胜：强，指强敌。此句意谓强大的敌人可以被战胜。

原文

"与人同病相救，同情相成，同恶相助，同好相趋。故无甲兵而胜，无冲机[1]而攻，无沟堑而守。

"大智不智，大谋不谋，大勇不勇，大利不利。利天下者，天下启[2]之；害天下者，天下闭[3]之。天下者，非一人之天下，乃天下之天下也。取天下者，若逐野兽，而天下皆有分肉之心；若同舟而济，济则皆同其利，败则皆同其害。然则皆有启之，无有闭之也。

译文

"能与人同疾苦而互相救援，同情感而互相成全，同憎恶而互相帮助，同爱好而共同追求。这样，就是没有军队也能取胜，没有冲车也能进攻，没有沟垒也能防守。

"真正的智慧，不显现为外表的智慧；真正的谋略，不显现为外在的谋略；真正的勇敢，不显现为外表的勇敢；真正的利益，不显现为表面的利益。为天下人谋利益的，天下人都欢迎他；使天下人受祸害的，天下人都反对他。天下不是哪一个人的天下，而是天下所有人的天下。夺取天下就像是猎逐野兽一样，天下所有人都有分享兽肉的愿望；也好像同坐一艘船渡河一样，渡河成功，则大家都分享成功；渡河失败，则大家都遭受灾难。这样做，天下人就都欢迎他，而不会反对他了。

"表面上不是从民众那里掠取利益，实际上却是从民众那里得到利益；表面上

“无取于民者，取民者也；无取于国者，取国者也；无取于天下者，取天下者也。无取民者，民利之；无取国者，国利之；无取天下者，天下利之。故道在不可见，事在不可闻，胜在不可知。微哉！微哉！

不是从别国掠取利益，实际上却是从别国得到利益；表面上不是从天下掠取利益，实际上却是从天下取得利益。不掠取民众利益的，民众就给予他利益；不掠取他国利益的，他国就给予他利益；不掠取天下利益的，天下就给予他利益。所以，这种方法妙在使人看不见，这种事情妙在使人听不到，这种胜利妙在使人不可知。真是微妙啊！微妙啊！

注释

1 冲机：即冲车，古代在攻城作战中一种用以冲撞城门的战车。

2 启：打开。这里可以理解为欢迎的意思。

3 闭：关闭、封闭。引申为反对、拒绝。

原文

“鸷鸟[1]将击，卑飞[2]敛翼；猛兽将搏，弭耳[3]俯伏；圣人将动，必有愚色。

“今彼殷商，众口相惑，纷纷渺渺[4]，好色无极，此亡国之征也。吾观其野，草菅[5]胜谷；吾

译文

“鸷鸟将要发起袭击时，必先采取低飞收翼的姿势；猛兽将要进行搏斗时，必先采取帖耳伏地的姿势；圣贤将要采取行动时，必先向人示以愚钝的样子。

“现在的殷商王朝，民间流言四起，互相猜疑，社会上混乱不堪，动乱无已，而统治者却依然荒淫奢侈，毫无节制，这乃是国家覆亡的征兆。我看到他们的田野上，野草盖过了五谷；我观察他们的群臣，邪恶之徒超过了正直

观其众，邪曲胜直；吾观其吏，暴虐残贼，败法乱刑，上下不觉，此亡国之时也。

“大明[6]发而万物皆照，大义[7]发而万物皆利，大兵发而万物皆服。大哉！圣人之德！独闻独见，乐哉！”

之士；我观察他们的官吏，暴虐残酷，违法乱纪，肆无忌惮。可是他们全国上下还是执迷不悟，这正是到它该亡国的时候了。

“旭日当空则天下万物都能沐浴阳光，正义所至则天下万物都可蒙受利益，大兵兴起则天下万物都会沛然归附。伟大啊，圣人的德化，他独到的见地，无人能及，这真是最大的欢乐！”

注释

1 鸷鸟：凶猛的飞禽，如鹰、鹯之类。

2 卑飞：敛翼低飞。

3 弭耳：即帖耳。形容动物搏杀前敛抑之貌。

4 纷纷渺渺：纷纷，纷杂混乱的样子；渺渺，无穷无际的样子。此处是形容局势失去控制，动乱不已。

5 草菅：即野草。

6 大明：指日月的光辉普照大地，一片光明。

7 大义：指光明正大的正义之举。

文启第十四

导读

本篇论述治理国家的大政方略。作者主张君王清静无为，顺应民俗，使民各乐其所，具有相当浓厚的道家思想影响。具体而言，文中指出要使国家长治久安，首先必须实行无为而治的政策，只要顺其自然，合乎民心，就能使国家长治久安。其次本篇也同时体现了比较鲜明的儒学理论色彩，即它强调要对民众实行思想教化，进行“群曲化直”的工作。为此它主张在上位者要注意正人先正己，“圣人务静之，贤人务正之”。强调因势利导，通过教化使人心归顺，“太上因之，其次化之”，同时应简省刑罚。这样，“民化而从政”“无为而成事”。

原文

文王问太公曰：“圣人何守？”

太公曰：“何忧何啬[1]，万物皆得；何啬何忧，万物皆遒[2]。政之所施，莫知其化；时之所在，莫知其移。

译文

文王问太公说：“圣人治理天下该遵循什么原则？”

太公回答说：“不必忧虑什么，也无须抑制什么，天下万物就能各得其所；不去抑制什么，也不去忧虑什么，天下万物就会繁荣生长。政令的施行，要使民众在不知不觉中受到感化，就好像时间那样，在不知不觉

圣人守此而万物化，何穷之有？终而复始！

“优之游之[3]，展转[4]求之；求而得之，不可不藏；既以藏之，不可不行；既以行之，勿复明之。夫天地不自明，故能长生；圣人不自明，故能名彰[5]。

中自然推移。圣人遵循这一原则行事，则天下万物就会被潜移默化，如此周而复始而永无穷尽！

“这种悠闲自如的无为政治，圣贤必须反复探求。既已探求到了，那就不可不秘藏于心。既然已把它秘藏于心，就不可不去贯彻实行。既然已经贯彻实行，也就不要把其中奥妙明告世人。天地不显示自己的规律，所以才能促成万物生长；圣人不炫耀自己的英明，所以才能导致功业卓著。

注释

1 何忧何啬：意谓既不忧虑什么，又不制止什么，一切听其自然，无为而治。啬，闭塞不畅通。

2 遒：强劲、坚固，此处指繁荣滋长。

3 优之游之：悠闲自得的样子。

4 展转：形容寝卧不安、翻来覆去。

5 彰：明显，鲜明。

原文

“古之圣人聚人而为家，聚家而为国，聚国而为天下，分封贤人以为万国，命之曰‘大纪’。陈其政教，顺其

译文

“古代的圣人把人们聚集在一起以组成家庭，把众多家庭聚集在一起以组成国家，把众多国家聚集在一起以组成天下，分封贤人使之成为万国诸侯，这一切可命名为治理天下的纲纪。宣传弘扬政治教

民俗，群曲[1]化直，变于形容[2]。万国不通[3]，各乐其所，人爱其上，命之曰大定。呜呼！圣人务静[4]之，贤人务正之，愚人不能正，故与人争。上劳则刑繁，刑繁则民忧，民忧则流亡。上下不安其生，累世[5]不休，命之曰大失。

"天下之人如流水，障[6]之则止，启之则行，静之则清。呜呼！神哉！圣人见其所始，则知其所终。"

化，顺应民众风俗习惯，化邪僻为正直，移风易俗。各国的习俗虽然不同，但如能使民众安居乐业，人人都尊敬爱戴他们的君主，这就叫作天下大定。啊！圣人汲汲于清静无为，贤君汲汲于端正身心，愚昧的君主不能端正自己的身心，所以会同民众抗争。做君主的热衷于惹是生非，就会导致刑罚苛烦，刑罚苛烦就会导致民众心怀忧惧，民众心怀忧惧就会流离逃亡。上上下下惶恐忧惧、不安生业，以致长期动乱不休，这种情况就叫作政治大失。

"天下人心的向背就像流水一样，阻塞它就停止，启导它就流动，静止它就清澈。啊！太神妙莫测了。在这方面，只有圣人，才能做到看见它的萌芽，就能进而推断出它的结果。"

注释

1 曲：邪僻、奸邪不正。

2 变于形容：这里是移风易俗的意思。

3 通：即"同"，统一、一致、和同的意思。

4 静：清静无为。

5 累世：多代、许多世代。

6 障：阻碍、阻塞。

原文

文王曰："静之奈何？"

太公曰："天有常形[1]，民有常生[2]，与天下共其生而天下静矣。太上因之，其次化之。夫民化而从政[3]，是以天无为而成事，民无与而自富，此圣人之德也。"

文王曰："公言乃协予怀，夙夜念之不忘，以用为常[4]。"

译文

文王说："要使天下清静该怎么办？"

太公说："天有一定的运行规律，民众也有一定的生活原则。君主如果能和天下民众共安生业，那么天下自然清静无事。所以说，最好的政治是顺从事物本性进行治理，其次是宣扬政教来感化人民，民众一经感化就会服从政令。所以，天道无为而能使万物生长，民众无须施与而能丰衣足食，这就是圣人的德治。"

文王说："您的话非常符合我的心意，我将朝思夕念，永志不忘，把它作为治理天下的根本原则。"

注释

1 常形：指春生、夏长、秋收、冬藏等四时变化的一般性规律。

2 常生：指最基本的经常性生计活动。

3 从政：言服从政令，驯从于统治。从，顺从、服从。

4 常：常法、常则，也指基本原则。

文伐第十五

导读

文伐，就是以文事伐人，不用交兵接刃而伐之。即不用军事手段，而采用政治、外交、经济、文化等手段来打击敌人，把握主动，从而实现自己既定的战略目标。本篇共列举了十二种“文伐”手段，其要点是骄纵敌心与巧用间谍，即通过采用权谋诡诈手段，扩大敌人内部矛盾，分化、削弱和瓦解敌人，为从军事上消灭敌人创造条件。作者还论述了“文伐”与“武伐”的关系，认为“文伐”只是军事进攻的前提条件，只有“文伐”和“武伐”结合，双管齐下，相辅相成，才能达到战胜敌人的目的：“十二节备，乃成武事。所谓上察天，下察地，征已见，乃伐之。”

原文

文王问太公曰：“文伐[1]之法奈何？”

太公曰：“凡文伐有十二节[2]：

“一曰，因其所喜，以顺其志，彼将生骄，必有奸事，苟能因

译文

文王问太公说：“文伐的方法该怎样？”

太公答道：“大凡文伐有十二种方法：

“第一，利用敌人的爱好，来满足他的欲望。这样，他就会滋长骄傲情绪，肯定会去做邪恶的事情，我们如果能够巧妙地利用这一弱点，就必然能够将他除掉。

“第二，亲近拉拢敌国君主的近臣，以

之，必能去之。

“二曰，亲其所爱，以分其威。一人两心，其中[3]必衰。廷无忠臣，社稷必危。

“三曰，阴赂左右，得情甚深。身内情外[4]，国将生害。

“四曰，辅其淫乐，以广其志，厚赂珠玉，娱以美人。卑辞委听，顺命而合[5]。彼将不争，奸节乃定[6]。

“五曰，严[7]其忠臣，而薄其赂。稽留其使，勿听[8]其事。亟为置代[9]。遗以诚事，亲而信之。其君将复合之[10]，苟能严之，国乃可谋。

“六曰，收其内，间其外。才臣外相[11]，敌国内侵，国鲜不亡。

分化削弱敌人的威力。敌国近臣如果怀有二心，其忠诚程度必然降低。敌国朝廷上没有忠臣，整个国家必定面临危亡。

“第三，暗中贿赂收买敌国君主周围的大臣，和他们建立深厚的交情。这些人身居国内而心向国外，那么敌国就必将发生祸害。

“第四，助长敌国君主放纵的享乐行为，来增强他的荒淫欲望，用大量珠宝贿赂他，赠送美女以供他淫乐。低声下气，曲意听从，顺从他的命令，迎合他的心意。这样，他就不会与我相争，而将放肆纵容自己的邪恶行为。

“第五，故意尊敬敌国的忠臣，只给他菲薄的礼物。当他出使前来交涉问题时，要故意加以拖延，不要对问题做出答复，以极力促成敌国君主更换使者。事情得手后，则马上着手诚恳地解决所交涉的问题，向敌国表示亲近，以取得它的信任。这样，敌国君主就会弥合与我国的关系了。如果能这样故意地尊敬敌国忠臣，就一定能离间敌国君主与他的关系，从而可以巧妙谋取敌国了。

“第六，收买敌国朝廷内的大臣，离间敌国朝廷外的大臣。使其有才干的大臣里通外国，造成敌国内部互相倾轧，日趋衰弱。这种情况下敌国就很少有不灭亡的了。

注释

1 文伐:指用非军事手段打击敌人。

2 节:项。

3 中:即“忠”,忠诚的含义。

4 身内情外:身处本阵营而内心早已投敌,即所谓“身在曹营心在汉”。

5 顺命而合:指顺从敌人的心意。

6 奸节乃定:指放肆发展其邪恶的行为。

7 严:尊敬,这里可理解为与其结好以从中行间的意思。

8 听:处理、处置。

9 置代:更换使者的意思。

10 复合:重新结好的意思。

11 外相:相,辅佐、帮助。引申为里通外国。

原文

“七曰,欲锢[1]其心,必厚赂之;收其左右忠爱,阴示以利;令之轻业,而蓄积空虚。

“八曰,赂以重宝,因与之谋;谋而利之,利之必信,是谓重亲[2]。重亲之积,必为我用,有国而外,其地大败。

“九曰,尊之以

译文

“第七,要想让敌国君主对我们深信不疑,就必须赠送他大量礼物加以笼络。同时收买他的左右亲信大臣,暗中给他们以种种好处。从而使敌国君臣忽视生产,造成其粮财匮乏,仓廪空虚。

“第八,用贵重的金银财宝贿赂敌国君主,然后乘机与他图谋第三国,这种图谋当是对他有利的。他得到利益后,必然会信任我们,这就密切了敌国君主与我方的关系。这种密切关系的发展,其结果必定为我所利用。他自己有国而反被外国所利用,这样的国家最终会遭到惨败。

名，无难其身；示以大势，从之必信，致其大尊；先为之荣，微饰圣人，国乃大偷[3]。

“十曰，下之必信，以得其情；承意应事，如与同生；既以得之，乃微收之；时及将至，若天丧之。

“十一曰，塞[4]之以道。人臣无不重贵与富，恶死与咎[5]。阴示大尊[6]，而微输重宝，收其豪杰。内积甚厚，而外为乏。阴纳智士，使图其计；纳勇士，使高其气。富贵甚足，而常有繁滋。徒党已具，是谓塞之。有国而塞，安能有国？

“十二曰，养其

“第九，用煊赫的名号尊崇他，不让他经历危难。给他以势倾天下的假象，屈从他的意志，以取得他的信任。使他居于至高无上的地位，先夸耀他的殊世功绩，再假意恭维他德比圣人，这样他必定妄自尊大，进而懈怠废弛国事了。

“第十，对敌国君主表示卑微屈从，必然会取得他的信任，从而获取其真实内情。秉承他的意志，满足他的要求，就像兄弟一样的亲密。既已达到了为他信任的目的，就可以微妙地加以利用。等待时机成熟后，就像有上天相助似的轻易把他消灭。

“第十一，要用各种方法去闭塞敌国君主的视听。凡为臣民的无不渴望地位和财富，厌恶危险和罪咎。所以要用暗中许诺尊贵的官位，秘密赠送大量财宝的方法，来收买敌国的英雄豪杰。自己国内积蓄充足，但在表面上则要假装贫乏。暗中收纳敌国的智谋之士，使他与自己共图大计；秘密结交敌国的勇士，利用他来提高我方的士气。要尽量满足这些人贪图富贵的欲望，并使这种欲望日趋强烈。这样，敌国的豪杰、智士、勇士就转而成为自己的党徒了，这就叫作闭塞敌国君主的视听。敌国君主虽然还统治着国家，但视听既已被闭塞，那么这种统治怎么还能维持呢？

乱臣以迷之，进美女淫声[7]以惑之，遗良犬马以劳之，时与大势以诱之，上察而与天下图之。

“十二节备，乃成武事[8]。所谓上察天，下察地，征已见，乃伐之。”

“第十二，扶植敌国的乱臣，以迷乱其君主的心智；进献美女淫乐，以惑乱其君主的意志；赠送良犬骏马，以疲劳其君主的身体；经常奏报有利的形势，以诱滋其君主的骄傲。然后观察有利的时机，与天下人共同图谋敌国。

“在正确运用了这十二种文伐方法之后，就可以进一步采取军事行动了。这就是所谓的上察天时，下观地利，等待有利的征兆显现，然后兴兵征伐敌国。”

注释

1 锢：禁锢、控制，此处意谓促使敌国君主完全信任我方。
2 重亲：加深友谊、增强信任。
3 国乃大偷：指国事懈怠以致废弛。偷，苟且自安的意思。
4 塞：闭塞、隔绝。
5 咎：灾祸、祸患。
6 大尊：高官厚禄。
7 淫声：指惑人心智的靡靡之音。
8 乃成武事：意谓开展军事斗争，建立武功。

顺启第十六

导读

顺启,意谓积极地争取天下人的顺服与欢迎。本篇主要论述了君主治理国家的基本原则。作者强调指出身为君主者,应该具备大、信、仁、恩、权、事等六个方面的综合素质和能力,“此六者备,然后可以为天下政”。作者进而认为,能做到这些,“则天运不能移,时变不能迁”,这里,作者是将人事置于“天运”“时变”之上的,这显然具有鲜明的“民本”思想,即所谓“天下者非一人之天下,唯有道者处之”,这在当时,无疑是一种进步的兵学观念。

原文

文王问太公曰:“何如而可以为天下?”

太公曰:“大盖天下[1],然后能容天下;信盖天下,然后能约[2]天下;仁盖天下,然后能怀[3]天下;恩盖天下,然后能保天下;权盖天下,

译文

文王问太公道:“怎样才能治理好天下呢?”

太公说:“器量盖过天下,然后才能包容天下;诚信盖过天下,然后才能约束天下;仁爱盖过天下,然后才能怀柔天下;恩惠盖过天下,然后才能保有天下;权势盖过天下,然后才能不失天下;遇事当机立断毫不迟疑,就像那天体运行不能改变,

然后能不失天下;事而不疑,则天运不能移,时变不能迁。此六者备,然后可以为天下政。

"故利天下者,天下启之;害天下者,天下闭之;生天下者,天下德之;杀天下者,天下贼[4]之;彻[5]天下者,天下通之;穷天下者,天下仇之;安天下者,天下恃之;危天下者,天下灾之[6]。天下者非一人之天下,唯有道者处之。"

四时更替不能变易一样。这六个条件都具备了,然后就可以治理天下了。

"所以,为天下人谋利益的,天下人都欢迎他;使天下人受祸害的,天下人都反对他;使天下人得以生存的,天下人就感激他的恩德;使天下人遭到杀戮的,天下人就仇视他的残暴;顺应天下人的意愿的,天下人就拥护服从他;使天下人陷于穷困的,天下人就憎恨厌恶他;使天下人安居乐业的,天下人就把他视为依靠;给天下人带来危难的,天下人就把他看作灾星。天下并不是哪一个人的天下,只有德行高尚的人,才能拥有天下。"

注释

1 大盖天下:指器量包容天下。大,器量。盖,包容,胜过的意思。

2 约:约束、控制的意思。

3 怀:怀柔、赢得。

4 贼:肆虐、毁坏的意思。

5 彻:这里是顺应、顺从的意思。

6 灾之:意为视之如灾星,避之唯恐不及。

三疑第十七

导读

三疑，即三种疑问，三种困惑。本篇论述的是攻强、离亲、散众的三种策略，指出攻强以强，离亲以亲，散众以众。具体说来，就是因之、慎谋、用财。因之，就是因势利导，对强敌“养之使强，益之使张”，助长敌人的气焰，使敌人忘乎所以，趾高气扬，得意忘形，最终自取败亡。慎谋，就是贵在周密，以谋制敌，离间敌人，实施分化瓦解。用财，就是以利乱敌，舍得花费财物，收买敌国臣民。通过上述三种策略，从而达到攻强、离亲、散众的目的。

原文

武王问太公曰：“予欲立功，有三疑：恐力不能攻强、离亲、散众[1]，为之奈何？”

太公曰：“因之[2]，慎谋，用财。夫攻强，必养之使强，益之使

译文

武王问太公说：“我想要建功立业，但尚有三点疑虑：恐怕自己的力量还不足以进攻强敌、离间敌国君臣和瓦解敌人的军队。这怎么办才好呢？”

太公说：“首先是因势利导，其次是慎用计谋，再次是使用钱财。进攻强敌，一定要先纵容他，使其恃强蛮横；放任他，使之气焰嚣张。敌人过于强大，必然遭到挫折；过于

张[3]。太强必折，太张必缺。攻强以强，离亲以亲，散众以众。

“凡谋之道，周密为宝。设[4]之以事，玩[5]之以利，争心必起。

“欲离其亲，因其所爱[6]，与其宠人，与之所欲，示之所利，因以疏之[7]，无使得志。彼贪利甚喜，遗疑乃止。

嚣张，必然导致失误。要进攻强大的敌人，必先助长它的强暴；要离间敌国君臣，必先收买敌君的亲信；要瓦解敌人的军队，必先争取敌人的军队。

“运用计谋，以周密最为重要。许给敌人一些好处，给予敌人一些利益，这样，敌人内部就必然会自相争夺了。

“要想离间敌国君臣之间的关系，应当根据他们的个性爱好，并通过他们所宠爱的人来进行，送给他们想得到的东西，许给他们丰厚的利益，以此来疏远他们与其君主的关系，使他们不能有所作为。他们在得到种种利益后一定非常高兴，这样就不会对我们的图谋产生任何疑虑了。

注释

1 散众：指分化瓦解敌人的军队。
2 因：顺应、利用。因之，意谓因势利导。
3 张：此处用以比喻骄傲自满、忘乎所以。
4 设：此处是约许、许诺的意思。
5 玩：玩弄，这里引申为引诱、操纵。
6 因其所爱：因，根据、凭借。爱，爱好，兴趣。
7 因以疏之：通过上述手段来疏远敌方君臣关系。

原文

“凡攻之道，必先塞其

译文

“通常进攻强大敌人的方法是，首

明，而后攻其强，毁其大[1]，除民之害。淫之以色[2]，啗[3]之以利，养之以味，娱之以乐。

“既离其亲，必使远民，勿使知谋，扶而纳之[4]，莫觉其意，然后可成。

“惠施于民，必无爱财。民如牛马，数喂[5]食之，从而爱之。

“心以启智，智以启[6]财，财以启众，众以启贤。贤之有启，以王天下。”

先闭塞敌国君主的耳目，然后再进攻他强大的军队，摧毁他庞大的国家，以解除民众的痛苦。用女色腐蚀他，用厚利引诱他，用美味供养他，用靡靡之音迷乱他。

“既已离间了他的亲信，必须进一步使他疏远自己的民众。不要让他识破我们的计谋，引诱他坠入我方的圈套，而他自己则毫无觉察，这样我们就可成就大事了。

“施恩惠于广大民众，一定不要吝惜财物。民众就如同牛马一样，经常喂养他们，他们就会追随和亲近你。

“心灵能够产生智慧，智慧能够产生财富，财富能够赢得民众，民众中能够涌现贤才。贤才的涌现和效劳，可以辅佐君主统御天下。”

注释

1 大：指庞大的国家机器。

2 淫之以色：淫，迷惑。色，女色、美色。

3 啗：吃、喂，此处引申为引诱。

4 扶而纳之：指各种方式促使敌人入我之圈套。

5 喂：古代兵家基于其阶级立场，视民众如牛羊，故有是语。

6 启：发动、疏通，这里可理解为产生。

卷第三 龙韬

王翼第十八

导读

这是中国历史上最早的一篇有关军队司令部构成的专论，在中国古代军事学术发展史上有着独特的地位与价值。作者首先扼要地阐明了司令部的重要地位和作用，即"王者帅师，必有股肱羽翼，以成威神"。接着作者概括地论述了选拔司令部人员的办法："命在通达，不守一术。因能受职，各取所长。"最后对由七十二人所组成的司令部做出具体的说明，这包括腹心、谋士、天文、地利、兵法、通粮、奋威、伏旗鼓、股肱、通材、权士、耳目、爪牙、羽翼、游士、术士、方士、法算等各方面的人才，由他们来分管作战、训练、宣传、间谍、天文、通信、工程、医务、军需等各方面的事务。

原文

武王问太公曰："王者帅师，必有股肱羽翼[1]，以成威神[2]，为之奈何？"

太公曰："凡举兵帅师，以将为命。命

译文

武王问太公说："君主统率军队，必须有得力的辅佐之人，以造成赫赫博大的威势，这该怎么办才好？"

太公回答说："凡举兵兴师，必须以将帅来掌握全军的命运。要掌握好全军的命运，必须通晓和掌握全面情况，而无须专精

在通达，不守[3]一术。因能受职，各取所长，随时变化，以为纲纪[4]。故将有股肱羽翼七十二人，以应天道[5]。备数如法，审知命理[6]，殊能异技，万事毕矣。”

于某项技术。在用人上，应该做到量才授职，取其所长，灵活使用，并使之成为一项制度。所以，作为将帅需要有辅佐人员七十二人，以顺应天道，应付各种情况。按照这种方法设置助手，就算真正掌握了为将的道理，而能发挥各种人才的特殊才能，那么各项任务也就可以圆满完成了。”

注释

1 股肱羽翼：比喻帝王左右得力的辅佐大臣。

2 威神：指非凡的威望、神奇的威势、赫赫的权威。

3 守：拘泥、局囿。

4 纲纪：制度、法制。

5 以应天道：原指日月星辰等天体运行规律。这里指农历五天为一候，一年七十二候。所以将领的参谋辅助人员总数为七十二。

6 审知命理：全面掌握、深刻懂得为将的道理。

原文

武王曰：“请问其目。”

太公曰：“腹心一人。主潜谋应卒[1]，揆天[2]消变，总揽计谋，保全民命。

“谋士五人，主图安危，虑未萌，论行

译文

武王说：“我想请教这方面的具体细节。”

太公说：“腹心一人。主要任务是参赞谋划，应付突然事变，观测天象，消除祸患，总揽军政大计，保全民众的生命。

“谋士五人。主要任务是谋划安危大事，考虑事物发展趋势，鉴定将士的品行才能，申明赏罚制度，授予各种官职，决断疑能，明赏罚，授官位，决嫌疑，定可否。

"天文三人。主司星历[3]，候风气[4]，推时日，考符验[5]，校灾异[6]，知天心[7]去就之机。

"地利三人。主三军行止形势[8]，利害消息[9]，远近险易，水涸山阻，不失地利。

"兵法九人。主讲论异同，行事成败，简练兵器，刺举[10]非法。

"通粮四人。主度饮食，[备]蓄积，通粮道，致五谷，令三军不困乏。

难问题，裁定事情的可否。

"天文三人。主要职责是观察日月星辰的运行，测度风向气象，推算时日吉凶，考察吉祥瑞兆，核验灾异现象，从而掌握天意向背的规律。

"地利三人。主要职责是察明军队行进、驻扎的地形状况，分析其利弊得失和种种变数，考察距离的远近、地形的险易，提供江河水情和山势险阻等情况，以确保军队作战不失地利。

"兵法九人。其主要职责是探讨研究敌我形势的特点，分析讨论作战胜负的原因，选择适合不同条件下作战的兵器，检举揭发各种非法行为。

"通粮四人。主管计划粮秣供给，筹备物资储存，确保粮道畅通，征收筹集军粮，使军队供给不发生困难。

注释

1 潜谋应卒：潜，秘密。卒，同"猝"，突然。

2 揆天：观测、揣度天象，即日月星辰的运行。

3 星历：记载各类天体逐日逐刻所在位置的历书。此处可理解为观察天体的运行。

4 候风气：候，伺望、观测。风气，风向的顺逆。

5 符验：此处指祥瑞的征兆。

6 灾异：灾害和异常的自然现象。
7 天心：天意。
8 主三军行止形势：主要任务是察明军队行进与驻扎的地理形势。
9 消息：生灭盛衰，这里引申为各种变化。消，消失、逝去。息，增长、递增。
10 刺举：检举揭发。刺，刺探、探听。

原文

“奋威四人。主择才力，论兵革[1]，风驰电击，不知所由。

“伏鼓旗三人。主伏鼓旗，明耳目，诡符节[2]，谬号令，闇忽[3]往来，出入若神。

“股肱四人。主任重持难，修沟堑，治壁垒，以备守御。

“通材三人。主拾遗补过，应偶宾客，论议谈语，消患解结。

“权士三人。主行奇谲[4]，设殊异，非人所识，行无穷之变。

“耳目七人。主往

译文

“奋威四人。其主要任务是选拔有才能的勇士，研究优良的武器装备，以保障军队能够风驰电掣般行动，出其不意打击敌人。

“伏鼓旗三人。主要任务是管理军队的旗鼓，明确视听的信号，制造假符节，发布假命令[以迷惑敌人]，忽来忽往，神出鬼没。

“股肱四人。主要任务是担负重要的使命，从事艰巨的工作，并修理沟堑障碍，构筑壁垒工事，以备守御。

“通材三人。主要任务是指出将帅的过失，以弥补他的疏漏，接待外来的使节，发表议论，讨论问题，以清除隐患，排解纠纷。

“权士三人。主要任务是筹划奇谋诡计，设计异术绝技，使人们无从识破其奥秘，而行无穷之变。

“耳目七人。主要任务是通过与外界

来听言视变，览四方之事，军中之情。

往来，耳听风声，眼观动静，察知天下的形势，了解敌军的情况。

注释

1 论兵革：选用各种武器装备。论，通“抡”，选择、挑选的意思。

2 符节：古代传达命令或征调军队用的凭证。君主与将领各执一半，以验真假。

3 闇忽：忽然。闇，通“奄”。

4 奇谲：奇谋权谲的意思。

原文

“爪牙五人。主扬威武，激励三军，使冒难攻锐，无所疑虑。

“羽翼四人。主扬名誉，震远方，摇动四境，以弱敌心。

“游士八人。主伺奸候变，开阖人情[1]，观敌之意，以为间谍。

“术士二人。主为谲诈，依托鬼神，以惑众心。

“方士二人。主百药，以治金疮[2]，以痊万病。

译文

“爪牙五人。主要职责是弘扬我军的威武，激励三军的斗志，使他们敢于冒险犯难，攻坚破锐，而无所迟疑和畏惧。

“羽翼四人。主要职责是宣扬将帅的威名声誉，使之震骇远方，动摇邻国，以达到削弱敌人斗志的目的。

“游士八人。其主要职责是窥伺敌方的奸佞，刺探敌方的变乱，操纵敌国的人心，观察敌人的意图，承担行间的重任。

“术士二人。其主要职责是使用诡诈的手段，借助鬼神等迷信，来迷惑敌人军心。

“方士二人。主要任务是掌管各种

“法算二人。主计会三军营壁、粮食、财用出入。”

药品，治疗兵器创伤，医治各种疾病。

“法算二人。主要任务是核算军队的营垒、粮食及财用收支等事宜。”

注释

1 开阖人情：指控制、操纵敌国军民之心。开，开张。阖，关闭。

2 金疮：指金属兵器对人体所造成的创伤。

论将第十九

导读

本篇比较系统地论述了将帅应该具备的品德修养。作者认为将帅作为战争的组织者和指挥者，其品质的优劣，直接影响着战争的进程，甚至决定战争的结局。所谓兵熊熊一个，将熊熊一窝，置将不慎，一败涂地！为此作者强调指出，作为将帅，应具备勇、智、仁、信、忠五种品质，同时应该努力避免勇而轻死、急而心速、贪而好利、仁而不忍、智而心怯、懦而任人等十种个性品质上的缺陷。在作者看来，正是因为将帅的责任重大，所谓“兵者，国之大事，存亡之道，命在于将。将者，国之辅，先王之所重也”，所以对他们的素质培养要予以特别的重视，故本篇特别强调，“置将不可不察也”。

原文

武王问太公曰："论将之道奈何？"

太公曰："将有五材、十过[1]。"

武王曰："敢问其目[2]。"

太公曰："所谓五材者，勇、智、仁、信、忠也。勇则不可犯[3]，智则不可乱，仁则爱人，信则不欺，忠则无二心。

"所谓十过者，有勇而轻死者，有急而心速者，有贪而好利者，有仁而不忍人者[4]，有智而心怯者，有信而喜信人者，有廉洁而不爱人者[5]，有智而心缓者，有刚毅而自用[6]者，有懦而喜任人[7]者。

"勇而轻死者可暴[8]也，急而心速者可久[9]也，贪而好利者可遗[10]也，仁而不忍人者可劳也，智而心怯者可窘[11]也，信而喜信人者可诳[12]也，廉洁而不爱

译文

武王问太公说："评论将帅的原则是什么？"

太公说："将帅应该具备五种美德，避免十种过失。"

武王说："请问它的具体内容。"

太公说："所谓将帅的五种美德就是：勇敢、明智、仁慈、诚信和忠贞。勇敢就不会被侵犯，明智就不会被惑乱，仁慈就会爱护士卒，诚信就不会欺骗他人，忠贞就不会怀有二心。

"所谓将帅的十种过失就是：勇敢而轻于赴死，急躁而沉不住气，贪婪而汲汲于功利，仁慈而流于姑息，聪明而胆怯怕事，诚信而轻信他人，廉洁而苛求部下，好思多谋而优柔寡断，坚强而刚愎自用，懦弱而好依赖别人。

"勇敢而轻于赴死的，可以激怒他；急躁而沉不住气的，可以拖垮他；贪婪而热衷功利的，可以贿赂他；仁慈而流于姑息的，可以骚扰烦劳他；聪明而胆怯怕事的，可以胁迫他；诚信而轻信他人的，可以欺诈他；廉洁而苛求部属的，可以侮辱他；好思多谋而优柔寡

人者可侮也，智而心缓者可袭也，刚毅而自用者可事[13]也，懦而喜任人者可欺也。

“故兵者，国之大事，存亡之道，命在于将。将者，国之辅，先王之所重也，故置将不可不察也。故曰：兵不两胜，亦不两败[14]。兵出逾境，期不十日，不有亡国，必有破军杀将。”

武王曰：“善哉！”

断的，可以突然袭击他；坚强而刚愎自用的，可以算计他；懦弱而好依赖别人的，可以欺负他。

“战争，是国家的大事，它关系着国家的安危存亡，而其命运掌握在将帅的手中。将帅，是国家的辅佐，为历代君王所重视，所以任命将帅不可不认真考察研究。所以说：战争不可能使双方都取得胜利，也不可能使双方都遭到失败，只要军队越出国境，不出十天时间，不是一方亡国，就必然是另一方破军杀将。”

武王说：“说得好极了！”

注释

1 五材、十过：指将帅的五种优秀才能和十种致命过错。

2 目：细节、细目。

3 犯：凌侮、侵犯。

4 仁而不忍人者：指将帅过于仁慈而对军队中各种不良现象流于姑息。

5 有廉洁而不爱人者：《武经七书汇解》释曰：“廉洁而不爱人者，清而近刻，士卒不乐为用，故可侮也。”

6 自用：自以为是，刚愎自用。

7 任人：没有主见，依赖别人。

8 暴：突然、急速，此处指突然袭击。

9 久：这里指持久作战，以消磨敌之锐气。

10 遗：贿赂、收买。

11 窘:困窘,此处是胁迫、使之屈服的意思。

12 诳:欺骗、欺诈。

13 刚毅而自用者可事:《武经七书汇解》:"刚毅而自用者,敌卑词屈己以侍奉之,则轻而不设备。"事,侍奉、虚与委蛇。

14 兵不两胜,亦不两败:两胜,双方都得到胜利。两败,谓敌我双方均告失败。

选将第二十

导读

本篇论述选拔将领的方法和应注意的问题。俗话说,画虎画皮难画骨,知人知面不知心,选拔将帅是门非常大的学问,绝非易事。"以貌取人,失之子羽。"如果仅仅依靠外貌、长相来选拔人才,往往是靠不住的,不免买椟还珠,南辕北辙。只有通过言谈举止各方面的综合分析,来考察和识别人才,才是选拔将帅的正确方法。作者指出,不能以外表来取舍人才,因为人们并不总是表里如一、言行一致的。接着作者列举了外貌和内心不符的十五种情况,认为"非有大明,不见其际"。要判断一个人是否能够担当起领兵出战的重任,应通过言、辞、间谍、财、色、难、酒等"八征"来考察他的辞、变、诚、德、廉、贞、勇、态。按照作者的观点,"八征皆备,则贤不肖别矣"。

原文

武王问太公曰："王者举兵，欲简练[1]英雄，知士[2]之高下，为之奈何？"

太公曰："夫士外貌不与中情[3]相应者十五：有贤而不肖者，有温良而为盗者，有貌恭敬而心慢者，有外廉谨而内无至诚者，有精精[4]而无情者，有湛湛[5]而无诚者，有好谋而不决者，有如果敢而不能者，有悾悾[6]而不信者，有怳怳惚惚[7]而反忠实者，有诡激[8]而有功效者，有外勇而内怯者，有肃肃[9]而反易人[10]者，有嗃嗃[11]而反静悫[12]者，有势虚形劣而外出无所不至、无所不遂[13]者。天下所贱，圣人所贵。凡人莫知，非有大明，不见其际[14]，此士之外貌不与中情相应者也。"

译文

武王问太公说："君王兴师起兵，要选拔智勇双全的人充当将帅，想要知道他德行才能的高下，那应该怎么办？"

太公说："士的外表与他的内情不相符合的情况有十五种：有外表贤良而实际不肖的；有貌似善良而实为盗贼的；有外似恭敬而内实傲慢的；有貌似廉洁谨慎而其实不真诚的；有看起来精明能干而实无能耐的；有表面厚道而内心并不诚实的；有外似多谋而内不果断的；有看上去果断而其实无所作为的；有外表老实而实际没有信用的；有表面上摇摆不定而其实忠诚可靠的；有言行过激而办事却有成效的；有貌似勇敢而实际内心胆怯的；有外貌很严肃而实际上平易近人的；有外貌严厉而内心温和厚道的；有外表虚弱、形貌丑陋，但却能受命出使无所不至、办事无所不成的。总之，为天下普通人所瞧不起的，却往往是为圣人所推崇的。这是一般人所不知道的事情，非有慧眼卓识，是无法窥知其中的奥妙的。以上这些，就是士的外表不同他的内情相一致的种种现象。"

注释

1 简练:精心选拔。
2 士:先秦贵族中最低的一级,此处泛指将吏。
3 中情:内情。
4 精精:指精明强干。
5 湛湛:水清澈貌。此处引申为敦厚。
6 悾悾:形容诚恳真挚。
7 怳怳惚惚:知觉迷乱精神恍惚之貌,可理解为犹豫动摇。
8 诡激:奇异古怪的辩论。
9 肃肃:严正之貌。
10 易人:平易近人。
11 嗃嗃:严厉、冷酷貌。
12 悫:诚恳。
13 遂:达成、完成的意思。
14 其际:这里是实情的意思。

原文

武王曰:"何以知之?"

太公曰:"知之有八征[1]:一曰问之以言以观其辞,二曰穷之以辞以观其变[2],三曰与之间谍以观其诚,四曰明白显问以观其德,五曰使之以财以观其廉,

译文

武王问:"有什么办法能够真正了解他们呢?"

太公说:"了解他们,有八种方法:一是向他询问问题,来看他能否把问题解释清楚;二是详尽盘问,来看他的机敏和应变能力;三是通过间谍进行考验,来观察他是否忠诚不二;四是明知故问,看他是否隐瞒,以考察他的德操;五是让他处理钱财事务,来考察他是否廉洁;六是用女色进行试探,

六曰试之以色以观其贞[3]，七曰告之以难[4]以观其勇，八曰醉之以酒以观其态。八征皆备，则贤不肖别矣。”

来观察他的操守优劣；七是授予他困难危险的工作，来考验他是否勇敢；八是使他痛饮醉酒，来看他能否保持常态。八种方法都运用了之后，一个人是贤还是不肖，也就可以清楚区别了。”

注释

1 征：征验、征兆。

2 变：指随机应变的能力。

3 贞：坚贞，这里是操守的意思。

4 难：困难的事情。

立将第二十一

导读

立将，指任命主将。本篇论述古代君主任命将帅的仪式和方法。全篇首先介绍命将的仪程，其次集中阐述“军不可从中御”的观点。作者在文中阐明了这样两个观点：一是将帅领兵作战，责任重大，“社稷安危，一在将军”。因此，身为将帅，应该做到“见其虚则进，见其实则止”，不轻敌，不冒险，不轻视部下，不违背众意，与士兵同甘共苦，也即《孙子兵法》所说的“进不求名，退不避罪，唯民是保，而利合于主”。二是作为君主，应该充分信任将帅，给将帅以机断处置、灵活指挥的权力，即“国不可从外治，军不可从中御”“军中之事，不闻君命，皆由将出”。否则，如果君主从中干预掣肘，对将帅采取不信任的态度，必然会干扰前方将帅的决心和计划，“乱军引胜”，从而导致战争的失败。作者强调，只有真正做到上述两点，才能“无敌于前，无君于后”“战胜于外，功立于内”。

原文

武王问太公曰：“立将[1]之道奈何？”

太公曰：“凡国有难，君避正殿[2]，召将而诏之曰：‘社稷安危，一在将军。今某国不臣[3]，愿将军帅师应[4]之。’

“将既受命，乃命太史卜，斋三日，之太庙，钻灵龟[5]，卜吉日，以授斧钺[6]。君入庙门，西面而立[7]；将入庙门，北面而立。君亲操钺持首，授将其柄曰：‘从此上至天者，将军制之。’复操斧持柄，授将其刃曰：‘从此下至渊者，将军制之。见其虚[8]则进，见

译文

武王问太公说：“任命将帅的方式是怎样的？”

太公说：“凡国家遭遇危难，国君就退避正殿，而在偏殿上召见主将，向他下达诏令说：‘国家的安危，全系在将军你一人身上，现在某国反叛不臣，请将军统率大军前往征讨。’

“主将接受任命后，国君就命太史进行占卜，先斋戒三天，然后前往太庙，钻炙龟甲，卜择吉日，向主将颁授斧钺。国君进入太庙门，面向西站立；主将也进入太庙门，面向北站立。国君亲自拿着钺的上部，把钺柄授予主将，申明：‘从此，军中上至于天的一切事务全由将军您处置。’然后又亲自拿着斧柄，将斧的刃部授予主将，申明：‘自此，军中下至于渊的一切事务全由将军您定夺。见敌人虚弱可乘就前进，见敌人强大难胜就停止。不要因

其实则止，勿以三军为众而轻敌，勿以受命为重而必死，勿以身贵而贱人，勿以独见而违众，勿以辩说为必然。士未坐勿坐，士未食勿食，寒暑必同。如此，则士众必尽死力。'

为我军人数众多而轻敌，不要因为任务重大而拼死，不要因为自己身份尊贵而轻视部属，不要因为自己见解独到而拒绝众人意见，不要由于能说善辩而自以为是。士卒还没有坐下，你自己不要先坐；士卒还没有吃饭，你自己不要先吃，冷热都要与士卒相同。这样，士卒就一定会尽死力作战了。'

注释

1 立将：举行隆重仪式任命将帅。

2 正殿：指国君举行朝会、发布政令的居中的殿堂。

3 不臣：不臣服，不归顺，意谓叛乱。

4 应：应付、对付，此处指征伐。

5 钻灵龟：在商周时代，遇有重大事情，总是要求神问卜，其方法是用烧红的小铜棍炙烙龟甲或兽骨，观察骨甲的裂痕以决定吉凶及应对之策。

6 斧钺：古兵器，用于斫杀，春秋后基本退出实战领域，而作为军权的象征。

7 西面而立：处东向西而立，这为主人所居之位。古以处北向南之位为最尊。此处国君西面而立，一则表示礼贤，二则尊已居南面之位的祖先神位。

8 虚：虚弱、虚隙之处。

原文

"将已受命，拜而报君

译文

"主将接受任命后，便向国君跪

曰：'臣闻国不可从外治，军不可从中御[1]。二心[2]不可以事君，疑志[3]不可以应敌。臣既受命专斧钺之威，臣不敢生还。愿君亦垂一言之命于臣[4]。君不许臣，臣不敢将。'

"君许之，乃辞而行。军中之事，不闻君命，皆由将出。临敌决战，无有二心。若此，则无天于上，无地于下，无敌于前，无君于后。是故智者为之谋，勇者为之斗，气厉青云，疾若驰骛[5]，兵不接刃，而敌降服。战胜于外，功立于内，吏迁[6]士赏，百姓欢说，将无咎殃。是故风雨时节[7]，五谷丰熟，社稷安宁。"

武王曰："善哉！"

拜并回答说：'我听说国家大事不可受外部的干预掣肘，军队作战不宜由君主在朝廷内遥控指挥。怀有二心就不能够忠诚侍奉君主，心存疑虑就不能够专心对付敌人。我既接受任命去执掌军事大权，不获胜利就不敢生还。我希望君上您让我全权统辖一切。君上您若不予允许，我就不敢承担主将重任。'

"国君答应了主将这一请求，主将就辞别国君，统军出征。自此军中的所有事务，不再听命于国君，而全部由主将作主。临敌作战，专心一意。这样，主将进行军事活动，就可上不受天时限制，下不受地形掣肘，前无敌人敢于抵抗，后无君主从中节制。所以智谋之士愿为他出谋划策，勇武之人愿为他殊死战斗，士气昂扬直逼青云，行动迅捷有如骏马驰奔，兵未交锋而敌人就已望风降服。战争取胜于国外，功勋建树于朝廷，将吏获得晋升，士卒得到奖赏，全国百姓欢欣喜悦，主将本人没有祸殃。于是就风调雨顺，五谷丰登，国家安宁。"

武王说："说得真好！"

注释

1 中御：指国君从中枢直接干预军中的事务。
2 二心：指怀有异志。
3 疑志：谓心存疑虑，犹豫不决。
4 一言之命：一言之命，即诏令。
5 驰骛：奔驰的骏马。
6 迁：升迁、晋级。
7 时节：这里用作动词，意谓刮风下雨都应合时令节气。

将威第二十二

导读

本篇论述将帅树立威信的原则和方法。作者立张以法治军，厉行诛赏，指出身为一军主帅，要树立自己的权威，使全军令行禁止，离不开严明的军纪。而严明的军纪又必须依靠赏与罚这两种手段。其原则是公正严明，罚不避亲，赏不避仇。即“将以诛大为威，以赏小为明”。认为只要“刑上极，赏下通”，就能树立起主将的权威，做到令行而禁止，在战场上攻守自如，所向披靡。

原文

武王问太公曰：“将何

译文

武王问太公说：“主将用什么办法

以为威？何以为明？何以为禁止而令行？”

太公曰：“将以诛大[1]为威，以赏小[2]为明，以罚审[3]为禁止而令行。故杀一人而三军震者，杀之；赏一人而万人说者，赏之。杀贵大，赏贵小。杀及当路[4]贵重之臣，是刑上极也；赏及牛竖[5]、马洗[6]、厩养之徒，是赏下通也。刑上极，赏下通，是将威之所行也。”

来树立威信？用什么办法来体现开明？用什么办法来做到有禁而止？有令而行？”

太公回答道：“主将通过诛杀地位高的人来树立威信，通过奖赏地位低的人来体现开明，通过赏罚审慎而严明的办法来做到所禁必止、所令必行。因此，杀一人而能使全军上下震惧的，就杀掉他；赏一人而能使三军之众喜悦的，就奖赏他。诛杀，重在诛杀地位高的人；奖赏，重在奖赏地位低的人。能诛杀那些身居要职的人物，这是刑罚触及了最上层；能奖赏那些牛童、马夫等后勤人员，这是奖赏施行到了最下层。真正做到刑罚能及于最上层，奖赏能达到最下层，这就是将帅的威信之所以得以树立和贯彻的原因。”

注释

1 诛大：诛杀地位尊贵的人。
2 赏小：赏赐地位低微的人。
3 审：详明、审慎，这里引申为适当。
4 当路：即“当途”，指身居要职，执掌大权。
5 牛竖：牧牛的童仆。
6 马洗：马夫。

励军第二十三

导读

励军，就是指鼓舞激励军心士气，调动麾下将士参战杀敌的积极性。作者从三个方面论述了将帅鼓舞士气的具体方法：一是“礼”，善于约束自己，做到“冬不服裘，夏不操扇，雨不张盖”，与士兵同寒暑；二是“力”，善于身体力行，“出隘塞，犯泥途，将必先下步”，与士兵同劳苦；三是“止欲”，即克服私欲，不搞特殊化，与士兵同饥饱。作者认为，榜样的力量是无穷的。将帅只要能够以身作则，身体力行，与士兵同饥饱，同劳苦，同安危，就能够激发起高昂的士气。三军之众就会“闻鼓声则喜，闻金声则怒”，同心协力，前赴后继，奋勇作战，去夺取胜利。

原文

武王问太公曰：“吾欲令三军之众，攻城争先登[1]，野战争先赴[2]，闻金声[3]而怒，闻鼓声而喜，为之奈何？”

太公曰：“将有三胜[4]。”

武王曰：“敢问其目。”

太公曰：“将，冬不服裘，

译文

武王问太公说：“我想要使三军官兵，攻城时争先攀登，野战时争先冲锋，听到停止的号令一腔愤怒，听到前进的号令满心欢喜，应该怎么办才好？”

太公回答说：“将帅有三种致胜之道。”

夏不操扇，雨不张盖，名曰礼将；将不身服礼[5]，无以知士卒之寒暑。出隘塞，犯泥途，将必先下步，名曰力将；将不身服力[6]，无以知士卒之劳苦。军皆定次[7]，将乃就舍，炊者皆熟，将乃就食，军不举火，将亦不举，名曰止欲将；将不身服止欲，无以知士卒之饥饱。将与士卒共寒暑、劳苦、饥饱，故三军之众，闻鼓声则喜，闻金声则怒。高城深池，矢石繁下，士争先登；白刃始合，士争先赴。士非好死而乐伤也，为其将知寒暑、饥饱之审，而见劳苦之明也。"

武王说："请说说它的具体内容。"

太公说："作为将帅，能做到冬天不穿皮衣，夏天不带扇子，雨天不张伞篷，这样的将帅，叫作礼将；将帅如果不能以身作则，也就难以体会士卒的冷暖。在翻越险阻关隘、通过泥泞道路时，将帅一定要先下车马步行，这样的将帅，叫作力将；将帅如果不能身体力行，也就无从体会士卒的劳苦。军队都已宿营就绪，将帅才进自己宿舍；军队的饭菜都已做熟，将帅自己才就餐；军队未曾举火照明，将帅自己也不举火照明，这样的将帅，叫作止欲将；将帅如果不能克制自己的欲望，也就不能体会士卒的饥饱。将帅能够和士卒们共冷暖，共劳苦，共饥饱，那么全军官兵就会听到前进号令就欢喜，听到停止号令就愤怒。攻打高城深池时，即使面临箭石俱下的危险，士卒们也能争先恐后奋勇登城；进行野战时，双方刚一交锋，士卒就会争先冲锋向前。士卒们并不是喜欢死亡、乐于伤残，而是因为他们的将帅了解自己的冷暖和饥饱，体恤自己的劳苦。"

注释

1 争先登：争先恐后地攀登敌人的城垒。

2 争先赴:争先向前进,争先冲锋。

3 金声:即钲声,是指挥军队停止行动或退兵的信号。

4 三胜:三种克敌制胜的手段。底本无“胜”字,依《武经七书直解》增。

5 不身服礼:服,从事、执行的意思。不身服礼,其含义是不能以身作则。

6 不身服力:意为不能身体力行。

7 定次:军队已经扎营。次,驻扎。

阴符第二十四

导读

阴符是我国古代帝王授予臣属兵权和调动军队所用的凭证,是兵权的象征,也是秘密通信的一种方法。一符从中剖为两半,君主与统兵将帅双方各执一半,使用时两半互相扣合,表示验证可信。兵符的使用盛行于战国及秦汉时期。因其常用铜铸成伏虎形,故被称为“虎符”。凡是率军出征的统帅,或带兵驻扎地方和屯守边疆的将领,都由国君亲自任命。在任命之时,君主把虎符的左半交给将领掌管,右半留在自己手中。平时将领只负责带兵,用兵时必须有国君的右半个虎符与将军所掌握的左半个虎符完全扣合才能生效。如果没有右半个虎符相合,任何人都不得擅自调发军队。在本篇中,作者首先阐明了阴符的特殊作用:“引兵深入诸侯之地,三军卒有缓急,或利或害,吾将以近通远,从中应外,以给三军之用。”接着详细地说明了八种阴符的不同形制及其包含的内容。最后指出了使用阴符时应该加以注意的事项,特别强调要做到快速并绝对保密。

原文

武王问太公曰:“引兵深入诸侯之地,三军卒有缓急,或利或害,吾将以近通[1]远,以中应外,以给三军之用,为之奈何?”

太公曰:“主与将有阴符[2],凡八等:有大胜克敌之符,长一尺;破军擒将之符,长九寸;降城得邑之符,长八寸;却敌报远之符,长七寸;警众坚守之符,长六寸;请粮益兵之符,长五寸;败军亡将之符,长四寸;失利亡士之符,长三寸。诸奉使行符,稽留[3]者,若符事泄,闻者、告者皆诛之。八符者,主将秘闻,所以阴通言语,不泄中外相知之术。敌虽圣智,莫之能识。”

武王曰:“善哉!”

译文

武王问太公说:“统率军队深入到敌国境内,全军突然遇有紧急情况,有些对我军有利,有些对我军不利,我想从近处通知远方,从国内策应外地,以满足三军行动的需要,应当怎么办才好呢?”

太公答道:“君主给予主将有秘密的兵符,一共分为八种。有我军大获全胜、聚歼敌人的阴符,其长度为一尺;有击破敌军、擒获敌将的阴符,其长度为九寸;有迫敌弃城投降、夺取敌之城邑的阴符,其长度为八寸;有击退敌人、通报战情的阴符,其长度为七寸;有激励将士、坚固守御的阴符,其长度为六寸;有请求粮饷、增援兵力的阴符,其长度为五寸;有通报军队战败、将领阵亡情况的阴符,其长度为四寸;有报告战斗失利、士卒伤亡消息的阴符,其长度为三寸。凡是奉命传递阴符的,如有延误时间而泄露机密,无论是听闻者还是泄密者,都一律处死。这八种阴符,是由君主和将帅秘密掌握的,它是一种被用来暗中传递消息、不泄露朝廷与战场之间秘密的通信手段。敌人即便是聪明之极,也无一能识破它的奥秘。”

武王说:“说得很好!”

注释

1 通:贯通,这里指通知、联络。
2 阴符:秘密的兵符。
3 稽留:停留,耽误。

阴书第二十五

导读

阴书是古代又一种秘密通信的方法,它由阴符演变而来,它更为便捷,能比阴符传递更加具体的消息。作者在篇中首先阐明了阴书在军事活动中的作用,即在“主将欲合兵,行无穷之变,图不测之利,其事烦多”的情况下,应使用阴书。接着具体介绍了阴书的使用方法是“一合而再离,三发而一知”。最后指出这种方法具有很高的保密性,“敌虽圣智,莫之能识”。如今看来,无论是阴符,还是阴书,都有着一定的局限性。一是有可能被敌方截获而难以达到传递消息的目的,二是有可能被敌方破译内容并被敌方将计就计加以利用。因此,它的功能与作用不宜过分夸大,即并非是“敌虽圣智,莫之能识”。

原文

武王问太公曰:“引兵深入诸侯之地,主将

译文

武王问太公说:“统率军队深入敌国境内,国君与主将想要集结兵力,根据敌

欲合兵[1]，行无穷之变[2]，图不测之利，其事烦多。符不能明，相去辽远[3]，言语不通，为之奈何？”

太公曰：“诸有阴事大虑[4]，当用书，不用符。主以书遗将，将以书问主。书皆一合而再离，三发而一知。再离者，分书为三部；三发而一知者，言三人，人操一分，相参而不相知情也。此谓阴书[5]，敌虽圣智，莫之能识。”

武王曰：“善哉！”

情灵活机动进行变化，谋求夺取出其不意的胜利，然而事情复杂繁多，用阴符说明不了问题，彼此相距又非常遥远，言语不通，那该怎么办？”

太公回答道：“各种密谋大计，都应当用阴书，而不用阴符。国君用阴书向主将传达意图，主将则用阴书向国君请示问题。这些阴书都是一合而再离，三发而一知。所谓一合而再离，就是把一封书信分为三个部分。所谓三发而一知，就是派三个人送信，每人各送一部分，相互参错，使每个人都不了解书信的全部内容。这就叫作阴书。即使敌人聪明异常，也将不能识破我方的秘密。”

武王说：“说得很好！”

注释

1 合兵：此处指集结兵力。

2 无穷之变：谓灵活多变，巧妙机动，出神入化。

3 辽远：遥远。

4 阴事大虑：阴事，极其机密之事。大虑，重大的谋虑。

5 阴书：古代秘密通信方式的一种，比阴符能更具体地传递信息。

军势第二十六

导读

军势，意谓用兵之势，与《孙子兵法》“任势”“造势”原理相类似。作者在篇中论述了作战指挥的一般原则，着重阐明了以下几个观点：一是要因敌因情用兵，灵活机动，不拘一格，奇正相生，即“势因敌家之动，变生于两阵之间，奇正发于无穷之源”，在作者看来，唯有如此才能争取和掌握战争的主动权。二是未战先胜，不战而屈人之兵，即“善战者，不待张军”“善胜敌者，胜于无形。上战无与战”，胜敌于无形。三是主将要专断而行，把握作战指挥中事、用、动、谋这四个环节。“事莫大于必克，用莫大于玄默，动莫神于不意，谋莫善于不识”。四是要通过侦察判断弄清敌情，否则，“未见形而战，虽众必败”。五是指出临战要果断坚决，敢于下决心，担责任，遇时不疑，强调“用兵之害，犹豫最大；三军之灾，莫过狐疑”。认为指挥作战如果瞻前顾后，患得患失，投鼠忌器，优柔寡断，当断不断，必然坐失良机。六是兵贵神速，“疾雷不及掩耳，迅电不及瞑目”，这样就能“当之者破，近之者亡”。作者最后指出，指挥作战只要掌握了上述原则，那么就可以做到“野无衡敌，对无立国”。

原文

武王问太公曰：“攻

译文

武王问太公说：“进攻作战的原则

伐之道奈何？”

太公曰：“势因敌家之动，变生于两阵之间，奇正发于无穷之源[1]。故至事不语，用兵不言。且事之至者，其言不足听也；兵之用者，其状不足见[2]也。倏[3]而往，忽而来，能独专而不制者，兵也。夫兵闻则议，见则图，知则困，辨则危。故善战者，不待张军；善除患者，理于未生[4]；善胜敌者，胜于无形。上战无与战。故争胜于白刃之前者，非良将也；设备于已失之后者，非上圣也；智与众同，非国师也；技与众同，非国工[5]也。事莫大于必克，用莫大于玄默[6]，动莫神于不意，谋莫善于不识。夫先

是什么？”

太公回答说：“战场态势是根据敌人的行动而因势利导，战术变化是根据战场情况而灵活处置，奇正运用则靠将帅的慧心独创而变化无穷。所以最高的机密不可泄露，用兵的艺术不能外传。机密到了最高层次，自然只能会之于心而不能表现为言语；而军队作战的部署，自然也只能隐秘莫测而不可暴露于外界。飘逸而往，忽然而来，能独断专行而不受制于人，这就是用兵的艺术。军事机密泄露，敌人就会采取对策；军队行动暴露，我军就会被敌人所算计图谋；军事秘密被敌人掌握，我军就会陷入困境；作战意图被敌人判明，我军就会遇到危险。所以，善于用兵的，取胜于动用军队之前；善于消除祸患的，能够防患于未然；善于打胜仗的，能够取胜于无形之中。最高明的作战艺术，就是造成无人敢与我为敌的局面。因此，通过身冒刃锋殊死搏斗而赢得胜利的，不是良将；打了败仗再来部署守备的，不是智士；智慧谋略与众相同的，不能称为国师；才能技艺与众相同的，不能称为国工。军事上最重要的莫过于所攻必克，用兵上最重要的莫过于严守机密，行动上最重要的莫过于出其不意，谋略上最高明的莫过于神妙莫测。所以，

胜者，先见弱于敌，而后战者也，故事半而功倍焉。

凡是未战而先胜的，都是先示弱于敌，然后再进行决战，这样便可收到事半功倍的奇效。

注释

1 无穷之源：意为智慧无穷无尽。

2 其状不足见：用兵的部署不曾显露。也就是《孙子兵法》“形兵之极，至于无形”的意思。

3 倏：忽然。

4 理于未生：防患于未然的意思。理，本义为治理。这里可理解为处置、处理。

5 国工：一国的能工巧匠。

6 玄默：缄默不言。即保守秘密，不暴露自己的意图。

原文

“圣人征[1]于天地之动，孰[2]知其纪，循阴阳之道而从其候[3]，当天地盈缩[4]因以为常。物有死生，因天地之形[5]。故曰：未见形而战，虽众必败。

“善战者，居之不挠，见胜则起，不胜则止。故曰：无恐惧，无犹豫。用兵之害，犹

译文

“圣人观察天地的运动，反复探求其变化的规律，遵循阴阳消长的规律以了解事物运动的契机，根据天地间万物盛衰的原理以确立行动的规则。万物的一生一死，一枯一荣，都是其因循天地运动的规律而自然演化的结果。所以说，没有看清整个形势就冒险攻敌，军队虽多也必然失败。

“善于指挥作战的人，按兵待机时不被假象所干扰，见到有胜利把握就行动，见到无胜利希望就停止。所以说，不要恐惧，不要犹豫。用兵最严重的弊病就是犹豫，军

豫最大；三军之灾，莫过狐疑。善战者，见利不失，遇时不疑，失利后时，反受其殃。故智者从之而不释[6]，巧者一决而不犹豫，是以疾雷不及掩耳，迅电不及瞑目，赴之若惊，用之若狂，当之者破，近之者亡，孰能御之？

"夫将有所不言而守者[7]神也，有所不见而视者明也。故知神明之道者，野无衡[8]敌，对无立国。"

武王曰："善哉！"

队最可怕的灾难就是狐疑。善于指挥作战的人，看到有利的情况决不放过，遇上时机从不迟疑，如果失掉有利的情况，错过时机，自己反而会遭祸殃。所以，机智的人抓住战机绝不放过，聪明的人一经决定绝不犹豫，因此投入战斗时才能像迅雷一样使人不及掩耳，像闪电一样使人不及瞑目。前进时如同惊马，作战时有如发狂，抵挡他的就被击破，靠近他的均被消灭，这种军队有谁能够抵御呢？

"作为将帅，能不动声色而胸有成竹的叫作神；能眼睛不看即可洞察细微的叫作明。所以，掌握了这种不言而知、不见而察的神明道理的，就能够做到战场无强敌，面前无敌国。"

武王说："您说得好极了！"

注释

1 征：观察、揣度的意思。

2 孰："熟"的古字，熟悉、熟习，此处指反复探索。

3 候：征兆、契机。

4 天地盈缩：指自然界盛衰变化，如四季的更迭、日月的盈亏等。

5 形：指盈缩变化。

6 释：放开、放过。

7 守：镇静自守，这里有老谋深算的意思。

8 衡：抗衡，对抗。

奇兵第二十七

导读

本篇首先指出了用兵的成败与否，关键在于能否创造出神入化的兵势。在作者看来，所谓"神势"，意为积极主动而又神妙莫测的有利态势。要造成这种"神势"，离不开示形用奇。接着作者详细列举了通过示形用奇来制造"神势"的二十六种具体方法。并指出，灵活机动，随机应变，出奇制胜，这是指挥作战所应把握的一项基本原则，即所谓"不知战攻之策，不可以语敌；不能分移，不可以语奇；不通治乱，不可以语变"。最后作者论述了身为将帅，要胜任统兵作战，必须具备仁、勇、智、明、精微、常戒、强力七种基本素质，并强调"得贤将者，兵强国昌"，否则"兵弱国亡"。

原文

武王问太公曰："凡用兵之道，大要何如？"

太公曰："古之善战者，非能战于天上，非能战于地下，其成与败，皆由神势[1]，得之者昌，失之者亡。夫两阵之间，出

译文

武王问太公说："用兵的法则，其要领是什么？"

太公回答说："古代善于用兵打仗的人，并不是能战于天上，也不是能战于地下，他的成功或失败，全在于是否能造成神秘莫测的态势。能造成这种态势的就胜利，不能造成这种态势的就失败。当

甲陈兵，纵卒乱行者，所以为变[2]也；深草蓊翳[3]者，所以逃遁也；溪谷险阻者，所以止车御骑也；隘塞山林者，所以少击众也；坳泽窈冥[4]者，所以匿其形也；清明无隐者，所以战勇力也；疾如流矢，如发机者，所以破精微[5]也；诡伏设奇，远张诳诱[6]者，所以破军擒将也；四分五裂[7]者，所以击圆破方也；因其惊骇者，所以一击十也；因其劳倦暮舍者，所以十击百也；奇技者，所以越深水渡江河也；强弩长兵者，所以逾水战也；长关远候[8]，暴疾谬遁[9]者，所以降城服邑也；鼓行喧嚣者，所以行奇谋也；大风甚雨者，所以搏前擒后也；伪称

两军列阵交锋时，卸下铠甲，放下武器，放纵士卒混乱行列，目的是为了变诈诱惑敌人；占领草木茂盛地带，这是为了隐蔽撤退部队；占领溪谷险阻地段，这是为了阻止敌人战车和骑兵的行动；占领险隘关塞、山林地域，这是为了便于以少击众；占领低谷、水泽这类幽深昏暗地域，目的是为了隐蔽自己军队的行动；占领平坦开阔的地区，这是为了同敌人比勇斗力，一决雌雄；行动快如飞箭，突击猛如发机，这是为了打破敌人原来的深谋妙计；巧妙埋伏，设置奇兵，虚张声势，诱骗敌人，这是为了击破敌军，擒捉敌将；四面出击，多头进攻，这是为了打破敌人的方阵和圆阵；乘敌惊慌失措之际发起进攻，这是为了达到以一击十的效果；乘敌人疲惫不堪、夜晚宿营之际实施攻击，这是为了实现以十击百的目的；利用奇妙的手段[架桥造船]，这是为了飞越深水横渡江河；使用强弩和长兵器，这是为了越水作战的需要；在远处设置关卡，派遣侦察人员，迅速行动，不拘常法的，这是为了袭取占领敌人的城邑；故意大声喧哗鼓噪前进，这是为了乘机施行奇计妙策；利用大风暴雨天气展开行动，这是为了达到攻前袭后多方进击的目的；假扮成敌人使者，潜入敌

敌使者，所以绝粮道也；谬号令、与敌同服者，所以备走北也；战必以义者，所以励众胜敌也；尊爵重赏者，所以劝用命也；严刑罚者，所以进罢怠也；一喜一怒、一与一夺、一文一武、一徐一疾者，所以调和三军、制一臣下也；处高敞者，所以警守也；保险阻者，所以为固也；山林茂秽者，所以默往来也；深沟高垒，粮多者，所以持久也。

区的，这是为了切断敌军的粮道；诈用敌人号令、混穿敌军服装的，是为了准备撤退；临战之前对官兵谕以大义，这是用来激励士气以战胜敌人的方法；加封官爵，加重奖赏，这是用来鼓励部下为自己效命的方法；实行严刑重罚，这是用以振奋士气、摆脱疲怠的方法；有喜有怒，有赏有罚，有礼有威，有慢有快，这是用以协调军队的意志和统一属下行动的方法；占领高大而又视野开阔的地形，这是为了加强警戒和守备；保守住险隘阻塞等要地，这是为了巩固自己的防守；驻扎在山深林密的地方，这是为了隐蔽自己军队的往来行动；深挖壕沟，高筑壁垒，多储粮秣，这是为了准备持久作战。

注释

1 神势：神妙的态势。

2 变：权谲变诈。

3 蓊翳：草木茂盛貌。

4 坳泽：低洼潮湿之处。窈冥，幽暗，能见度很低。

5 精微：意为深谋妙计，人所莫测。

6 远张诳诱：虚张声势，诓诈诱敌。

7 四分五裂：这里指把部队分散编组成若干小分队。

8 长关远候：意为在远方设置关卡，派遣斥候。

9 暴疾谬遁：指行动迅速，进退诡秘。

原文

“故曰：不知战攻之策，不可以语敌；不能分移[1]，不可以语奇；不通治乱，不可以语变。故曰：将不仁，则三军不亲；将不勇，则三军不锐；将不智，则三军大疑；将不明，则三军大倾[2]；将不精微，则三军失其机；将不常戒，则三军失其备；将不强力[3]，则三军失其职。故将者，人之司命，三军与之俱治，与之俱乱；得贤将者，兵强国昌；不得贤将者，兵弱国亡。”

武王曰：“善哉！”

译文

“所以说：不懂得攻战的策略，就谈不上对敌作战；不会分进合击，灵活机动地使用兵力，就谈不上出奇制胜；不通晓军队治乱的关系，就谈不上随机应变。所以说将帅不仁慈，军队就不会拥护；将帅不勇敢，军队就会失去锋锐；将帅不机智，军队就会滋生疑惧；将帅不精明，军队就会遭到惨败；将帅考虑问题不审详，军队就会丧失战机；将帅缺乏警惕性，军队就会疏于戒备；将帅领导不坚强有力，军队就会懈怠、玩忽职守。所以，将帅是整个军队命运的主宰，军队要么同着他一起严整有治，要么同着他一道混乱不治。得到贤明能干的将帅，就会兵强国昌；得不到贤明能干的将帅，就会兵弱国亡。”

武王说：“说得真是好啊！”

注释

1 分移：分散转移，此处是灵活机动地部署和使用兵力的意思。

2 倾：倒下，倾伏。这里引申为失败、土崩瓦解。

3 强力：此指刚强坚定而有魄力。

五音第二十八

导读

五音，指的是我国古代宫、商、角、徵、羽五个音阶。本篇介绍了用五音配合金、木、水、火、土五行来观察和判断敌情的具体方法。古代阴阳五行家以五音配五行，宫属土，商属金，角属木，徵属火，羽属水，兵阴阳家以此来观察和判断敌情乃至指挥作战，这种方法近乎荒诞，不足凭信。但是，其利用各种手段来侦察敌情，透过各种蛛丝马迹判断敌情并进而做出相应决策的思想却不乏可取之处，不可一概否定。

原文

武王问太公曰："律音之声，可以知三军之消息[1]，胜负之决乎？"

太公曰："深哉！王之问也。夫律管十二[2]，其要有五音——宫、商、角、徵、羽[3]，此其正声也，万代不易。五行之神，道之常也，可以知敌。金、

译文

武王问太公说："从律管发出的乐音中，可以了解军队力量的盛衰、预知胜负的结果吗？"

太公说："君王的问题真是深奥！律管共有十二个音阶，其中主要的有五个——宫、商、角、徵、羽，这是最基本最纯正的声音，千秋万代都不会改变的。五行相生相克神妙无比，这乃是天地间的自然规律，借此可以测知敌情的变化。

木、水、火、土，各以其胜攻之。

“古者三皇[4]之世，虚无[5]之情以制刚强。无有文字，皆由五行。五行之道，天地自然。六甲[6]之分，微妙之神。其法：以天清静，无阴云风雨，夜半，遣轻骑往至敌人之垒，去九百步外，偏持律管，当耳大呼惊之。有声应管，其来甚微。角声应管，当以白虎[7]；徵声应管，当以玄武[8]；商声应管，当以朱雀[9]；羽声应管，当以勾陈[10]；五管声尽不应者，宫也，当以青龙[11]。此五行之符，佐胜之征，成败之机。”

武王曰：“善哉！”

太公曰：“微妙之音，皆有外候。”

金、木、水、火、土五行，各以其生克关系取胜，用兵打仗也是以其胜攻不胜啊！

“古代三皇的时候，崇尚虚无清静、无为而治以制伏刚强暴虐。当时没有文字，一切都按五行生克关系行事。五行生克的原理，就是天地间的自然法则。六甲的演化和分合，其道理一样深奥玄妙。军事上运用五音五行的方法是：当天气清明晴朗，没有阴云风雨时，于夜半时分派遣轻骑前往敌人营垒，在距离敌营九百步以外的地方，都手持律管对着敌方大声疾呼以惊动他们。这时，就会有来自敌方的回声反应于律管之中，当然这回声是非常微弱的。如果是角声反应于管中，就应当命令军队根据白虎的时空方位［从西边］去攻打敌人；如果是徵声反应于管中，就应当命令军队根据玄武的时空方位［从北面］去攻打敌人；如果是商声反应于管中，就应当命令军队根据朱雀的时空方位［从南面］去攻打敌人；如果是羽声反应于管中，就应当命令军队根据勾陈的时空方位［从中央］去攻打敌人；所有律管都没有回声的是宫声的反应，这时应当命令军队根据青龙的时空方位［从东边］去攻打敌人。所有这些就是五行相生相克的应验，辅佐军队制胜的征兆，用兵胜武王曰:“何以知之?”

太公曰:“敌人惊动则听之:闻枹鼓之音者,角也;见火光者,徵也;闻金铁矛戟之音者,商也;闻人啸呼之音者,羽也;寂寞无闻者,宫也。此五者,声色之符也。”

败的枢机。”

武王说:“说得太好了!”

太公说:“微妙的音律,都有外在的征候。”

武王说:“根据什么才得以知道?”

太公说:“当敌人惊动时就仔细倾听:听到击鼓之声就是角声的反应;见到火光就是徵声的反应;听到金铁矛戟兵器声就是商声的反应;听到敌人呼喊叫啸声就是羽声的反应;寂寞宁静无声无息的就是宫声的反应。这五种音律与外界的动静都是各有对称、相互吻合的。”

注释

1 消息:消长、盛衰。

2 律管十二:古代正音的乐器,用竹、玉或铜制成,共十二管,按音阶由低到高依次为黄钟、大吕、太簇、夹钟、姑洗、仲吕、蕤宾、林钟、夷则、南吕、无射、应钟。

3 宫、商、角、徵、羽:我国古代的五个音阶。

4 三皇:传说中的远古的三个帝王,具体人物说法各有差异。

5 虚无:清静无为,以无为致无不为。

6 六甲:指甲子、甲戌、甲申、甲午、甲辰、甲寅这六个以甲为首的干支。

7 白虎:中国古代神话中的西方庚申金星神。它同下文中的朱雀、玄武、青龙合称为四神。

8 玄武:中国古代神话中的北方壬癸水星神。

9 朱雀:中国古代神话中的南方丙丁火星神。

10 勾陈:中国古代神话中的中央戊己土星神。

11 青龙：中国古代神话中的东方甲乙木星神。

兵征第二十九

导读

兵征，即作战胜负的征兆。作者在篇中论述了通过各种征候预测战争胜负的方法。首先指出“胜负之征，精神先见”，即军队是战胜还是败北，可以通过观察敌方将士的精神状态而有所预知和判断。接着阐明了通过对士气的盛衰、阵势的治乱、军纪的严弛来判断敌军的强弱和预测战争的胜败。最后论述了通过望气来判断城邑是否能够攻克降拔。应该指出，通过对士气盛衰、阵势治乱、军纪严弛来判断敌军强弱和预测战争胜负的观点无疑是正确的，而通过望气来判断一个城池是否能够攻克降拔，则是没有根据和不足凭信的，应该是兵阴阳家“假鬼神以为助”的手法而已。

原文

武王问太公曰：“吾欲未战先知敌人之强弱，预见胜负之征，为之奈何？”

太公曰：“胜负之征，

译文

武王问太公说：“我想要在战前就先知道敌人的强弱，预见胜败的征兆，应该怎么办？”

太公回答说：“胜败的种种征兆，首先在敌军将士的精神面貌上表现出来，

精神先见，明将察之，其败在人。谨候敌人出入进退，察其动静，言语妖祥[1]，士卒所告。凡三军说怿，士卒畏法，敬其将命。相喜以破敌，相陈以勇猛，相贤以威武，此强征也。三军数惊，士卒不齐，相恐以敌强，相语以不利，耳目相属[2]，妖言不止，众口相惑，不畏法令，不重其将，此弱征也。

明智的将帅是能够事先察觉的，但能否利用这种征兆打败敌人，则在于人的主观努力。必须周密地侦察敌人出入进退的情况，观察它的动静，留意于言语中的吉凶预兆以及士卒间相互谈论的事情。凡是全军欣喜愉悦，士卒畏惧法令，尊重将帅的命令，相互间以破敌为喜事，相互间以勇猛杀敌为谈资，相互间以威武为荣誉的，这就是军队战斗力强大的征兆。反之，如果全军上下不断地受到惊动，士卒散漫混乱，行阵不整，以敌人的强悍来相互吓唬，相互传播对作战不利的消息，相互之间探听各种消息，谣言四起不得制止，互相煽惑欺蒙，不畏惧法令，不尊重将帅，这就是军队虚弱无力的征兆。

"三军齐整，阵势已固，深沟高垒，又有大风甚雨之利，三军无故[3]，旌旗前指，金铎[4]之声扬以清，鼙鼓[5]之声宛以鸣，此得神明之助，大胜之征也。行陈不固，旌旗乱而相绕[6]，逆大风甚雨之利，士卒恐惧，气绝而不属[7]，戎马惊奔，兵车折轴，金

"全军上下步调一致，阵势坚固，垒高沟深，又可凭借大风大雨的有利气候条件，全军不待命令而旌旗前指，金铎之声高扬而清晰，鼙鼓之声婉转而响亮，这表明军队得到了神明的佑助，乃是取得大胜的征候。反之，行阵不坚固，旌旗纷乱而所指方向不明，又有逆着大风大雨的不利气候条件，士卒恐惧震骇，士气衰竭而涣散，军马惊骇狂奔，兵车断轴毁损，金铎之声低沉而混浊，鼙鼓之声沉闷而压抑，这

铎之声下以浊，鼙鼓之声湿如沐[8]，此大败之征也。

“凡攻城围邑，城之气色如死灰[9]，城可屠；城之气出而北，城可克；城之气出而西，城必降；城之气出而南，城不可拔；城之气出而东，城不可攻；城之气出而复入，城主[10]逃北；城之气出而覆我军之上，军必病；城之气出高而无所止，用兵长久。凡攻城围邑，过旬不雷不雨，必亟去之，城必有大辅。此所以知可攻而攻，不可攻而止。”

武王曰：“善哉！”

是军队大败的征候。

“凡是攻城围邑之时，如果城上之气呈现的是死灰之色，那么这座城池可被毁灭；如果城上之气出而向北流动，那么这座城池可被攻克；如果城上之气出而向西流动，那么这座城池必然投降；如果城上之气出而向南流动，那么这座城池就坚不可拔；如果城上之气出而向东流动，那么这座城池便不可攻打；如果城上之气出而又入，那么该城守城的主将必定逃亡败北；如果城上之气出而覆盖在我军的上空，那么我军必定遭到不利；如果城上之气高高上升而无所停止，那么用兵攻打一定历时长久。凡是攻城围邑，如果过了十天仍然不打雷下雨，就必须迅速撤退解围，因为城中一定是有贤能之士为辅佐。这就可以知道为什么可攻则攻，不可攻就停止的道理了。”

武王说：“讲得非常好！”

注释

1 妖祥：意为凶兆与吉兆。

2 耳目相属：相互探听消息。

3 无故：平静无事，这里指不待命令而行动。

4 金铎：铜制大铃。古代作战中，常用其指挥军队停止战斗或撤退。

5 鼙鼓:鼙,小鼓也。鼓,大鼓。它们用以指挥军队前进、冲锋。
6 乱而相绕:指旌旗纷乱,所指方向不明。
7 不属:不相连接,引申为涣散。
8 湿如沐:指战鼓被淋湿后声音沙哑低沉。
9 气:云气。古人迷信,认为帝王将相、圣贤之人乃至城邑军队、奇珍异宝之上都有云气屯聚相随,术士能够依据云气的形状、颜色以及流动变化来占验吉凶。死灰,惨白色。
10 城主:指守城的主将。

农器第三十

导读

农器,即农业生产用具。本篇很有特色,它具体阐述耕战合一的思想,强调富国强兵。富国强兵是我国传统的国防政策。这种主张出现在春秋时期,到战国时期十分流行。当时各诸侯国为了在兼并战争中争取主动权,有效巩固自己的政权,并进而扩张自己的势力,竭力提倡发展生产,把富国强兵看作强国之本,认为国不富不可以养兵,更谈不上强兵。同时认为兵不强则不可以摧敌,更不能立国。由于中国古代表现出以农立国、以兵卫国的特点,因此富国强兵实际上就是寓兵于农,兵农合一,强调农战。作者在篇中首先揭示了安不忘危、和不忘战的重要命题,即“天下安宁,国家无事”之时,必须修战攻之具,设守御之备,接着进一步论述了要做到安不忘危、和不忘战,必须寓兵于农,兵农合一,即“战攻守御之具，尽在于人事”。理由是平时的生产和生活器具，战时可转化武器装备；平时的地方的行政组织，战时可以转化为军事组织；平时的生产技术，战时可转化为战斗技术；平时的各种农业设施，战时可以转化为军事工程。“故用兵之具，尽在于人事也”。最后指出：“善为国者，取于人事。”从而实现真正意义上的富国强兵之道。

原文

武王问太公曰：“天下安定，国家无事，战攻[1]之具，可无修乎？守御之备，可无设乎？”

太公曰：“战攻守御之具，尽在于人事。耒耜[2]者，其行马蒺藜[3]也。马牛车舆者，其营垒蔽橹也。锄耰[4]之具，其矛戟也。蓑薛簦笠[5]者，其甲胄干盾[6]也。钁、锸[7]、斧、锯、杵臼[8]，其攻城器也。牛马，所以转输粮用也。鸡犬，其伺候也。妇人织纴[9]，其旌旗也。

译文

武王问太公说：“天下安定太平，国家没有战争，这时，野战、攻城的器械，就可以不加整备了吗？防守御敌的设施，就可以不予筹置了吗？”

太公回答说：“作战用的攻战守御等武器装备，实际上全是平时人民的日常生产生活用具。耕作用的耒耜，即可用作拒马、蒺藜等作战障碍器材。马车和牛车，可用为作战的营垒和蔽橹等屏障器材。锄耰等农具，可用为作战的矛戟。蓑衣、雨伞和斗笠，可用为作战的盔甲和盾牌。钁、锸、斧、锯、杵臼等器具，可用为攻城器材。牛、马可以用来转运军粮。鸡、狗可以用来报时和警戒。妇女们纺织的布、帛，可用于缝制旗帜。男子平整土地的技术，可用于攻城作业。春季农民割草除棘的方法，可用为同敌人战车骑兵作战的技术。夏季农民耘田除草的方法，可用为同敌人步兵作战的手段。秋季收割庄稼柴草，

丈夫平壤[10]，其攻城也。春钹[11]草棘，其战车骑也。夏耨[12]田畴，其战步兵也。秋刈禾薪，其粮食储备也。冬实仓廪[13]，其坚守也。田里相伍，其约束符信[14]也。里有吏，官有长，其将帅也。里有周垣[15]，不得相过，其队分也。输粟收刍[16]，其廪库也。春秋治城郭，修沟渠，其堑垒也。故用兵之具，尽在于人事也。善为国者，取于人事。故必使遂其六畜，辟其田野，安其处所。丈夫治田有亩数，妇人织纴有尺度。是富国强兵之道也。”

武王曰：“善哉！”

可用作备战用的粮秣。冬季粮食装满仓库，就是为战时的持久守备作准备。田里劳作的农民，平时相编为伍，就是战时军队编组和管理的依据。里设长吏，官府有长，战时即可充任军队的军官。里与里之间设修围墙，互不逾越，战时即是军队的驻地区划。运输粮食，收割饲草，战时就是军队的后勤仓库。春秋两季修筑城郭，疏浚沟渠，就等同为战时修治壁垒壕沟。所以说，作战所用的器具，完全分散在人们平时的日常农事生活中。善于治理国家的人，无不重视农业大事。所以他一定努力使人民大力繁殖六畜，开垦田地，安定住所，使得男子种田达到一定的亩数，妇女纺织达到一定的尺度。这就是平时富国、战时强兵的方法。”

武王说：“说得太好了！”

注释

1 战攻：古代作战，有专门术语表示其作战形式。战，指的是野战；攻，指的是攻城。

2 耒耜：先秦时期主要的耕地翻土工具。耒为柄，耜为铲。有时用来通称农具。

3 行马：用以堵塞道路的装有剑刃的车辆。 蒺藜：一种带有尖刺的障碍物。

4 耰:农具名称,用以平田碎土。

5 蓑薛簦笠:蓑衣斗笠之属。

6 甲胄干盾:甲,铠甲。胄,头盔。干,盾牌。这里通指防护型武器装备。

7 镬:大锄,用来掘地。锸:锹,用来起土。

8 杵:捣物的棒槌。臼:舂米的器具。

9 纴:缯帛等纺织品。

10 平壤:平整土地。

11 钹:农具名,似镰,用于割草。此处用如动词,意为割草除棘。

12 耨:指耘田除草。

13 廪:贮藏粮食的仓库。

14 符信:凭证。

15 周垣:即四周的墙垣。

16 刍:喂饲牛马的草料。

卷第四 虎韬

军用第三十一

导读

军用，即军队的各种武器装备。武器装备是战争力量诸要素中的重要因素之一。它是军队战斗力的物质基础，不仅影响军队的士气，还对战争的进程甚至结局产生重大影响。本篇具体讨论了军队的武器装备问题，作者首先指出武器装备在整个军事事业中的重要作用，即“王者举兵，三军器用，攻守之具”“各有科品，此兵之大威也”。接着，作者以出兵万人为例，详细罗列了陷坚阵、败强敌、败步骑、截穷寇、遮北走、拒守、越堑、渡河、结营等所需器材的种类、数量、编配和运用。最后指出，除以上配备的器材外，还需配备整治维修各种器材的工匠，以随时修补毁坏的器材。兵技巧家的基本特征是：“习手足，便器械，积机关，以立攻守之胜者也。”（《汉书·艺文志》）本篇可谓是“兵技巧家”的具体例证。尤其是在《汉书·艺文志》所著录的“兵技巧家”著述基本散佚的情况下，本篇和《墨子》“城守”十二篇更是我们在今天了解与研究“兵技巧家”的重要素材了，可谓吉光片羽，弥足珍贵！

原文

武王问太公曰：“王者举兵，三军器用，攻守

译文

武王问太公说：“君王兴师作战，三军所用的武器装备和攻守器械，其种类

之具，科品[1]众寡，岂有法乎？”

太公曰：“大哉，王之问也！夫攻守之具，各有科品，此兵之大威也。”

武王曰：“愿闻之。”

的区分和数量的多少，难道有一定的标准吗？”

太公答道：“您所问的确实是一个大问题！攻守器械，种类很多，各有不同，这是有关军队威力大小的问题。”

武王说：“我愿意倾听详细的内容。”

注释

1 科品：种类。

原文

太公曰：“凡用兵之大数，将甲士万人，法用：武冲大扶胥[1]三十六乘，材士[2]强弩矛戟为翼[3]，一车二十四人推之，以八尺车轮，车上立旗鼓。兵法谓之震骇[4]，陷坚阵，败强敌。

“武翼大橹矛戟扶胥[5]七十二具，材士强弩矛戟为翼，以五尺车轮，绞车连弩[6]自副，陷坚阵，败强敌。

译文

太公说：“大凡用兵打仗，[所使用的武器装备]有个大概的标准。假如统率甲士万人，武器装备的配置标准是：武冲大扶胥战车三十六辆，以有技能而勇敢的武士使用强弩、矛、戟在两旁护卫，每车用二十四人推行，其车轮的高度为八尺，并在车上设立旗鼓。兵法上把这种车辆称作震骇，它可用来攻破坚阵，击败强敌。

“武翼大橹矛戟扶胥战车七十二辆，以有技能而勇敢的武士使用强弩、矛、戟为两翼护卫，这种车装置有五尺高的车轮，并附设有用绞车发射的连弩，它可用来攻破坚阵，击败强敌。

“提翼小橹扶胥战车一百四十辆，并附

"提翼小橹扶胥[7]一百四十具，绞车连弩自副，以鹿车轮，陷坚阵，败强敌。

设有用绞车发射的连弩，这种车装置有独轮，可用来攻破坚阵，击败强敌。

注释

1 武冲大扶胥：设有大盾的大型战车。扶胥，战车的别名。
2 材士：指勇敢而武艺高强的战士。
3 翼：护卫。
4 震骇：特大的战车可以震骇敌人，故称震骇。
5 武翼大橹矛戟扶胥：配备有大盾牌和矛戟的战车。
6 绞车连弩：指一种用绞车张弓，能连发，射程较远的强弩。
7 提翼小橹扶胥：装备有小盾牌的小型战车。

原文

"大黄参连弩大扶胥[1]三十六乘，材士强弩矛戟为翼，飞凫、电影[2]自副。飞凫，赤茎白羽，以铜为首；电影，青茎赤羽，以铁为首。昼则以绛缟[3]，长六尺，广六寸，为光耀；夜则以白缟，长六尺，广六寸，为流星。陷坚阵，败步骑。

"大扶胥冲车三十六乘，螳螂武士[4]共载，可

译文

"大黄参连弩大扶胥战车三十六辆，以有技能而勇敢的武士使用强弩、矛、戟在两旁护卫，并附设飞凫和电影两种旗帜。飞凫由红色的杆、白色的羽制成，用铜做旗杆头；电影以青色的杆、红色的羽制就，用铁做旗杆头。在白天用大红色的绢做旗子，旗子长六尺，宽六寸，称之为光耀；夜晚则用白色的绢做旗子，旗子长六尺，宽六寸，称之为流星。这种战车可以用来攻破坚阵，击败敌人的步兵和骑兵。

"大扶胥冲车共三十六辆，车上载乘

以纵击横，可以败敌。

“辎车骑寇[5]，一名电车[6]，兵法谓之电击[7]，陷坚阵，败步骑。

蝗螂武士，可以用它来纵横冲击，击败强敌。

“辎车骑寇，也叫作电车，兵法上称之为电击，它也可用来攻破坚阵，击败敌人的步兵和骑兵。

注释

1 大黄参连弩大扶胥：装备有大黄参连弩的大型战车。大黄，弩名。参连弩，能连续击发的强弩。
2 飞凫、电影：指两种旗帜名称。
3 绛缟：大红色的绢子。
4 螳螂武士：骁勇善战的武士。
5 辎车骑寇：指轻快迅捷的战车。
6 电车：形容其车行动忽往忽来有如风驰电掣。
7 电击：形容像电击一般迅疾难以抵挡。

原文

“寇夜来前，矛戟扶胥轻车[1]一百六十乘，螳螂武士三人共载，兵法谓之霆击[2]，陷坚阵，败步骑。

“方首铁棓维朌[3]，重十二斤，柄长五尺以上，千二百枚，一名天棓。大柯斧[4]，刃长八寸，重八斤，柄长五尺以上，

译文

“敌人乘黑夜前来袭击，这时宜用矛戟扶胥轻车，一百六十辆，每车载乘螳螂武士三人，兵法上称这种车辆为霆击，它可用以攻破坚阵，击败敌人的步兵和骑兵。

“方首铁棓维朌，其重量为十二斤，柄长五尺以上，共置设一千二百把，这种武器也叫作天棓。大柯斧，刃长八寸，重量为八斤，柄长五尺以上，共设置一千二百把，这种武器也叫作天钺。方

千二百枚，一名天钺。方首铁锤，重八斤，柄长五尺以上，千二百枚，一名天锤。败步骑群寇。

“飞钩[5]长八寸，钩芒[6]长四寸，柄长六尺以上，千二百枚，以投其众。

首铁锤，重为八斤，柄长五尺以上，共一千二百把，这种武器也称为天锤。它们都可以用来击败敌人的步兵和骑兵。

“飞钩，长度为八寸，钩芒长为四寸，柄长六尺以上，共一千二百枚，可以用它投掷杀伤敌人。

注释

1 矛戟扶胥轻车：一种配置有矛戟等兵器的轻型战车。
2 霆击：形容进击非常疾速。
3 方首铁棓维朌：一种大方头的铁棒。朌，同“颁”，头大貌。
4 大柯斧：长柄斧头。
5 飞钩：古代兵器，似剑而曲，一名铁鸱脚，可用来钩取敌人。
6 钩芒：钩尖。

原文

“三军拒守，木螳螂剑刃扶胥[1]，广二丈，百二十具，一名行马，平易地，以步兵败车骑。

“木蒺藜[2]，去地二尺五寸，百二十具，败步骑，要穷寇，遮走北。

译文

“当军队进行防守时，应使用木螳螂剑刃扶胥，每具宽度为两丈，一共设置一百二十具，它也称为行马，在平坦开阔的地形上，步兵可以用它来阻止敌人战车和骑兵的行动。

“木蒺藜，设置时要高于地面二尺五寸，共一百二十具，它可以用来阻止敌人步兵和骑兵的行动，拦截陷于穷途末路的残寇，阻遏撤退逃跑的敌人。

“轴旋短冲矛戟扶胥[3]，百二十具，黄帝所以败蚩尤氏[4]，败步骑，要穷寇，遮走北。

“狭路微径，张铁蒺藜，芒高四寸，广八寸，长六尺以上，千二百具，败步骑。

“轴旋短冲矛戟扶胥战车共一百二十辆，黄帝曾经使用它打败蚩尤，它可用以击败敌人的步兵和骑兵，拦截陷于穷途末路的残寇，阻遏撤退逃跑的敌人。

“在隘路、小道上，可以布设铁蒺藜，刺长为四寸，宽度为八寸，每具长度在六尺以上，共设置一千二百具，它可用来拦阻敌人步兵和骑兵的行动。

注释

1 木螳螂剑刃扶胥：装有螳螂前臂形状剑刃的战车。
2 木蒺藜：用坚硬木料制作的形状如蒺藜的有刺障碍物。
3 轴旋短冲矛戟扶胥：一种装有矛戟便于旋转的战车。
4 蚩尤氏：传说中的九黎族首领，在涿鹿之战中败于黄帝。

原文

“突暝[1]来前促战，白刃接，张地罗[2]，铺两镞蒺藜[3]，参连织女[4]，芒间相去二寸，万二千具。旷野草中，方胸鋋矛[5]，千二百具。张鋋矛法：高一尺五寸。败步骑，要穷寇，遮走北。

“狭路、微径、地

译文

“敌人突然乘着夜色昏暗前来逼战，白刃相接，这时应张设地罗，布撒两镞铁蒺藜和参连织女等障碍物，各具的芒尖相间隔为二寸，共布一万二千具。在旷野深草地带作战，要配置方胸鋋矛，共一千二百把。布设方胸鋋矛的方法，是使它高出地面一尺五寸。可用以击败敌人的步兵和骑兵，拦截陷于穷途末路的残寇，阻遏撤退逃跑的敌人。

陷，铁械锁参连[6]，百二十具，败步骑，要穷寇，遮走北。

“在隘路、小道和低洼的地形上作战，可以张设铁械锁参连，共一百二十具，它可以用来击败敌人的步兵和骑兵，拦截陷于穷途末路的残寇，阻遏撤退逃跑的敌人。

注释

1 突暝：在能见度很低情况下发动突袭。
2 地罗：张设在地上的罗网。
3 两镞蒺藜：有两个芒尖的蒺藜。
4 参连织女：多个蒺藜连缀在一起的障碍物。
5 方胸铤矛：齐胸高的小矛。
6 铁械锁参连：铁制的锁链。

原文

“垒门[1]拒守，矛戟小橹，十二具，绞车连弩自副。

“三军拒守，天罗虎落锁连[2]，一部广一丈五尺，高八尺，百二十具。虎落剑刃扶胥[3]，广一丈五尺，高八尺，五百二十具。

“渡沟堑飞桥[4]，一间广一丈五尺，长二丈以上，着转关辘轳，八具，以环利通索张之。

译文

“如守卫军营营门，则动用矛戟小橹十二具，并附带设置绞车连弩。

“军队进行守御时，应设置天罗虎落锁连，每部宽一丈五尺，高为八尺，共计一百二十具。同时还要设置虎落剑刃扶胥，每具宽一丈五尺，高八尺，共五百二十具。

“渡越沟堑，则要装备飞桥，每间宽度为一丈五尺，长两丈以上，上装有转关辘轳，一共八具，用铁环和长绳架设。

“渡大水飞江[5]，广一丈五尺，长二丈以上，八具，以环利通索张之。天浮铁螳螂[6]矩内圆外，径四尺以上，环络自副，三十二具。以天浮张飞江，济大海，谓之天潢，一名天舡[7]。

“横渡江河，要使用飞江，宽度为一丈五尺，长在两丈以上，共八具，用铁环和长绳架设。天浮铁螳螂内方外圆，直径四尺以上，并附有环络，总共三十二具。用天浮架设飞江，可以横渡大海，这叫作天潢，另一个名称叫作天舡。

注释

1 垒门：营门。
2 天罗虎落锁连：一种障碍物。
3 虎落剑刃扶胥：一种有遮障和剑刃的车。
4 飞桥：可能是一种折叠桥或壕桥。
5 飞江：可能是一种济渡江河的浮桥。
6 天浮铁螳螂：可能是木筏一类的浮游器材。
7 天潢、天舡：都是星名，这里指的是大船。

原文

“山林野居，结虎落柴营[1]。环利铁索，长二丈以上，千二百枚；环利大通索[2]，大四寸，长四丈以上，六百枚；环利中通索，大二寸，长四丈以上，二百枚；环利小徽缧[3]，长二丈以上，万二千枚。

译文

“军队在山林旷野地区驻扎，应结筑虎落柴营。结此种营垒需要使用铁锁链，每条长两丈以上，共需一千二百条；带铁环的粗大绳索，铁环大四寸，绳长四丈以上，共六百条；带铁环的中号绳索，铁环大二寸，绳长四丈以上，共三百条；小号绳索，每条长二丈以上，共一万二千条。

“天雨盖重车上板，结枲钽铻[4]，广四尺，长四丈以上。车一具，以铁杙[5]张之。

“伐木大斧，重八斤，柄长三尺以上，三百枚；棨䦆[6]刃广六寸，柄长五尺以上，三百枚；铜筑固为垂，长五尺以上，三百枚；鹰爪方胸铁杷[7]，柄长七尺以上，三百枚；方胸铁叉[8]，柄长七尺以上，三百枚；方胸两枝铁叉，柄长七尺以上，三百枚。

“天下雨的时候，辎重车要盖上车顶板，板上契刻齿槽，使它能与车子互相契合，每副木板宽为四尺，长度在四丈以上，每辆车配置一付，并用铁杙加以固定。

“砍伐树木用的大斧子，重量为八斤，柄长三尺以上，共三百把。棨䦆，刃宽为六寸，柄长五尺以上，共三百把。铜筑固为垂，长五尺以上，共三百把。鹰爪方胸铁杷，柄长七尺以上，共三百把。方胸铁叉，柄长七尺以上，共三百把。方胸两枝铁叉，柄长七尺以上，共三百把。

注释

1 虎落柴营：木头结成的栅寨营盘。

2 环利大通索：带有铁环的大号绳索。

3 徽缧：绳索。

4 结枲钽铻：指在木板上契刻齿槽，使之与战车吻合的意思。钽铻，同“龃龉”。

5 铁杙：小铁桩或钉子一类的东西。

6 棨䦆：大锄头。

7 鹰爪方胸铁杷：形状像鹰爪的与人胸平齐的铁杷。

8 方胸铁叉：与人胸齐高的铁叉。

原文

"芟[1]草木大镰，柄长七尺以上，三百枚；大橹刃[2]，重八斤，柄长六尺，三百枚；委环铁杙[3]，长三尺以上，三百枚；椓杙大锤[4]，重五斤，柄长二尺以上，百二十具。

"甲士万人，强弩六千，戟盾二千，矛盾二千，修治攻具，砥砺[5]兵器巧手三百人。此举兵军用之大数也。"

武王曰："允哉！"

译文

"剪除草木用的大镰，柄长七尺以上，共三百把；大橹刃，重为八斤，柄长六尺，共三百把；带环的铁橛，长三尺以上，共三百根；钉铁橛子用的大铁锤，重五斤，柄长二尺以上，共一百二十把。

"军队万人，需要装备强弩六千张，戟和大盾二千套，矛和盾两千套。还需要配备修理攻城器械和磨炼兵器的能工巧匠共三百人。以上就是兴师作战所需要的武器装备的大略数目。"

武王说："的确就是这样！"

注释

1 芟：割草、除草的意思。

2 大橹刃：一种形状类似船橹的刀，用以割草。

3 委环铁杙：带有铁环的铁橛子。

4 椓杙大锤：敲钉铁橛子的大锤，也就是铁榔头。

5 砥砺：磨刀石，这里引申为磨快、磨利的意思。

三阵第三十二

导读

本篇论述了三种阵势的布列方法。所谓阵势，简单地说就是战斗队形的排列与组合。阵势的布列，既要考虑到天象、地形等自然条件，因地制宜，顺势而为，更要考虑到有利于己方的战斗力充分发挥，抑制敌方战斗能力发挥的各种有利因素，以扬长避短，克敌制胜。作者在篇中首先介绍了天阵，即仿依各种天象而布列的阵势。接着介绍了地阵，即根据各种地形而布列的阵势。最后介绍了人阵，即根据武器装备和部队的实际情况布列的阵势，所谓“用车用马，用文用武”。

原文

武王问太公曰：“凡用兵为天阵[1]、地阵[2]、人阵[3]，奈何？”

太公曰：“日月、星辰、斗杓[4]，一左一右，一向一背，此谓天阵。丘陵、水泉，亦有前后左右之利，此谓地阵。用车

译文

武王问太公说：“用兵打仗时所布设的所谓天阵、地阵、人阵，是怎么一回事？”

太公回答说：“根据日月、星辰、斗杓在我前后左右的具体运行位置来布阵，这就是所谓的天阵。利用丘陵水泽等地形条件为依托来布阵，这就是所谓的地阵。根据所使用的战车、骑兵等兵种和

用马，用文用武[5]，此谓人阵。”

武王曰：“善哉！”

政治诱降或武力夺取等不同战法来布阵，这就是所谓的人阵。”

武王说：“讲得很好！”

注释

1 天阵：依照天象布列阵势。

2 地阵：依照地形布列阵势。

3 人阵：根据人事为阵。

4 斗杓：即斗柄。这是对北斗星形状的描绘。

5 用文用武：指或斗计谋，或拼勇力。

疾战第三十三

导读

本篇论述突围作战的具体方法。通常而言，实施突围作战必须有组织，预作准备，不能心血来潮，仓促行事。实施突围时，应将突围的方向选择在敌人包围圈的薄弱处，同时选择敌人困顿劳累、戒备松懈的有利时机，出其不意，攻其无备。先集中兵力，对突破地段实施短促而猛烈的攻击，以雷霆万钧之势，迅速打开突破口，然后指挥主力迅速而有序地突出包围圈，并以强有力的后卫部队抑阻敌人追击。突围作战还应注意鼓舞激励士气，不怕牺牲，勇往直前，这就是突围作战的一般原则。作者认为，当部队被敌人包围，与前后左右的联系被切断，粮道被阻绝而成为“困兵”时，要沉着冷静，镇定自若，在作战指导上，首先应以最快的速度突围，迅速摆脱不利处境，所谓“暴用之则胜，徐用之则败”。其次是在突围过程中，先以车骑扰乱敌人，继而用主力实施中央突破。最后，突出敌人包围圈后，对尾追之敌要设伏加以围歼，既彻底摆脱被动，又乘机削弱敌人之有生力量。

原文

问太公曰：“敌人围我，断我前后，绝我粮道，为之奈何？”

太公曰：“此天下之困兵[1]也，暴[2]用之则胜，徐用之则败。如此者，为四武冲阵[3]，以武车骁骑[4]，惊乱其军，而疾击之，可以横行。”

武王曰：“若已出围地，欲因以为胜，为之奈何？”

太公曰：“左军疾左，右军疾右，无与敌人争道，中军迭前迭后，敌人虽众，其将可走。”

译文

武王问太公说：“如果敌人四面包围住我军，切断我前后之间的联络，断绝我军的粮道，应当怎么处置？”

太公回答道：“这是天下处境最为困难的军队。在这种情况下，迅速突围就能取得胜利，行动迟缓就会招致失败。突围的方法是，把军队布置成四武冲阵，动用强大的战车和骁勇的骑兵，打击敌军，使其陷入混乱，然后迅猛实施突击，这样就可以横行无阻地突围了。”

武王又问：“如果我军已成功突出重围，还想要乘势击败敌军，那又该怎么办呢？”

太公答道：“应当以我左军迅速向左发起攻击，以我右军迅速向右发起攻击，不要和敌人争夺道路［以免分散兵力］，同时令我中军向敌轮番突击，或击其前，或抄其后，敌军虽多，但也将被打败。”

注释

1 困兵:指处于极端困难境地的军队。

2 暴:迅速勇猛。

3 四武冲阵:四面都用戎车部队进行警戒的战斗阵形。武冲,即前《军用》篇所言的武冲大扶胥。

4 武车骁骑:武车,指各类兵车。骁骑,勇猛善战的骑兵。

必出第三十四

导读

本篇论述夜间突围作战和渡过江河的方法。作者指出,突围作战的基本方法是:准备充足的器材,有勇猛的战斗精神,即“必出之道,器械为宝,勇斗为首”;侦察敌情,对整个战场的态势有清晰的认知和全面的掌握,选择敌人力量薄弱的部位为突破口;突围应力争突然性,时机要选择在夜间;突围时应让勇敢善战的部队为前锋在前打开通路,大部队随后跟进,并设置埋伏,阻敌追兵。在后无退路、前有敌军把守的江河阻挡的情况下,要渡过江河,首先应有充足的渡河器材。其次是应鼓励将士,保持高昂的士气,明确告诉全军,“勇斗则生,不勇则死”,破釜沉舟,义无反顾,勇往直前。上述战术,充分体现了兵家所强调的变被动为主动的积极进取精神。

原文

武王问太公曰："引兵深入诸侯[1]之地，敌人四合而围我，断我归道，绝我粮食，敌人既众，粮食甚多，险阻又固，我欲必出，为之奈何？"

太公曰："必出之道，器械[2]为宝，勇斗为首。审知敌人空虚之地，无人之处，可以必出。将士人持玄旗[3]，操器械，设衔枚[4]。夜出，勇力、飞足、冒将之士[5]居前，平垒[6]为军开道，材士强弩为伏兵居后，弱卒车骑居中。陈毕徐行，慎无惊骇。以武冲扶胥前后拒守，武翼大橹[7]以备左右。敌人若惊，勇力、冒将之士疾击而前，弱卒车骑以属其后，材士强弩隐伏而处。审候敌人

译文

武王问太公说："统率军队深入敌国境内，敌人从四面合围我军，截断我军的退路，断绝我军的粮道，而敌军数量既众多，粮食又充足，同时还占领了险阻地形，守御坚固，我想要突出敌人的包围，那应该怎么办？"

太公答道："突出敌人包围的方法，兵器装备至关重要，而奋勇战斗则占有首要的位置。应仔细查明敌人兵力薄弱的地方，找到无人防守的处所，乘虚而击，就可以突出敌人的包围。突围时，将士们都拿着黑色的旗帜，手持器械，口中衔枚，乘着黑夜行动。使勇敢有力、行动轻捷、敢于冒险犯难的将士充当先锋，攻占某些敌人营垒，为我大军打开通道；使有技能而勇敢的武士使用强弩，作为伏兵，隐匿殿后进行掩护；而让老弱的士卒和战车、骑兵在中间行进。部署完毕后，要沉着行动，谨慎从事，而不要自相惊扰。并使用武冲扶胥战车在前后护卫，用武翼大橹战车守御掩护左右。如果敌人惊觉我军的突围行动，我勇敢有力的先头部队就发起突击，迅速向前，老弱士卒和车骑在后面跟进，有技能而配备强弩的武士则隐蔽地埋伏起来。当敌人前来追击我之时，我伏兵就迅猛地攻击他的侧后，

追我，伏兵疾击其后，多其火鼓，若从地出，若从天下，三军勇斗，莫我能御。”

并大量使用火光、鼓声［以乱敌之耳目］，使其感到我军好像从地而出，有如从天而降，全军奋勇战斗，敌人就无法抵御我军的突围。”

注释

1 诸侯：古代对中央政权所分封各国国君的统称。这里是指敌对国家。
2 器械：指各种兵器和器材。
3 玄旗：黑色的旗帜。
4 衔枚：古时军队在夜间行军时，让士兵口中含一小棍，以防发出声音，谓之衔枚。
5 冒将之士：敢冒险犯难的将士。
6 平垒：攻占敌垒。
7 武翼大橹：一种防卫型战车。

原文

武王曰：“前有大水、广堑[1]、深坑，我欲逾渡，无舟楫之备，敌人屯垒，限我军前，塞我归道，斥候[2]常戒，险塞尽中，车骑要我前，勇士击我后，为之奈何？”

太公曰：“大水、广堑、深坑，敌人所不守，或能守之，其卒必寡。

译文

武王又问：“如果面前遇到大河、宽堑、深坑，我军想要摆渡过去，可是却没有准备好船只等，敌人屯集兵力，构筑营垒，阻止我军前进，阻塞我军的退路，敌人的哨兵戒备不懈，险要的地形又尽在敌人掌握之中，敌人的战车、骑兵在前面阻截，勇士又攻击我军的侧后，这种情况下应当怎样处置？”

太公说：“凡是大河、宽堑、深沟，敌人一般是不设防的，即使进行防守，兵力

若此者，以飞江、转关与天潢[3]以济吾军。勇力材士从我所指，冲敌绝阵，皆致其死。先燔吾辎重，烧吾粮食，明告吏士，勇斗则生，不勇则死。已出者，令我踵军[4]设云火[5]远候，必依草木、丘墓、险阻，敌人车骑必不敢远追长驱。因以火为记，先出者令至火而止，为四武冲阵。如此，则吾三军皆精锐勇斗，莫我能止。”

武王曰：“善哉！”

也一定不多。这样，就可以用飞江、转关和天潢等器械将我军摆渡过去。派遣勇敢机智的武士按照我军主将所指定的方向，冲锋陷阵，殊死战斗。摆渡时，应先焚毁我军的辎重，烧掉我军的粮食，并明白告谕全军将士，奋勇战斗就能生存，畏葸怯战就是死亡。摆脱了危险之后，就让我军后卫部队设置烟火信号，派出远方侦察兵，同时，一定要占领丛林、坟丘和险阻的地形[以准备阻击敌人]，这样，敌人的战车骑兵就必定不敢长驱远追了。之所以用火作为信号，是为了指示先期突围的部队到有火的地方集结，并部署为四武冲阵。这样，我全军就都会锐不可当，勇猛战斗，敌人也就无法阻止我军前进了。”

武王说：“说得好极了！”

注释

1 广堑：宽阔的壕沟。

2 斥候：侦察人员、观察哨。

3 飞江、转关与天潢：均为当时船只等器械的名称。

4 踵军：指后卫部队。踵，脚后跟。

5 云火：烟火，形容火光高升入云的样子。

军略第三十五

导读

本篇从在江河湖沼地带作战必须准备的各种装备器材之角度入手,比较深刻地阐明了治理军队,提升部队作战能力的基本方针。作者首先指出"帅师将众",必须把握计划、器材、教育、训练等基本要素。指出若是"虑不先设,器械不备,教不素信,士卒不习",则"不可以为王者之兵"。作者接着指出,"凡三军有大事,莫不习用器械",只有将人和武器有机地结合起来,才能构成真正的战斗力。随后又分别介绍了攻城和围邑、行军宿营、越过沟堑、渡过江河等所应准备的各种装备器材。最后,作者强调指出,只要器械准备周全,士卒训练精熟,就能够赢得战争的胜利,所谓"三军用备,主将何忧"。

原文

武王问太公曰:"引兵深入诸侯之地,遇深溪、大谷、险阻之水,吾三军未得毕济,而天暴雨,流水大至,后不得属于前,无有舟梁[1]之备,

译文

武王问太公说:"领兵深入敌对诸侯国境内,遇到深溪、大谷和难以通过的河流,我全军还没有全部摆渡过去,这时忽然天降暴雨,洪水滔滔涌来,后面的军队被水隔断,既没有准备船只、桥梁,又找不到堵水用的干草,在这种情况下,我想使

又无水草[2]之资，吾欲必济，使三军不稽留，为之奈何？”

太公曰：“凡帅师将众，虑不先设，器械不备，教不素信，士卒不习，若此，不可以为王者之兵也。凡三军有大事，莫不习用器械。攻城围邑，则有轒辒、临冲[3]；视城中，则有云梯[4]、飞楼[5]；三军行止，则有武冲[6]、大橹，前后拒守；绝道遮街，则有材士强弩，冲其两旁；设营垒，则有天罗、武落[7]、行马、蒺藜。昼则登云梯远望，立五色旗旌；夜则设云火万炬，击雷鼓[8]，振鼙铎，吹鸣笳[9]；越沟堑，则有飞桥、转关、辘轳、鉏铻[10]；济大水，则有天潢、飞江；逆波上流，则有浮海、绝江[11]。三军用备，主将何忧！”

所有人马都摆渡过去，保证三军不至于停留过久，应当如何处置？”

太公回答说：“大凡统率军队行动，如果计划不事先拟定，器械不预作准备，平时训练没有落实，士卒动作不熟练，那就不能算作成就王业的军队。凡军队有大的军事行动，没有不训练军队熟练使用各种器械的。像攻城围邑，就动用轒辒、临车和冲车；观察监视城中动静，就用云梯和飞楼；三军进止，就用武冲、大橹在前后进行掩护；断绝交通，遮隔街道，就用有技能而勇敢的士卒，使用强弩守御，控制两侧；设置营垒，就使用天罗、武落、行马、蒺藜，以进行拒守。白天就登上云梯向远方瞭望，并竖立五色旌旗，以迷惑敌人；在夜晚就设置众多的云火，并击雷鼓，敲鼙鼓，摇大铎，高吹鸣笳，用为指挥信号；翻越沟堑，就用飞桥、转关、辘轳、鉏铻；济渡大河，就用天潢、飞江；逆流而上，就用浮海、绝江。三军所需的器材用具齐备了，做主将的还有什么可忧虑的呢？”

注释

1 梁:桥梁。

2 水草:此处指用以堵塞水流的稻草。

3 临冲:攻城器具名,临车为可居高临下攻城的车辆;冲车为冲撞城门之车。

4 云梯:古代攻城时用来攀登城墙的长梯。

5 飞楼:用以登高观察的望楼。

6 武冲:即武冲大战车。

7 武落:即虎落、绳索与木桩。

8 雷鼓:古时祭天所用之鼓,此处指军中使用的大鼓。

9 笳:古代管乐器名。

10 钼铻:这里指带齿轮的机具。

11 浮海、绝江:均为古代的渡河器材。

临境第三十六

导读

本篇论述的是关于袭扰和击败敌人的作战方法。在两军对垒交锋的过程中,示形佯动,误敌疲敌,创造条件,捕捉战机,出其不意,乘虚蹈隙,乃是把握主动,主导战局,夺取作战胜利的有效战法。作者认为,在两军势均力敌的情况下,要攻击敌人并取得胜利,就应该把部队分为前、中、后三军,命令前军修筑工事,完善守备;后军多积粮饷,隐蔽企图;中军出其不意，攻其不备，勇往直前，捣敌腹心。接着作者进一步论述了在敌军对上述战法已有防备的情况下，己方应该采取的相应对策，那就是不断地骚扰敌人。如派出小部队不停地挑战，让老弱士兵曳柴扬尘，迷惑敌人。等到敌军疲劳和惊恐不安时，再下令部队进行突袭，“或袭其内，或击其外，三军疾战，敌人必败”。

原文

武王问太公曰：“吾与敌人临境相拒，彼可以来，我可以往，阵皆坚固，莫敢先举。我欲往而袭之，彼亦可来，为之奈何？”

太公曰：“分兵三处。令我前军，深沟增垒而无出，列旌旗，击鼙鼓，完为守备；令我后军，多积粮食，无使敌人知我意；发我锐士，潜袭其中，击其不意，攻其无备。敌人不知我情，则止不来矣。”

武王曰：“敌人知我之情，通我之谋，动而得我事，其锐士伏于深草，要隘路，击我便处，为之

译文

武王问太公说：“我们和敌人在国境线上互相对峙，敌人可以前来攻我，我们也可以前去攻敌，双方的阵势都很坚固，谁也不敢率先采取行动。我想要前去袭击敌人，但又顾虑敌人前来袭击我军，这应当如何处置？”

太公说：“在这种情况下，应将我军分为前、中、后三部。令我前军进入阵地，深挖沟堑，高筑壁垒，不得出战，遍插旌旗，敲击鼙鼓，做好充分的守卫准备；令我后军多多积存粮食，并不要让敌人侦知我军的行动意向；然后出动我中军精锐部队偷袭敌军的指挥中枢，做到出其不意，攻其无备。敌人无法了解我军情况，自然就停止行动，不敢前来进攻了。”

武王又问道：“如果敌人已经掌握我军情况，彻底了解我军的意图，我军一有行动，敌人就知道我们要做什么，因而派遣其精锐部队埋伏于林深草密地带，在

奈何？”

太公曰：“令我前军，日出挑战，以劳其意；令我老弱，曳柴扬尘[1]，鼓呼[2]而往来。或出其左，或出其右，去敌无过百步，其将必劳，其卒必骇。如此，则敌人不敢来。吾往者不止，或袭其内，或击其外，三军疾战，敌人必败。”

我军必经的隘路上实施截击，在于其有利的地形上攻击我军，这又该怎样处置呢？”

太公说：“命令我之前军，每天前去向敌人挑战，以疲惫懈怠敌人的斗志；令我方老弱士卒拖动树枝，扬起尘土，击鼓呐喊，来回奔跑，以壮声势。进行挑战时，我方部队或出现在敌人的左边，或出现在敌人的右边，距离敌人不要超过一百步，在这种情况下，敌人的将领必定疲劳不堪，敌军的士卒必定惊慌失措。这样，敌人就不敢前来进攻我军了。我军如此不断地袭扰敌军，或袭击他的内部，或攻击他的外部，然后，全军迅捷勇猛地投入战斗，敌人必定陷于失败。”

注释

1 曳柴扬尘：拖曳柴草奔驰，使尘土飞扬，来迷惑敌人。城濮之战中，晋军即运用这一方法击败子西所率领的楚左军。

2 鼓呼：擂鼓呐喊，以壮大声势，震慑敌人。

动静第三十七

导读

本篇主要论述当两军对垒时，如何运用迂回和伏击战法击败敌人。伏击，即设伏歼敌的战法，是古代经常使用的战法之一。伏击的重要条件是地形起隐蔽己方军力的作用，其次是“兵以诈立”，善于运用佯动、示形、诱敌等手段，以达成伏击敌人的目的。作者在篇中首先指出，在“两阵相望，众寡强弱相等，未敢先举”的情况下，要使敌军“行阵不固，后阵欲走，前阵数顾”，必须虚张声势，示假隐真，实则虚之，虚则实之，设伏败敌。接着作者论述了在地势不利于设伏，“敌知我虑，先施其备”的情况下，该如何对敌的问题，他认为这时候应该在同敌人交锋时佯装失败后撤，引诱敌人追击，贸然进入我方的伏击圈，我方则牢牢把握战机，予敌以猛烈的攻击，从而一举破敌。

原文

武王问太公曰：“引兵深入诸侯之地，与敌之军相当，两阵相望，众寡强弱相等，未敢先举。吾欲令敌人将帅恐惧，士卒心伤，

译文

武王问太公说：“统率军队深入敌国境内，敌我之间势均力敌，双方阵垒相对，兵力众寡强弱相等，谁也不敢率先采取行动。在这种情况下，我想使敌人将帅心怀恐惧，士卒士气低落，行阵

行阵不固，后阵欲走，前阵数顾[1]，鼓噪[2]而乘之，敌人遂走，为之奈何？”

太公曰：“如此者，发我兵去寇十里而伏其两旁，车骑百里而越其前后，多其旌旗，益其金鼓。战合，鼓噪而俱起，敌将必恐，其军惊骇，众寡不相救，贵贱不相待，敌军必败。”

武王曰：“敌之地势，不可以伏其两旁，车骑又无以越其前后，敌知我虑，先施其备，我士卒心伤，将帅恐惧，战则不胜，为之奈何？”

太公曰：“微[3]哉，王之问也！如此者，先战五日，发我远候，往视其动静，审候其来，设伏而待之。必于死地[4]，与敌相遇，远我旌

不得坚固，后阵的士卒想逃跑，前阵的士卒畏葸动摇，然后再擂鼓呐喊，乘势进击，以迫使敌人溃退逃跑，那应该怎么办？”

太公说：“要想做到这样，就须派遣兵力，隐蔽地开到距离敌阵十里的地方，在道路两侧埋伏起来，另派遣战车和骑兵远出百里，迂回到敌阵的前后，并使各部队多张旗帜，增设金鼓。在双方展开战斗后，擂鼓呐喊，各军同时向敌人发起进攻，这样，敌军将帅必然恐惧不安，敌军士卒必然惊慌骇惧，致使大小部队互不救援，官兵之间自顾不暇，如此敌人也就必败无疑了。”

武王又问：“假如敌人所处的地势不便我军在其两旁设置埋伏，战车和骑兵又不能够迂回到敌阵的前后，而敌人则掌握了我军行动意图，预先进行了充分的准备，在这种情况下，我军士卒悲观沮丧，我军将帅心存恐惧，与敌交战就无法取胜，遇此情况，应当怎样处置？”

太公说：“君王所问的真是非常的微妙！像这种情况，应当在交战前五天先向远方派出侦探，前去窥探敌人的动静，审视敌军前来进攻的征兆，预先设下伏兵等待敌人的来犯。必须选择在敌军最不利的地形上同敌进行交战，要疏散我军的旌

旗，疏我行阵[5]，必奔其前，与敌相当。战合而走，击金无止[6]，三里而还，伏兵乃起，或陷其两旁，或击其前后，三军疾战，敌人必走。”

武王曰：“善哉！”

旗，拉长我军行列的间距，在敌军到来之前快速行动，做好准备后与敌对抗。刚一交战就撤退，故意鸣金收兵，这样后退三里再回头反击，这时候伏兵也要乘机而起，或攻击敌人的两侧，或抄袭敌军的前后，全军将士奋力作战，敌人必定失败，仓皇逃走。”

武王说：“真是太好了！”

注释

1 数顾：屡次回头观望，这里是指军心动摇，缺乏斗志。

2 鼓噪：擂鼓呐喊。此指军队出战时大张声势，以迷惑或震骇敌人。

3 微：微妙、精深的意思。

4 死地：地形条件十分恶劣，军队遇之易遭败亡的地域。

5 疏我行陈：疏散我军的行阵，给敌人造成我方兵力庞大的错觉。

6 击金无止：指故意发出退兵的信号，引军佯走，诱敌深入，而后予以打击。

金鼓第三十八

导读

金鼓，是古代军队作战指挥的工具，击鼓而进，鸣金而退。本篇未专门讨论金鼓问题，而是论述防敌夜袭、防御反击以及追击敌人时防止被敌伏击的方法。作者指出，防敌夜袭的原则是“以戒为固，以怠为败”，具体方法是设置严密的警戒，加强防备，在阵地前派出哨兵侦察敌情，部队事先规定好口令暗号，随时做好投入战斗的准备。敌人如果前来袭击，见到我军戒备森严，无隙可乘，便会撤走。这时敌人“力尽气怠”，正是我方进行防御反击的最佳时机，因此可派出精锐部队，实施跟踪追击，“随而击之”。在追击敌人之时，应注意做到谨慎从事，避免中敌埋伏。为此，应将部队分为三部分，尾随敌后，在尚未到达敌人设伏的地域之前，就同时发起攻击，从而顺利地击败对手。

原文

武王问太公曰：“引兵深入诸侯之地，与敌相当，而天大寒甚暑[1]，日夜霖雨，旬日不止，沟垒悉坏，隘塞不守，斥候懈怠，士卒不戒，敌人夜来，三军无备，上下惑乱，为之奈何？”

太公曰：“凡三军以戒为固，以怠为败。令我垒上，谁何[2]不绝，人执旌旗，外内相望，以号相命[3]，勿令乏音，而皆外向[4]。

译文

武王问太公说：“率军深入到敌对诸侯国境内，敌我之间兵力相当，恰巧遇上严寒天气或酷暑时节，又适逢日夜大雨倾盆，十来天内连绵不止，造成沟垒全部塌毁，山险要隘不能守备，侦察哨兵麻痹懈怠，一般士卒疏于戒备。这时，敌人乘夜前来袭击，三军上下皆无准备，官兵之间迷惑混乱，对此应当怎样处置？”

太公说：“凡军队，有所戒备就能获得巩固，倘若懈怠就会遭到失败。所以要使我军营垒之上，口令呼应之声不绝，执勤人员手持旗帜，进行营垒内外信号的联络，以号令前后呼应，不使声音间断，使士卒始终面向敌方，随时准备投入战斗。每三千人编为一个作战单位，谆谆告诫，严加约束，使他们各

三千人为一屯[5],诫而约之,各慎其处。敌人若来,视我军之警戒,至而必还,力尽气怠,发我锐士,随而击之。"

武王曰:"敌人知我随之,而伏其锐士,佯北不止,过伏而还,或击我前,或击我后,或薄[6]我垒,吾三军大恐,扰乱失次,离其处所,为之奈何?"

太公曰:"分为三队,随而追之,勿越其伏,三队俱至,或击其前后,或陷其两旁,明号审令,疾击而前,敌人必败。"

自慎重守备。敌人如果前来进犯,看到我军戒备森严,到了我军阵前也必会因害怕而撤退,这时,我军就乘敌人力尽气竭之际,出动精锐部队紧随敌后实施攻击。"

武王问:"如果敌人探知我军要跟踪追击,而预先埋伏下精锐部队,然后假装退却不止,当我军进到伏击圈时,敌人就掉转头来配合其伏兵向我反击,有的袭击我前军,有的袭击我后队,有的进逼我营垒,致使我三军大为恐慌,自相惊扰,行列混乱,纷纷擅离自己的职守,面对这种情况应当怎样处置?"

太公说:"应该把我军分为三队,分头向敌人跟踪追击,注意不要进入敌人的伏击阵地,在到达敌人伏击圈前三支部队要同时到达作战地,有的攻击敌人的前后,有的攻击敌人的两侧,并严明号令,使士卒迅猛出击,一往无前,这样,敌人就一定会被打败。"

注释

1 甚暑:酷暑。甚,很、厉害。

2 谁何:指以口令相问答。战地之警戒区域内,每人都用暗号口令以相识别。

3 以号相命:通过号令以相联络,传达命令。

4 外向:指担任警戒任务的士卒,始终面向敌方。喻高度警惕。

5 一屯：即一个驻军单位。

6 薄：逼近、逼迫，此处指军队进攻。

绝道第三十九

导读

绝道，意谓切断敌方的粮道，占据有利地形。地形是影响战争胜负的因素之一，占领有利的地形是夺取战争胜利的一个前提条件。作者在本篇首先指出，率兵深入敌国境内，这时候，一个重要的任务，就是“必察地之形势，务求便利”，依托山林、险阻、水泉，占据有利的地形，控制交通要道。如果做到了这一点，我军就会坚不可摧，敌军也就无隙可乘。接着作者论述了在行军经过大陵、广泽、平易地带时，要防止突然与敌人遭遇并被敌军包围，必须先期派出人员进行侦察，了解敌情和地形。在地形不利时，应以武冲战车为前锋，并派出两支后卫部队，分别距离大部队一百里和五十里。这样，一旦遇到紧急事变时，就可以互相掩护，前后策应，从而确保“吾三军常完坚，必无毁伤”。

原文

武王问太公曰：“引兵深入诸侯之地，与敌相守，敌人绝我粮道，

译文

武王询问太公说：“统率军队深入敌对诸侯国境内，与敌人相守对峙。敌人这时截断了我军的粮道，并且迂回到我军后

又越我前后[1]，吾欲战则不可胜，欲守则不可久，为之奈何？”

太公曰：“凡深入敌人之地，必察地之形势，务求便利，依山林、险阻、水泉、林木而为之固，谨守关梁[2]；又知城邑、丘墓地形之利，如是，则我军坚固，敌人不能绝我粮道，又不能越我前后。”

武王曰：“吾三军过大陵、广泽、平易之地，吾盟误失，卒与敌人相薄[3]，以战则不胜，以守则不固，敌人翼我两旁，越我前后，三军大恐，为之奈何？”

太公曰：“凡帅师之法，当先发远候，去敌二百里，审知敌人所在。地势不利，则以武冲为垒而前，又置两踵军于后，远者百里，近

方，进行夹击，我想和他作战但不易取胜，我想要防守但不能持久，这应该怎么办？”

太公说：“凡是深入到敌国境内作战，必须观察清楚地理形势，务求先占领有利地形，依托山林、险阻、水泉、林木以求得阵势的巩固，谨慎守卫关隘桥梁；同时还应熟知城邑、丘墓等地形之利。这样，我军就能防守巩固，敌人就不能截断我军的粮道，也不能迂回到我军后方，从两面夹击我军了。”

武王又问：“我军通过高大的山陵、广阔的沼泽地和平坦的地段时，由于我方侦察的情况有误，以致仓促中与敌军遭遇，我想要进攻恐怕不能取胜，想要防守又担心不能坚固，这时敌人列于我军两侧，迂回到我军前后，致使我三军大为恐惧，在这种情况下，应当怎样处置？”

太公回答说：“大凡统军作战的方法，应当先向远方派出侦察人员，在距离敌人二百里之外，就需要详细掌握敌人所在的位置。如果地形对我军行动不利，那么就用武冲车结成营垒向前推进，同时设置两支踵军在后跟进，踵军和主力的间隔远的可达百里，近的则为五十里，一旦遇有紧急情况，即可前后互相救援。我三军如能

者五十里，即有警急，前后相救。吾三军常完坚，必无毁伤。”

武王曰：“善哉！”

经常保持这种完善而坚固的部署，就一定不会遭受伤亡和失败了。”

武王说：“讲得太好了！”

注释

1 越我前后：指敌人迂回到我军侧后，从前后两面对我军实施夹击。

2 关梁：指水陆交通要道上的关隘、桥梁。

3 相薄：相迫近。这里是狭路相逢的意思。

略地第四十

导读

本篇论述攻打城邑的基本作战要领。攻城作战是古代常见的作战方式之一。城邑一般是一国或一地的政治、经济、军事、文化中心，地位十分关键，乃势所必争。但在冷兵器时代，由于攻城技术相对落后，高城深池难以强力攻取。因此，在实施攻城作战之时，必须将强攻与智取有机地结合起来。在围城的同时，切断敌人粮道，歼灭敌之援兵，这样，才能达到攻克敌人坚固城池的目的。作者认为，攻打敌人城池，一是要加强警戒，扼守交通要道，切断敌人外援。这样，城内被围军民便会恐慌不安，最终只能缴械投降。同时我方也要防备敌人假装投降，乘我方麻痹懈怠时发起反击。二是采取“围师必阙”的办法，诱敌出城突围，乘机予以聚歼。三是一石二鸟，围城打援，“审知敌人别军所在，及其大城别堡”，严加防备，这样敌人的援兵“必莫敢至”。四是在攻克敌人城池之后，要严肃军纪，以“仁义”“厚德”收揽民心，“无燔人积聚，无坏人宫室”“降者勿杀，得而勿戮”，迅速恢复秩序，确保胜利的果实。

原文

武王问太公曰：“战胜深入，略其地，有大城不可下，其别军[1]守险，与我相拒。我欲攻城围邑，恐其别军卒至而击我，中外相合，击我表里，三军大乱，上下恐骇，为之奈何？”

太公曰：“凡攻城围邑，车骑必远，屯卫警戒，阻其外内。中人[2]绝粮，外不得输，城人[3]恐怖，其将必降。”

武王曰：“中人绝粮，外不得输，阴为约誓，相与密谋。夜出，穷寇死战，其车

译文

武王问太公说：“我军乘胜进入敌国，占领其地，但还有大城未能攻下，敌人另有部队在城外占领险要地形与我军相对峙。我军想要围攻城邑，但恐怕敌人城外部队猝然逼近向我发起攻击，与城内敌人里应外合，对我形成夹击之势，致使我全军大乱，官兵惊恐震骇，遇到这种情况，应当怎样处置？”

太公回答说：“凡攻城围邑时，应将战车、骑兵配置在离城较远的地方，以担任守卫和警戒，从而隔绝敌人内外之间的联系。城内敌人旷日持久断绝军粮，而外面又不能输入粮食，这样，城内守军和民众就会发生恐慌，守城的将领就必然会投降。”

武王说：“城内敌人断粮，城外粮食又不得输入城中，这时敌人就会暗中联系，约定时间和信号，密谋向外突围。而后乘着黑夜出城，拼命死战，敌人的车骑精锐部队有的突击我内部，有的进攻我外围，致使我军士卒恐惧惶惑，三军混乱大败，遇有这种情况，

骑锐士,或冲我内,或击我外,士卒迷惑,三军败乱,为之奈何?”

太公曰:“如此者,当分军为三军,谨视地形而处,审知敌人别军所在,及其大城别堡[4],为之置遗缺之道[5],以利其心,谨备勿失。敌人恐惧,不入山林,即归大邑。走其别军,车骑远要其前,勿令遗脱。中人以为先出者得其径道,其练卒材士必出,其老弱独在。车骑深入长驱,敌人之军,必莫敢至。慎勿与战,绝其粮道,围而守之,必久其日。无燔人积聚,无坏人宫室,冢树[6]社丛[7]勿伐,降者勿杀,得而勿戮,示之以仁义,施之以厚德,令其士民曰:‘罪在一

应当如何处置?”

太公说:“在这种情况下,应把我军分为三支部队,并根据地形条件审慎地屯集驻扎,同时仔细察明敌人城外部队所在的位置以及附近大城别堡的状况,然后为被围之敌虚留一条道路,以引诱敌军外逃,但要注意严密戒备,不要使敌人跑掉。突围外逃的敌人肯定惊恐慌乱,他们不是逃入山林,就是撤向其他城邑。这时我军首先要赶走敌人城外的别军,接着要动用战车、骑兵在距城较远的地方,阻击敌人突围的先头部队,千万不要让他们逃脱。在这种情况下,守城敌军就会误认为其前头部队已突围成功,打通了撤退的通道,这样敌人的精锐士卒就必定会继续出城突围,使城内只剩下一些老弱士卒。我军的战车和骑兵深入长驱,直插敌人侧后,如此,敌人的守城军队就必定不敢继续突围。这时我军要谨慎从事,不要急于同敌人交战,只要断绝其粮道,长期围困,时间一长,敌人必然投降。[攻克城邑之后,]不可焚烧占领区的粮食,不得毁坏敌国民众的房屋,坟地的树木和庙社的丛林不可砍伐,已经投降的敌军士卒不可杀戮,被俘人员不可虐待,对敌国民众要表示仁慈,施以恩德,并向敌国

人[8]。'如此，则天下和服。"

武王曰："善哉！"

军民郑重宣告：'有罪的只是无道君主一个人。'这样，天下就会心悦诚服了。"

武王说："说得很好！"

注释

1 别军：敌人的另一支部队，通常是指敌人的机动部队。

2 中人：指敌困守在城中的军队。

3 城人：指被围城邑内的军民。

4 大城别堡：大城，此处指被围城池附近的大城邑。别堡，指被围城池附近的堡垒据点。堡，土筑的小城。

5 遗缺之道：故意空出而不加封锁的通道，《孙子兵法·军争篇》："围师必阙。"

6 冢树：坟墓上的树木。

7 社丛：社神祠庙旁边的树林。社，古代祭祀土地神的场所。

8 罪在一人：意思是所有的罪恶均在敌国君主一人的身上，与普通民众无关。

火战第四十一

导读

本篇论述的是在深草及灌木丛林地带如何防御与挫败敌人火攻的

方法。作者指出，在军队“遇深草蓊秽”之时，又加上有“天燥疾风之利”，敌人很有可能会乘机发动火攻。反制的战法，首先是要加强警戒，“以云梯、飞楼，远望左右，谨察前后”，一旦发现敌人以火攻击我方，可以火克火，提前将我军前后的茂草烧成“黑地”，构成一道防火带，并将强弩材士部署在左右进行防护。如果敌人据“黑地”向我军发起攻击，那么，我军应结成四武冲阵，用强弩护卫两翼。本篇所言火战，只是在被围状态下挫败敌人火攻的方法，具有防御性质。特别是敌人实施火攻，一般是处于上风处，而我军处于下风处。在这种情况下，以火攻对火攻，有可能引火自焚。因此，本篇所说的火战方法，在实战中的实用价值较小。与此相反，在占有天时、地利的情况下，对敌实施火攻，却是古代经常使用并能收到奇效的战法之一。但本篇与《孙子兵法》所言“火攻”正相对，专论对付“火攻”战术之法，在一定程度上，补充和丰富了古代兵家的火战学说，亦自有其重要的价值。

原文

武王问太公曰：“引兵深入诸侯之地，遇深草蓊秽[1]，周[2]吾军前后左右，三军行数百里，人马疲倦休止。敌人因天燥疾风之利，燔吾上风，车骑锐士，坚伏吾后，吾三军恐怖，散乱而走，为之奈何？”

太公曰：“若此者，则以云梯、飞楼，远望左

译文

武王问太公说：“统率军队深入到敌对诸侯国境内，遇到茂密草丛林木遍布于我军前后左右，我军已行军数百里，人困马乏，需要驻营休息。这时敌人利用天气干燥、风速很大的有利条件，在上风口放火，其车骑锐士又埋伏在我军的侧后，致使我三军恐怖，散乱逃跑，遇到这种情况，应当怎样处置？”

太公回答说：“在这种情况下，应该竖起云梯、飞楼，登高观察前后左右的情况。如发现大火烧起，就立即在我军阵前

右，谨察前后。见火起，即燔吾前而广延之[3]，又燔吾后。敌人若至，则引军而却，按黑地[4]而坚处。敌人之来，犹在吾后，见火起，必还走。吾按黑地而处，强弩材士卫吾左右，又燔吾前后，若此，则敌不能害我。”

武王曰：“敌人燔吾左右，又燔吾前后，烟覆吾军，其大兵按黑地而起，为之奈何？”

太公曰：“若此者，为四武冲阵，强弩翼吾左右。其法无胜亦无负。”

开阔地上放火，把火烧成一片，[让大火把敌我两军隔离开来，]同时也在我军侧后放火，[以便烧出一块黑地。]若是敌人前来进攻，我就指挥部队向后撤退，退到烧光草木的黑地上进行坚守。前来围攻的敌人行动迟缓，失却战机，又看到大火烧起，必定退走。我军在燃烧过的黑地布设阵势，并以强弩手掩护左右两翼，又用火继续烧掉我军阵地前后之茂草，这样，敌人就不能加害于我了。”

武王又问：“敌人既在我军左右放火，又在我军前后放火，以致浓浓黑烟覆盖了我军阵地，而敌人大军则据黑地向我军发起攻击，对此应当如何处置呢？”

太公说：“如遇到这种情况，就应当将我军结成四武冲阵，并用强弩掩护我左右两翼。这种办法虽然不一定能取胜，但也不会导致失败。”

注释

1 蓊秽：草木茂盛之貌。

2 周：围绕、环绕。

3 即燔吾前而广延之：意谓敌人在我前方放火，我也在前方适当地放点火，以隔断敌人的火势，使火烧不到我军。

4 黑地：大火烧过之地呈示一片黑色，故名。

垒虚第四十二

导读

垒虚，营垒的虚实。本篇集中论述了侦知敌人营垒虚实的方法以及据此而采取的相应战法。作者首先强调了将帅必须博学多识，做到“上知天道，下知地理，中知人事”。接着又具体地论述了通过“登高下望”“望其垒”“望其士卒”等具体方式，来了解敌军的“变动”、敌人营垒的“虚实”和敌人的“去来”。即主张通过对敌军营垒动静变化之观察，正确分析判断敌军之真实实力与动向，在敌军行阵混乱之际，当机立断，迅疾出兵，以少胜多。所谓“急出兵击之，以少击众，则必胜矣”。总之，是要因敌变化，奇正相生，力求把握主动，夺取胜利。

原文

武王问太公曰：“何以知敌垒之虚实，自来自去[1]？”

太公曰：“将必上知天道，下知地理，中知人事。登高下望，以观敌之变动；望其

译文

武王问太公说：“怎样才能知道敌人营垒的虚实和敌军来来去去调动的情况呢？”

太公说：“作为将帅，必须上知天时的顺逆，下知地利的险易，中知人事的得失。登上高处远望，来观察敌情的变化；眺望敌人的营垒，就可知道其内部的虚实；观察士卒的动态，就可知道敌军调动的情况。”

垒,即知其虚实;望其士卒,则知其去来。”

武王曰:“何以知之?”

太公曰:“听其鼓无音,铎无声,望其垒上多飞鸟而不惊,上无氛气[2],必知敌诈而为偶人[3]也。敌人卒去不远,未定而复返者,彼用其士卒太疾也。太疾,则前后不相次;不相次,则行阵必乱。如此者,急出兵击之,以少击众,则必胜矣。”

武王又问:“怎么才可以知道这些情况呢?”

太公答道:“如果听不到敌营的鼓声,也听不到敌营的铃声,又望到敌人营垒上空有许多飞鸟而没有惊恐的样子,空中也没有尘土飞扬,这就可判断是敌人在用假人欺骗我们。如果敌人仓促撤退不远,还没有停下而又返回来的,这是敌人调动军队太忙乱的现象。太忙乱,前后就没有秩序;没有秩序,其行列和阵势就必然混乱。在这样的情况下,我们可急速出兵打击敌人,即使以少击众,也必定会取得胜利。”

注释

1 自来自去:来,指前来进攻;去,指撤离后退。

2 氛气:指灰土或烟尘。

3 偶人:指用稻草或土木所制成的假人。

卷第五　豹韬

林战第四十三

导读

本篇论述森林地带作战的原则和方法。森林地带的自然地理特点是林密草深,没有现成的道路可供行走,部队的通行、机动、展开均十分困难。但同时利弊相杂,有一利必有一弊,有一弊必有一利,它的益处就是隐蔽条件好,便于秘密接近敌人和突袭,利于实施包围、迂回、穿插分割等战术,各个歼灭敌人。同时,在森林地带作战,还应防备敌人的火攻。作者认为,在森林地带作战,要达到“守则固”“战则胜”的目的,在兵力部署上,应将部队部列成四武冲阵,将弓弩部署在外围,戟盾部署在里层。并斩除草木,开辟道路,以便于战斗。命令三军保守秘密,不让敌军了解我军情况。在作战指导上,应以矛戟部队作为攻击主力,并将其分成若干小分队,互为策应,相互支援。林木稀疏之处,则以骑兵为辅,战车居前,见到有利时机就战斗,不利时立即停止。林内险阻之处,应将主力部署为四武冲阵,以防备敌人对我方实施袭击。与敌接战后,应速战速决,各个分队轮番作战,轮番休息。如此,即可立于不败之地,夺取作战的胜利。研究中国古代的森林战法,本篇是值得充分重视与参考的文献之一。

原文

武王问太公曰："引兵深入诸侯之地，遇大林，与敌分林[1]相拒。吾欲以守则固，以战则胜，为之奈何？"

太公曰："使吾三军分为冲阵[2]，便兵所处[3]，弓弩为表，戟盾为里，斩除草木，极广吾道，以便战所[4]。高置旌旗，谨敕[5]三军，无使敌人知吾之情，是谓林战。林战之法：率吾矛戟，相与为伍。林间木疏，以骑为辅，战车居前，见便则战，不见便则止。林多险阻，必置冲阵，以备前后，三军疾战，敌人虽众，其将可走。更战更息[6]，各按其部，是谓林战之纪[7]。"

译文

武王问太公说："率军深入敌国境内，遇到森林地带，与敌人各占据一部分森林相对峙。我想做到进行防御就能巩固，实施进攻就能取胜，那应该怎么办才好？"

太公回答说："将我军分别部署为冲阵，配置在便于作战的地方，弓弩布设在外层，戟盾布设在里层，并斩除草木，广辟道路，以便利我军战场行动。高高悬挂旗帜，严格地约束全军将士，不要让敌人察知我方军情，这就是森林地带的作战行动。森林地带作战的方法是：将我军使用矛、戟等兵器的士卒，混合编组为战斗小分队。如森林中树木稀疏，就动用骑兵辅助作战，并把战车配置在前面，发现有利的战机就打，没有发现有利的战机就停止行动。如森林中多是险阻地形，就必须部署冲阵，以防备敌人攻击我军前后，务使我军迅猛英勇地进行战斗，敌人虽然人数众多，但也将被击败逃走。我军要轮番作战，轮番休息，各部都要按编组行动，这就是森林地带作战的一般原则。"

注释

1 分林：指各占据一部分森林地带。

2 冲阵:即四武冲阵。

3 便兵所处:便于展开战斗行动之处所。

4 以便战所:便利于展开作战行动。

5 谨敕:严格地约束。

6 更战更息:轮番战斗,轮番休整。这是使军队保持充足战斗力的有效方法。

7 纪:原则、准则。

突战第四十四

导读

本篇主要论述如何反击敌军突袭和击败敌人攻城的战法。在我方的城池被敌人团团包围的情况下,要取得守城作战的胜利,须具备两个条件:一是城内部队顽强防守,争取时间,使攻城敌军疲惫;二是必须有外援相策应,从而里应外合,内外夹击,击败攻城的敌军。作者首先论述了在敌军长驱直入,兵临城下发动攻击的情况下,我方若是要“守则固”“战则胜”,就必须针对敌军远程奔袭、携带粮草不多的弱点,令我远方精锐部队截断敌军退路,并同城内被围部队暗中约定会攻日期,选择月光晦暗的黑夜,对敌人实行夹击。这样,“敌人虽众,其将可虏”。作者接着论述了在敌人分路来袭、有的已攻至城下但其主力大军尚未到来的形势下,我方应先弄清敌情,预作准备,并在城外布设伏兵。同时,完善城防设施,装作极力守城的样子,引诱敌人攻城。这时我方可速发伏兵,猛烈打击敌人。如此部署和作战，则胜券在握。

原文

武王问太公曰："敌人深入长驱，侵掠我地，驱我牛马；其三军大至，薄我城下，吾士卒大恐，人民系累[1]，为敌所虏。吾欲以守则固，以战则胜，为之奈何？"

太公曰："如此者，谓之突兵[2]，其牛马必不得食，士卒绝粮，暴击而前。令我远邑别军[3]，选其锐士，疾击其后，审其期日，必会于晦[4]。三军疾战，敌人虽众，其将可虏。"

武王曰："敌人分为三四，或战而侵掠我地，或止而

译文

武王问太公说："敌人发动进攻，长驱直入，侵掠我土地，抢夺我牛马；敌人大军蜂拥而至，迫近我方城下，我军士卒大为恐惧，民众被拘禁，沦为俘虏。在这种情况下，我想要进行防守则能稳固，实施战斗则可取胜，应该怎么办？"

太公回答说："像这一类的敌军，可叫作善于突袭作战的敌军，他的牛马必定会缺乏饲料，他的士卒也肯定会断绝粮食，所以一味凶猛地向我进攻。应命令我远方驻地的其他部队，挑选精锐的士卒，迅速而猛烈地袭击敌人的后方，同时详细计算确定会攻的时间，务必使其在夜色昏暗时分与我主力会合。而后，我全军上下迅速猛烈地同敌交战，即便敌人人数众多，也将被我军俘虏。"

武王又问太公说："如果敌人分军为三四部分，以其中一部对我进攻以侵占我方土地，以另一部暂时驻扎以掠夺我方牛马，其主力部队还没有完全到达，而使部分兵力进逼我方城下，从而使我军上下恐惧不安，这应该怎么办为好？"

太公回答说："这时就应该仔细观察情

收我牛马，其大军未尽至，而使寇薄我城下，致吾三军恐惧，为之奈何？”

太公曰：“谨候敌人未尽至，则设备而待之。去城四里而为垒，金鼓旌旗，皆列而张，别队为伏兵；令我垒上多积强弩，百步一突门[5]，门有行马，车骑居外，勇力锐士隐伏而处。敌人若至，使我轻卒[6]合战而佯走，令我城上立旌旗，击鼙鼓，完为守备。敌人以我为守城，必薄我城下。发吾伏兵，以冲其内，或击其外。三军疾战，或击其前，或击其后，勇者不得斗，轻者不及走，名曰突战。敌人虽众，其将必走。”

武王曰：“善哉！”

况，在敌人还没有完全到达之前就完成战备，严阵以待。其方法是在离城四里的地方构筑营垒，将我军金鼓旗帜，都一一布设，广为张扬起来，并派遣一部分兵力作为伏兵；命令在营垒上的守卫部队多集中强弩，每百步设置一预备临时出入的突门，门前安设拒马等障碍物，战车、骑兵配置在营垒外侧，勇锐士卒隐蔽埋伏以等待敌人来犯。敌人如果来到，先使我轻装步兵与敌交战，随即佯装战败退走，并令我守军在城上竖起旌旗，敲击鼙鼓，充分做好防守准备。敌人因此会认为我方在防守城邑，于是其军必定进逼到我城之下。这时我方应突然出动伏兵，或突击敌军的中枢，或攻击敌人的外围。同时再令我全军迅猛出击，奋勇战斗，既攻击敌人的正面，又攻击敌人的后方，使得敌军中勇敢的将士无法同我格斗，步履轻快的将士来不及逃跑，这种战法称为突战。敌人虽然众多，但也必然失败逃走。”

武王说：“讲得很好！”

注释

1 系累：捆绑、拘禁的意思。

2 突兵:担任突击任务的部队。

3 远邑别军:驻扎在远地的另一支部队。

4 晦:阴历每月的最后一日为晦日,此处作无月光之夜解。

5 突门:指预先准备的供部队出击的暗门。

6 轻卒:轻装步兵。

敌强第四十五

导读

本篇论述敌强我弱、敌众我寡的情况下,如何对付敌人夜间袭击的战法。夜袭,历来就是以寡击众、出奇制胜的作战手段之一。其主要作用是乘隙蹈虚,击敌无备,歼灭敌人有生力量,或扰敌不安,使对手顾此失彼,疲于奔命,然后再相机破敌。其主要条件是必须将勇兵精,行动神速,熟悉地形,深晓敌情。而防御敌人夜袭的方法,首先是加强戒备,使敌人无机可乘。其次是在得知敌人夜袭的消息后,顺水推舟,将计就计,设置埋伏,请君入瓮,歼灭来袭之敌。作者认为,在敌众我寡、敌强我弱的情况下,敌人乘夜间突然对我发起攻击,即所谓的“震寇”,对此不能被动、消极地防御,而应采取以攻对攻的战法。选用精锐的材士强弩、车骑为左右翼,“疾击其前,急攻其后,或击其表,或击其里”。接着作者论述了我军已被敌包围,部队面临溃败的紧急关头,那就应当“明号审令”,鼓舞士气,派出勇锐将士,大造声势,以弱示强,弄清敌情,向敌人展开猛攻,“中外相应,期约皆当”,一举破敌。

原文

武王问太公曰：“引兵深入诸侯之地，与敌人冲军[1]相当，敌众我寡，敌强我弱，敌人夜来，或攻吾左，或攻吾右，三军震动。吾欲以战则胜，以守则固，为之奈何？”

太公曰：“如此者，谓之震寇[2]。利以出战，不可以守。选吾材士强弩，车骑为之左右，疾击其前，急攻其后，或击其表，或击其里，其卒必乱，其将必骇。”

武王曰：“敌人远遮我前，急攻我后，断我锐兵，绝我材士，吾内外不得相闻，三军扰乱，皆散而走，士卒无斗志，将吏无守心，为之奈何？”

太公曰：“明哉！

译文

武王问太公说：“率军深入敌对诸侯国境内，与敌人的突击部队正面接触，在兵力上敌众我寡，敌强我弱，而敌人又利用夜色掩护前来攻打我军，或攻击我之左翼，或攻击我之右翼，致使我全军震骇惊恐。我想要实施进攻就能取胜，进行防守就能牢固，应该怎样处置？”

太公答道：“以这种方式用兵作战的敌人，叫作震寇。对付这种敌人，我军利于出战，而不适宜防守。要挑选材士强弩，以战车、骑兵作为左右两翼，迅猛攻击敌人的正面，急速攻击敌人的侧后，既攻击敌人的外围，又攻击敌人的中坚，这样敌人士卒必然乱成一团，敌人将帅也必然惊惧害怕而被打败。”

武王又问：“如果敌人在远处阻截我军的前方，急速地攻击我军的后方，截断我军的精锐部队，阻绝我军材士前赴增援，致使我军前方后方失去联系，三军上下惊扰混乱，纷纷脱离队伍各奔东西，士卒没有战斗意志，各级军官失去固守决心，面临这种处境应该怎么办呢？”

太公说：“君王提这样的问题真是高明！应当首先明号审令，并出动勇猛精锐

王之问也。当明号审令，出我勇锐冒将之士，人操炬火[3]，二人同鼓，必知敌人所在。或击其表，或击其里。微号[4]相知，令之灭火，鼓音皆止，中外相应，期约皆当，三军疾战，敌必败亡。”

武王曰：“善哉！”

的士卒对付敌人，使每个人手持火炬，二人同击一鼓，这样就必然能探知敌人的准确位置。这时或攻击敌军的外围，或攻击敌人的中坚。攻击时，要让部队佩带暗号，便于互相识别，并令部队熄灭火炬，停止击鼓，然后内外策应，按预先约定的计划展开行动，全军迅猛出击，奋勇作战，敌人必然遭到失败。”

武王说：“说得真好！”

注释

1 冲军：指担任突击任务的部队。

2 震寇：使我军感到震恐的敌军，可理解为实施夜间强袭之敌。

3 炬火：火把。

4 微号：暗号。

敌武第四十六

导读

本篇论述遭遇战的基本战法。遭遇战是敌对双方在运动中意外遭遇而发生的战斗，通常可大致区分为预期遭遇战和非预期遭遇战。其基本特点是战斗触发时对敌方情况不大明了，组织战斗的时间仓促，双方都有暴露的翼侧，战斗行动紧张急促，战斗样式转换迅速。作者指出，遭遇战的基本作战原则是争取主动，先机制敌。在部队运动的过程中，组织不间断的侦察，尽可能提前发现敌人。一旦发现敌情，则迅速果断地占领有利地形，先敌发起冲击，大胆向敌翼侧实施突击。在非预期遭遇战中，狭路相逢勇者胜。而在预期遭遇战中，则应尽量采用佯退诱敌，设置伏兵，诱敌入伏，再行出击的战法。作者认为，突然同敌遭遇，在敌军"甚众且武，武车骁骑绕我左右"的情况下，如果审慎欠缺，处理不当，即可能遭到失败，因此称之为"败兵"。而要取得作战的胜利，必须将武车骁骑布列在两翼，同时将材士强弩埋伏在道路两侧，诱敌入伏，再行出击。接着作者进一步论述了在"敌人与我车骑相当，敌众我少，敌强我弱，其来整治精锐，吾阵不敢当"的情况下，应将材士强弩埋伏在左右，车骑坚阵而处，等敌人入伏时，左右前后从四面发起夹击。作者充满信心地表示，如果能够遵循以上所说的作战原则，那么就可以战无不胜、攻无不克了。

原文

武王问太公曰："引兵深入诸侯之地，卒遇敌人，甚众且武，武车骁骑绕我左右，吾三军皆震，走不可止，为之奈何？"

太公曰："如此者，谓之败兵，善者[1]以胜，不善者以亡。"

译文

武王问太公说："统率军队深入敌对诸侯国境内，突然遭遇敌人，敌人人数众多而且勇猛凶狠，并以威武的战车和骁勇的骑兵对我军实施左右包围，我全军上下均为震惊，纷纷逃跑，无法加以制止，这种情况应该怎么办？"

太公回答道："处于这种境地行动的部队称作败兵，善于用兵的人，可以因此而取胜，不善于用兵的人，会因此而败亡。"

武王曰："用之奈何？"

太公曰："伏我材士强弩，武车骁骑为之左右，常去前后三里。敌人逐我，发我车骑，冲其左右。如此，则敌人扰乱，吾走者自止。"

武王曰："敌人与我车骑相当，敌众我少，敌强我弱，其来整治[2]精锐，吾阵不敢当，为之奈何？"

太公曰："选我材士强弩，伏于左右，车骑坚阵而处。敌人过我伏兵，积弩[3]射其左右，车骑锐兵疾击其军，或击其前，或击其后，敌人虽众，其将必走。"

武王曰："善哉！"

武王又问："处置这种情况应该怎么办？"

太公答道："应当巧妙埋伏我方的材士强弩，并把威力大的战车和骁勇的骑兵配置在左右两翼，伏击地点通常设在距离我军主力前后约三里远的地方。敌人如果前来追击，就出动我方的战车和骑兵，攻击敌人的左右两侧。这样，敌人就会陷入混乱，我军逃跑的士卒见此情况也就会自动停止逃跑。"

武王再问："敌我双方的战车和骑兵相遇，在兵力上敌众我寡，敌强我弱，敌人前来进攻，阵势整齐，士卒精锐，我想同敌人对阵作战而难以抵挡，面临这种情况，应该怎么处置？"

太公说："在这种情况下，应当挑选我军的材士强弩，使之埋伏于左右两侧，并把战车、骑兵布列坚固阵势进行防守。当敌人通过我伏兵所在之处时，就用密集的强弩射击敌人的左右两翼，并出动战车、骑兵和勇锐士卒猛烈地攻击敌军，或攻击敌人的正面，或攻击敌人的侧后，敌人虽然人数众多，也必将败亡而逃。"

武王说："说得太好了！"

注释

1 善者:善于用兵打仗的人。

2 整治:整齐不乱的意思。

3 积弩:连射之弩,前后重叠而击射的箭矢。

鸟云山兵第四十七

导读

本篇论述山地防御作战的基本方法。山地作战,因地形复杂,交通不便,给部队的战术机动、通信联络和后勤补给都带来很大的困难。在作者看来,无论是攻还是守,都是有利有弊。对于守方而言,可以据险阻扼,以逸待劳,但一旦补给和水源被切断,则容易“为敌所栖”。对于攻方而言,有利于隐蔽、迂回、包围和渗透。但由于敌人占据了有利地形,控制了道路、谷地、险隘,则容易“为敌所囚”。因此,对于攻守双方来讲,都应该努力做到趋利避害,作者主张根据不同的情况,灵活用兵,去争取胜利。作者首先指出了部队驻扎在山上山下的弊端:“处山之高,则为敌所栖;处山之下,则为敌所囚。”接着进一步论述了军队驻扎在山上时,应布列成鸟云之阵,即控制机动部队支援各个方向作战的阵势。其具体方法是:加强警戒,山的前后左右都要派兵警戒;凡是敌人有可能侵入的地段,都要派兵把守,并以战车阻绝交通要道和谷口;高竖旌旗,加强联络;严阵以待,随时准备战斗。这样,就构成了一座坚不可摧的“山城”。

原文

武王问太公曰："引兵深入诸侯之地，遇高山盘石，其上亭亭[1]，无有草木，四面受敌，吾三军恐惧，士卒迷惑。吾欲以守则固，以战则胜，为之奈何？"

太公曰："凡三军处山之高，则为敌所栖[2]；处山之下，则为敌所囚[3]。既以被山而处，必为鸟云之阵[4]。鸟云之阵，阴阳皆备。或屯其阴，或屯其阳。处山之阳，备山之阴；处山之阴，备山之阳；处山之左，备山之右；处山之右，备山之左。其山敌所能陵[5]者，兵备其表；衢道通谷，绝以武车，高置旌旗。谨敕三军，无使敌人知吾之情。是谓山城。

译文

武王问太公说："统率军队深入敌对诸侯国境内，遇上高山巨石，山峰高耸，没有杂草林木，四面受敌攻击，我全军因而产生恐惧，士卒迷惑不知所措。我想要防守就能稳固，进攻就能获胜，应该怎么办才好？"

太公回答道："凡是我三军处于山顶位置，就容易为敌人所孤悬隔绝；凡是我三军处在山麓位置，就容易为敌人所围困囚禁。我军既然处于山地作战的环境之中，那就必须布成鸟云之阵。所谓鸟云之阵，就是在部署军队时，要对山南山北各个方面均进行戒备。既要防守山的北面，又要防守山的南面。军队部署在山的南面，同时要注意戒备山的北面；军队部署在山的北面，同时要注意戒备山的南面；军队部署在山的左面，同时要注意戒备山的右面；军队部署在山的右面，同时要注意戒备山的左面。凡是该山敌人所能攀登的地方，都应当派兵进行防守；交通要道和能通行的谷地，要用战车加以阻塞，并高挂旗帜以便联络。同时要整治全军严阵以待，不要让敌人察知我军的情况。这就称得上是建成了一座山城。部队的行列已经排定，作战的士卒已经列阵，军中的法令已经颁行，奇正方略也已经确定，这时就

行列已定,士卒已阵,法令已行,奇正已设,各置冲阵于山之表,便兵所处,乃分车骑为鸟云之阵。三军疾战,敌人虽众,其将可擒。”

把各部队编成冲阵部署在山上比较突出的高地上,便于军队作战的需要,然后再把战车、骑兵分布成鸟云之阵。这样,三军猛烈地同敌人作战,敌人即便人数众多,也必将为我军所擒获。”

注释

1 亭亭:山峰高兀耸峙之貌。

2 栖:如鸟栖于树上,犹言为敌所逼而不能下来。

3 囚:囚禁,为敌所围困的意思。

4 鸟云之陈:如鸟雀之聚散无常,行云之流动不定,时分时合,四处流动之战斗阵形。

5 陵:攀登。

鸟云泽兵第四十八

导读

本篇集中而系统地论述了河川作战的基本原则和具体方法。河川战是古代常见的作战样式之一。河川战的一个关键问题是渡水和反渡水。渡水的方法一般有暗渡、分渡和强渡。反渡水的作战方法有立足于自保的阻水而守,立足于歼敌的半渡而击,立足于相机进取的越水而军,等等，不一而足，表现形式可谓多种多样。作者首先指出，在同敌人“临水相拒，敌富而众，我贫而寡，逾水击之则不能前，欲久其日则粮食少”，器械不备、补给困难的情况下，应该“索便诈敌而亟去之，设伏兵于后”。即设法欺诈敌人，赶快脱离险区，并设置伏兵，阻止敌军追击。接着作者进一步论述了在“敌人知我伏兵，大军不肯济，别将分队以逾于水”的情况下，应以“鸟云之阵”歼敌。即等到敌人先遣队渡河后，向其发起猛烈攻击。敌大部队见其先遣队形势危急，必然渡河前来支援。这时我伏兵和车骑从四面围攻，如此，敌人必败。本篇最后指出，用兵作战，必须灵活机动，鸟散云合，变化无穷，这才是克敌制胜的精髓所在。正所谓“阵而后战，兵法之常，运用之妙，存乎一心”。

原文

武王问太公曰：“引兵深入诸侯之地，与敌人临水相拒，敌富而众，我贫而寡，逾水击之则不能前，欲久其日则粮食少。吾居斥卤之地[1]，四旁无邑，又无草木，三军无所掠取，牛马无所刍牧[2]，为之奈何？”

太公曰：“三军无备，牛马无食，士卒无粮，如此者，索便诈敌[3]而亟去之，设伏兵于后。”

武王曰：“敌不可得

译文

武王问太公说：“统率军队深入敌对诸侯国境内，与敌人隔河相对峙，敌人资材充足，兵力众多，我军资材贫乏，兵力寡少，我想要渡河进攻敌人，但无力向前，我想要拖延时日，但粮食缺乏。而且我军又处于荒芜贫瘠的盐碱地带，附近一带既没有城邑，也没有草木，军队没有地方可以掠取物资，牛马没有地方可以放牧，在这种情况下，应当怎么办？”

太公回答道：“军队没有战备器械，牛马没有饲料，士卒没有粮食，在这种情况下，应当寻找机会，欺诈敌人，迅速向别处转移，并在后面设置伏兵。”

武王说：“如果敌人不受我军的欺

而诈，吾士卒迷惑，敌人越我前后，吾三军败乱而走，为之奈何？”

太公曰：“求途之道，金玉为主[4]，必因敌使，精微为宝[5]。”

武王曰：“敌人知我伏兵，大军不肯济，别将分队以逾于水，吾三军大恐，为之奈何？”

太公曰：“如此者，分为冲阵，便兵所处，须其毕出，发我伏兵，疾击其后，强弩两旁，射其左右。车骑分为鸟云之阵，备其前后，三军疾战。敌人见我战合，其大军必济水而来，发我伏兵，疾击其后，车骑冲其左右，敌人虽众，其将可走。凡用兵之大要，当敌临战，必置冲阵，便兵所处，然后以车骑分为鸟云之阵，此用兵之奇

诈，我军士卒迷惑惊恐，敌人开进到我军前后，我全军败逃溃退，在这种情况下，应当怎么办？”

太公说：“这时候寻求退路的方法，主要是将金银财宝暴露于敌，同时要贿赂敌方的使者，进行这些工作时必须精密细致，这至关重要。”

武王又问：“敌人已知道我方设有伏兵，大军不肯渡河，而另派一支小部队渡水攻我，我三军大为震恐，对此应当怎么办？”

太公答道：“遇到这种情况，我军应该部署四武冲阵在便于作战的地域，等待敌人全部渡河后，出动我方伏兵，猛烈地攻击敌军侧后，强弩从两旁射击敌人的左右两翼。同时把战车、骑兵布设为鸟云之阵，戒备前后，然后迅速发起攻击。敌人发现我军与它的小部队交战，其大军必将渡河前来，这时就出动我方伏兵，猛烈地攻击敌大军侧后，并用战车、骑兵冲击敌军左右两翼，敌人即使众多，也是会被打败的。大凡用兵打仗的基本原则是，在正对敌人面临战斗时，必须设置冲阵在便于作战的地方，然后再将战车和骑兵分布为鸟云之阵，这就是用兵上出奇制胜的方法。所谓

也。所谓鸟云者，鸟散而云合，变化无穷者也。”

武王曰：“善哉！”

的鸟云，就是借鉴鸟散云合的现象，从而使作战指挥灵活机动，变化无穷。”

武王赞叹道：“说得太好了！”

注释

1 斥卤之地：盐碱地带。此处通指荒芜贫瘠的地方。

2 刍牧：这里是割草放牧的意思。

3 索便诈敌：寻求有利时机以欺诈敌人。

4 金玉为主：以金玉财货欺诱敌人为主要手段。

5 精微为宝：指谋划或行动时，做到精细秘密，不使敌人察觉，这才是上乘的用兵手段。

少众第四十九

导读

少众，即以少击众，以弱胜强的基本作战要领。以少击众，以弱胜强的战例，在中国历代战争史上屡见不鲜。要做到以少击众，以弱胜强，必须以奇用兵，充分利用天时、地利，采取伏击、截击等战法，才能达到以少击众、以弱胜强的目的。作者首先指出，以少击众，要在暗夜、草丛、险隘的天时和地形条件下，采取伏击、截击等战法以歼敌。以弱胜强，则必须同大国结成联盟，得到邻国的支持和援助。接着作者进一步论述了在“我无深草，又无隘路，敌人已至，不适日暮；我无大国之与，又无邻国之助”的情况下，要以少击众、以弱胜强之对策。作者认为，其要领是，应该虚张声势，示形动敌，诱使敌军经过深草、险隘之地，伏击敌人。同时，还应该充分利用各种外交手段，“事大国之君，下邻国之士，厚其币，卑其辞”，来争取得到“大国之与，邻国之助”，摆脱被动，赢得主动。

原文

武王问太公曰：“吾欲以少击众，以弱击强，为之奈何？”

太公曰：“以少击众者，必以日之暮，伏于深草，要之隘路。以弱击强者，必得大国之与，邻国之助。”

武王曰：“我无深草，又无隘路，敌人已至，不适日暮；我无大国之与，又无邻国之助。为之奈何？”

太公曰：“妄张诈诱，以荧惑[1]其将，迂其道，令过深草，远其路，令会日暮。前行未渡水，后行未及舍，发我伏兵，疾击

译文

武王问太公说：“我想要以少击众，以弱击强，那应该怎么办呢？”

太公答道：“要以少击众，必须利用日暮昏暗之际，把军队埋伏在杂草丛生的地带，截击敌人于隘路。而要以弱击强，就必须得到大国的支持，邻国的声援。”

武王又问：“我军没有深草地带可供设伏，又没有隘路险阻可供利用，敌人大军抵达时，又正巧不在日暮之际；我方既没有大国的支持，也没有邻国的援助，应该怎么办？”

太公说：“当用虚张声势、引诱诈骗等手段来迷惑敌方将领，引诱敌人迂回行进，使其通过杂草丛生地带，多绕远路，使得敌军正好在日暮时分与我军交战。要乘敌人先头部队尚没有全部渡水，后续部队还来不及宿营的有利时机，出

其左右,车骑扰乱其前后,敌人虽众,其将可走。事大国之君,下邻国之士,厚其币,卑其辞。如此,则得大国之与,邻国之助矣。”

武王曰:“善哉!”

动我方伏击部队,猛烈地攻击敌人的左右两翼,并令我方战车和骑兵扰乱敌人的前后,敌人即使众多,也会被我们击败。恭敬事奉大国的君主,礼遇恩交邻国的贤士,多送金钱,言辞谦逊。这样,就能得到大国的支持,邻国的援助了。”

武王说:“说得真好!”

注释

1 荧惑:古指火星。因隐现不定,令人迷惑,故名。这里是迷惑的意思。

分险第五十

导读

本篇论述山水隘险地带的作战指导原则。作者首先指出,当敌我双方在山水交错的险隘地形上形成对峙的情况下,在作战指导上要加强戒备,以有虞待不虞,“处山之左,急备山之右”,以防止被敌人包围,使敌人无隙可乘。接着作者又分别论述了由水路、山路向敌人发动进攻的方法:如果从水路发起进攻,当先头部队渡河以后,应该立即“广吾道,以便战所”,将武冲战车配置在前后,以强弩布列正面,阻绝其他道路,建立起稳固的滩头阵地,以掩护主力部队渡河。如果是从山路发起进攻,那么其配置应以武冲战车为前导，大盾为后卫，以强弩布列在左右两翼，以步兵为主力从正面发起进攻。战斗过程中，左、中、右三军齐头并进，“并攻而前”，协作配合。

原文

武王问太公曰：“引兵深入诸侯之地，与敌相遇于险厄[1]之中。吾左山而右水，敌右山而左水，与我分险相拒，各欲以守则固，以战则胜，为之奈何？”

太公曰：“处山之左，急备山之右；处山之右，急备山之左。险有大水无舟楫者，以天潢济吾三军。已济者，亟广吾道，以便战所。以武冲为前后，列其强弩，令行阵皆固。衢道谷口，以武冲绝之，高置旌旗，是谓车城[2]。凡险战[3]之法，以武冲为前，大

译文

武王问太公说：“统领军队深入诸侯国境内，同敌人相遇于险厄的地域。我军所处的地形是左依山丘右临水泽，而敌军所处的地形则是右傍山丘左靠水泽，敌我双方各据险要，相互对峙，双方都想要进行防守就能坚固，展开进攻就能胜利，应该怎么办？”

太公答道：“当我军占领了山的左侧时，应迅速戒备山的右侧；占领了山的右侧时，则应迅速戒备山的左侧。险要地带内的大河大江，如果没有船只可资利用，就用天潢把我军摆渡过去。已经渡过河去的先头部队，要迅速开辟前路，扩大战场，以便于主力跟进展开战斗。要用武冲战车策应我前后部队，广泛布列强弩，以使我军行列和阵形完全坚固。凡交通要道和山谷的入口处，都要用武冲大战车加以阻绝，并且高高地插上旌旗，这样就构成了一座车城。大凡险要地带作战的方法是，把武冲战车配置在前面，以大盾牌作为防护，并配备材士强弩以保障我左右两翼的安全。每三千人为一个

橹[4]为卫，材士强弩翼吾左右。三千人为屯，必置冲阵，便兵所处。左军以左，右军以右，中军以中，并攻而前。已战者还归屯所，更战更息，必胜乃已。”

武王曰：“善哉！”

战斗单位，编成攻击型的冲阵，部署在便于作战的地形上。战斗时，左军用于左翼，右军用于右翼，中军用于中央，三军并肩作战，努力向前。已战的部队回到集结地域休整，[未战的部队依次投入战斗，]轮番作战，轮番休息，一直到取得最终胜利为止。”

武王说：“讲得很好！”

注释

1 险厄：险要之处。

2 车城：指古代军队中通过联结战车的方式而构筑起来的营寨。

3 险战：险隘地带的战斗。

4 橹：大盾牌。

卷第六　犬韬

分合第五十一

导读

本篇论述的是集结军队、约期会战的制度和方法。部队平时分驻各地，战时则应尽快地集结起来，这就是分合。作者认为，要将分散在各地的军队集结起来，大将必须首先确定各部队会师的地点和时间，然后再通知所属各部将领。作者认为，在战争中，时间就是生命，时间就是胜利。遵守时间，赢得时间，就会赢得胜利。反之，倘若延误时间，就有可能贻误战机，导致失利。因此，只有严格时间观念，才能完成上级所赋予的战斗任务。正是因为这样，作者认为应严格军纪，强调“先期至者赏，后期至者斩”的原则，对于按时到达集结地的，要给予奖赏；不能按时到达指定位置的，则予以惩罚，决不宽贷。

原文

武王问太公曰：“王者帅师，三军分为数处，将欲期会合战[1]，约誓[2]赏罚，为之奈何？”

太公曰：“凡用兵之法，三军之众，必有分

译文

武王问太公说：“君王率军出征，三军分散在数处，主将要按期集结军队与敌交战，并申诫全军上下，明定赏罚原则，应该怎么办？”

太公说：“通常用兵的原则，由于三军人数众多，必然会有兵力分散或集中等部合之变。其大将先定战地、战日，然后移檄书[3]与诸将吏，期攻城围邑，各会战所，明告战日，漏刻有时[4]。大将设营而陈，立表[5]辕门[6]，清道而待。诸将吏至者，校其先后，先期至者赏，后期至者斩。如此，则远近奔集，三军俱至，并力合战。”

署上的变化。主将首先要事前确定作战的地点和时间，然后下达战斗文书，晓谕部下各将佐，明确规定要围攻的城邑，各军应集中会合的地点，明告作战的日期，规定到达的时间。主将提前设筑营垒，布成阵势，在辕门内竖起标杆以观测日影，计算时间，禁止行人通行，等待将吏前来报到。将吏们到达时，要核对其先后次序，先期到达的予以奖赏，过期到达的斩首示众。这样，不论远近都会按期赶来会集。待三军全部到达后，就可以集中兵力与敌交战了。”

注释

1 期会合战：指约定时日、地点，集中军队与敌交战。

2 誓：古代作战前夕，统帅集结部队，宣布作战的目的、原因，申明战场纪律。这就是誓命的仪式。

3 檄书：这是古代官府用以征召、晓谕或声讨的文书。

4 漏刻有时：意谓规定军队到达的时间。漏刻，一种古代的计时器。其法用两铜壶，分置上下，上壶置水，使漏入下壶。下壶设有浮标，标杆上刻有分画。上壶之水漏入下壶时，浮标渐渐升起，则可知时间几时几刻。

5 立表：古代立木为表，观察日影正斜来计算时间，故称立表。

6 辕门：古时军营之正门。古时军队屯驻时，四周以车辆为围垣，在营门仰置两车，车辕于两侧相向以为门，故称作辕门。

武锋第五十二

导读

武锋，是指从车兵与骑兵中选拔出来的精锐冲锋手，即勇猛的突击部队。作者指出，用兵作战，首先必须有勇猛善战的突击部队，其次是善于把握有利战机，并详细列举了“敌人新集”“人马未食”“天时不顺”“地形未得”“奔走”“不戒”“疲劳”“将离士卒”“涉长路”“济水”“不暇”“阻难狭路”“乱行”“心怖”等十四种可以利用的战机。战场形势千变万化，有利战机稍纵即逝。捕捉、把握和创造战机，乃是取得作战胜利的关键因素。基于这样的认识，作者强调指出，只要抓住战机，出其不意，攻其不备，就能够牢牢地把握作战上的主动权，从而取得作战的胜利。

原文

武王问太公曰：“凡用兵之要，必有武车骁骑，驰阵选锋，见可则击之，如何则可击？”

太公曰：“夫欲击者，当审[1]察敌人十四变。变见则击之，敌人必

译文

武王问太公说：“用兵的重要原则之一，就是必须拥有强大的战车，骁勇的骑兵，能够冲锋陷阵的突击部队，发现敌人有可乘之机就发起攻击，那么究竟什么样的时机才可以攻打呢？”

太公说：“要想攻击敌人，就应当仔细察明不利于敌的十四种情况。这些情

败。”

武王曰：“十四变可得闻乎？”

太公曰：“敌人新集可击，人马未食可击，天时不顺可击，地形未得可击，奔走可击，不戒可击，疲劳可击，将离士卒可击，涉长路可击，济水可击，不暇可击，阻难狭路可击，乱行可击，心怖可击。”

况一旦出现，就可以发起攻击，敌人必定会被打败。”

武王说：“这十四种对敌不利的情况，可以讲给我听听吗？”

太公说：“敌人刚集结时可以打，人马没有进食时可以打，天时对敌不利可以打，地形条件对敌不利可以打，敌人奔走仓促可以打，没有戒备时可以打，疲劳倦怠时可以打，敌人上下分隔失去指挥时可以打，长途跋涉时可以打，敌军渡河时可以打，忙乱不堪时可以打，通过险阻隘路时可以打，行列散乱不整时可以打，军心恐怖不安时可以打。”

注释

1 审：认真、仔细。

练士第五十三

导读

本篇主要论述挑选士兵和编组部队的基本原则及其方法。作者认为，士兵的选拔和编组，是军队建设的一个基本问题，它直接关系到军队战斗力的强弱，影响到战局的最终胜负。作者指出，必须根据士兵身体的强弱、身材的高低、社会地位、思想心理等不同的状况，把士兵分成不同的类别，组编成不同的分队，即所谓“冒刃之士”“陷阵之士”“勇锐之士”“勇力之士”“寇兵之士”“死斗之士”“敢死之士”“励钝之士”“必死之士”“幸用之士”“待命之士”等。作者认为，这样做能收到良好的效果，即平时有利于管理训练，战时则可根据不同的情况，使用不同的分队，使之发挥各自的特长，克敌制胜，实现既定的作战目标。

原文

武王问太公曰：“练士之道[1]奈何？”

太公曰：“军中有大勇、敢死、乐伤者，聚为一卒[2]，名曰冒刃[3]之士。有锐气、壮勇、强暴者，聚为一卒，名曰陷阵之士。有奇表、长剑，接武[4]齐列者，聚为一卒，名曰勇锐之士。有拔距、伸钩[5]，强梁[6]多力，溃破金鼓，绝灭旌旗者，聚为一卒，名曰勇力之士。有逾高绝远，轻足善走者，聚为一卒，名曰寇兵之士。有王臣失势，欲

译文

武王问太公说：“选编士卒的方法应该怎样？”

太公说：“军队中那些勇气超人，不怕牺牲，不怕挂彩的人，可以编为一队，称之为冒刃之士。那些锐气旺盛，强壮勇敢，强横凶暴的人，可以编为一队，称之为陷阵之士。那些体态奇异，善使长剑，步履稳健，动作整齐的人，可以编为一队，称之为勇锐之士。那些膂力过人足以扳直铁钩，强壮有力足能冲入敌阵捣毁金鼓、折断旌旗的人，可以编为一队，称之为勇力之士。那些能翻越高山，行走远路，脚轻善走的人，可以编为一队，称之为寇兵之士。那些曾为王公大臣而如今已经失势没落，想要重建功勋的人，可以编为一队，称之为死斗之士。那些身为阵亡将帅的

复见功者，聚为一卒，名曰死斗之士。有死将之人子弟，欲与其将报仇者，聚为一卒，名曰敢死之士。有赘婿[7]、人虏，欲掩迹扬名者，聚为一卒，名曰励钝[8]之士。有贫穷愤怒，欲快其心者，聚为一卒，名曰必死之士。有胥靡[9]免罪之人，欲逃其耻者，聚为一卒，名曰幸用之士[10]。有材技兼人，能负重致远者，聚为一卒，名曰待命之士。此军之服习，不可不察也。"

子弟，急于要为自己父兄报仇的人，可以编为一队，称之为敢死之士。那些曾被招赘为婿或当过俘虏，如今想要扬名遮丑的人，可以编为一队，称之为励钝之士。那些对自己的贫穷处境怀有不满情绪，汲汲于立功称心的人，可以编为一队，称之为必死之士。那些曾为免罪刑徒，想要隐匿自己过去耻辱的人，可以编为一队，称之为幸用之士。那些材技胜人，能够任重致远的人，可以编为一卒，称之为待命之士。以上这些就是军队中选编士卒的方法，是不可不加以仔细考察的。"

注释

1 练士之道：挑选士卒的方法。练，通"拣"，选择、挑选的意思。

2 卒：古代军队编制的一级单位。这里可理解为"队"。

3 冒刃：敢于冒险。刃，刀口、刀锋。喻指危险。

4 接武：前后足迹相接。这里是形容步伐稳健整齐。武，足迹。

5 拔距、伸钩：此处是形容孔武有力，膂力过人。拔距，古代练习武功的活动。《汉书·甘延寿传》："投石拔距绝于等伦。"注云："拔距者，有人连坐相把据地，距以为坚而能拔取之，皆言其有手挈之力。"伸钩，力大能把弯钩拉直。

6 强梁：强劲有力。

7 赘婿：指就婚、定居于女家的男子。古人认为这是一种耻辱。

8 励钝：激励萎靡之人，使他振作起来。
9 胥靡：古代服劳役的刑徒。
10 幸用之士：追求侥幸立功的人。

教战第五十四

导读

本篇集中地论述了军队从事军事训练的内容和方法。军事训练是为了提高部队战斗素质而进行的活动，是提高部队战斗力的必要手段和主要途径，在军事活动中具有十分重要的地位和作用。关于训练的具体内容，作者认为应包括让士兵明确了解各种指挥信号和方法，掌握“金鼓之节”，保持行动一致，步伐整齐，旅进旅退；应该三令五申，强调训练纪律，使广大士兵养成遵纪守法的良好习惯；教会士兵按时起居作息，熟练掌握和使用各种兵器以及不同的阵法。关于训练的方法，本篇认为应该有条不紊，遵循循序渐进、由简到繁的原则，先单兵后合成，由点到面，逐步推广，不断提高训练的水平。作者认为，这样训练出来的军队，方“能成其大兵，立威于天下”，所向披靡，战无不胜。

原文

武王问太公曰：“合三军之众，欲令士卒练士，教战之道奈何？”

译文

武王问太公说：“集合组成全军部队，想要使士卒娴熟掌握战斗动作，具体的训练方法应该怎样？”

太公曰："凡领三军，有金鼓之节[1]，所以整齐士众者也。将必先明告吏士，申之以三令，以教操兵起居[2]、旌旗指麾[3]之变法。故教吏士，使一人学战，教成，合之十人；十人学战，教成，合之百人；百人学战，教成，合之千人；千人学战，教成，合之万人；万人学战，教成，合之三军之众；大战之法，教成，合之百万之众。故能成其大兵，立威于天下。"

武王曰："善哉！"

太公答道："凡是统率三军，必须用金鼓来指挥，这是为了使军队的行动整齐划一。将帅首先必须明确告诉官兵该怎样进行操练，并且要不断重申以求人人听懂，然后再训练他们实际操作兵器，熟习战斗动作，掌握用旌旗指挥的变化方法。所以，在训练军队时，要先进行单兵教练，单兵教练完成了，再进行十人合练；十人学习战法，教练会了，再进行百人合练；百人学习战法，教练会了，再进行千人合练；千人学习战法，教练会了，再进行万人合练；万人学习战法，教练会了，再三军一齐合练；然后进行大军作战之法的训练，教练完了，再百万大军进行合练。这样就能够组织起强大的军队，立威横行于天下。"

武王说："真是好极了！"

注释

1 节：节制，指挥。

2 操兵起居：意谓操持武器，熟习各种战斗动作。操兵，指使用兵器。起居，指坐、站、进、退、分、合、解、结。

3 麾：挥动，指挥。

均兵第五十五

导读

均兵，即各兵种作战能力与作用的对比。在本篇中，作者先指出了车兵、骑兵的不同特点、地位和作用：“车者，军之羽翼也，所以陷坚阵，要强敌，遮走北也。骑者，军之伺候也，所以踵败军，绝粮道，击便寇也。”接着又具体地比较了平坦地形和险隘地形两种情况下步兵、骑兵和车兵之间的作战能力。最后论述了车兵、骑兵的编制体制，以及在平坦地形和险隘地形上所应采取的不同的战斗队形。

原文

武王问太公曰：“以车与步卒战，一车当几步卒？几步卒当一车？以骑与步卒战，一骑当几步卒？几步卒当一骑？以车与骑战，一车当几骑？几骑当一车？”

太公曰：“车者，军

译文

武王问太公说：“用战车同步兵作战，一辆战车能抵几名步兵？几名步兵能抵一辆战车？用骑兵同步兵作战，一名骑兵能抵几名步兵？几名步兵能抵一名骑兵？用战车同骑兵作战，一辆战车能抵几名骑兵？几名骑兵能抵一辆战车？”

太公回答说：“战车，是军队的翅膀，具有强大的战斗力，可被用来攻坚陷阵，截击强敌，断敌退路。骑兵，是军队的侦

之羽翼也，所以陷坚阵，要[1]强敌，遮走北也。骑者，军之伺候[2]也，所以踵[3]败军，绝粮道，击便寇[4]也。故车骑不敌战[5]，则一骑不能当步卒一人。三军之众，成阵而相当，则易战[6]之法：一车当步卒八十人，八十人当一车；一骑当步卒八人，八人当一骑；一车当十骑，十骑当一车。险战[7]之法：一车当步卒四十人，四十人当一车；一骑当步卒四人，四人当一骑；一车当六骑，六骑当一车。夫车骑者，军之武兵也，十乘败千人，百乘败万人；十骑败百人，百骑走千人，此其大数也。"

察人员，可被用来追击溃逃之敌，断敌粮道，袭击敌人流动部队。所以，战车、骑兵如果不能恰当运用，那么战斗中一名骑兵就抵不上一名步兵。如果三军之众布列成阵，车、骑、步配合得当，那么在平坦地形上作战的法则是：一辆战车可抵步兵八十名，八十名步兵相当战车一辆；一名骑兵能抵步兵八名，八名步兵可当骑兵一名；一辆战车能抵骑兵十名，十名骑兵可当一辆战车。在险隘地形上作战的法则是：一辆战车可抵步兵四十名，四十名步兵可当战车一辆；一名骑兵能抵步兵四人，四名步兵能当骑兵一名；一辆战车能抵骑兵六名，六名骑兵可当战车一辆。战车和骑兵，是军队中最具威力的战斗力量，十辆战车能够击败千名敌人，一百辆战车可以击败万名敌人；十名骑兵能够击退敌百人，百名骑兵可以击退敌千人，这些都是大约的数字。"

注释

1 要：拦阻，截击。

2 军之伺候：意谓骑兵在军队中的地位，如侦察人员一样，是用来窥探敌人、乘敌之隙的。

3 踵：跟踪追击。
4 便寇：敌人的游击部队。
5 车骑不敌战：指车骑使用的地形不适宜或车骑的编制配合不恰当。
6 易战：平坦地带的作战。
7 险战：险隘地带的作战。

原文

武王曰："车骑之吏数[1]、阵法奈何？"

太公曰："置车之吏数：五车一长，十车一吏，五十车一率[2]，百车一将。易战之法：五车为列，相去四十步，左右十步，队间六十步。险战之法：车必循道，十车为聚[3]，二十车为屯，前后相去二十步，左右六步，队间三十六步；五车一长，纵横相去二里，各返故道。置骑之吏数：五骑一长，十骑一吏，百骑一率，二百骑一将。易战之法：五骑为列，前后相去二十步，左右四

译文

武王又问道："战车和骑兵的军官数额配置以及作战方法是怎样的呢？"

太公答道："战车应配备军官的数量是：每五辆战车设一长，每十辆战车设一吏，每五十辆战车设一率，每百辆战车设一将。在平坦地形上作战的方法是：五辆战车为一列，前后相距四十步，左右间隔十步，队与队之间的间隔六十步。在险隘地形上作战的方法是：战车必须沿道路行进，十辆战车为一聚，二十辆战车为一屯，车与车之间前后相间二十步，左右间隔六步，队与队之间的间隔为三十六步；五辆战车设一长，活动范围前后左右相距二里，战车撤出战斗后仍由原路返回。骑兵应配备军官的数量是：五名骑兵设一长，十名骑兵设一吏，百名骑兵设一率，二百名骑兵设一将。在平坦地形上作战的方法是：五骑为一列，前

步,队间五十步。险战者:前后相去十步,左右二步,队间二十五步;三十骑为一屯,六十骑为一辈[4],十骑一吏,纵横相去百步,周环[5]各复故处。”

武王曰:“善哉!”

后相距二十步,左右间隔四步,队与队之间的间隔为五十步。在险阻地形上作战的方法是:前后相距十步,左右间隔二步,队与队之间的间隔为二十五步;三十名骑兵为一屯,六十名骑兵为一辈,每十名骑兵设一吏,活动范围前后左右相距百步,撤出战斗后各自返回原来的位置。”

武王说:“讲得真好!”

注释

1 吏数:军官的数目。

2 率:指车兵的一级单位。

3 聚:它与下文的“屯”一样,都是车兵的一种战斗编组。

4 辈:骑兵的一种战斗编组。

5 周环:撤出战斗,复归原阵的意思。

武车士第五十六

导读

武车士,即勇猛善战的战车兵。本篇主要论述了选拔战车兵的具体标准、主要条件和方法。作者强调指出,战车兵的年龄应该在四十岁以下，身高七尺五寸以上，拥有良好的驾车技术，箭法娴熟，武艺高超。由于战车兵是重要的技术兵种，因此对车兵在待遇上“不可不厚”。

原文

武王问太公曰：“选车士奈何？”

太公曰：“选车士[1]之法：取年四十已下，长七尺五寸已上，走能逐奔马，及驰而乘之，前后、左右、上下周旋[2]，能缚束[3]旌旗，力能彀[4]八石弩[5]射前后左右，皆便习者，名曰武车之士，不可不厚也。”

译文

武王问太公说：“选拔车上武士的方法应该怎样？”

太公答道：“选拔车上武士的标准是：取其年龄在四十岁以下，身高七尺五寸以上，奔跑能追得上飞驰的马，能在奔驰中跳上战车，并能在战车上前后、左右、上下各方应战自如，能够擎举旌旗，力大能拉满八石弓弩，并能向前后左右熟练地射箭，上述条件都符合的人，称为武车士，给他们的待遇不可不优厚。”

注释

1 车士：乘车战斗的武士。

2 周旋：应战的意思。

3 缚束：捆绑。此处引申为擎举旌旗。

4 彀：张满弓弩。

5 八石弩：即拉力为九百六十斤的强弩。石，古代计量单位，古时一百二十斤为一石。

武骑士第五十七

导读

武骑士，即骁勇善战的骑兵。本篇主要论述选拔骑兵的标准、条件和方法。作者指出，选拔骑兵的标准，首先是年龄在四十岁以下，身高七尺五寸以上。其次是身体健壮，射术精湛，技能高超，能够"越沟壑，登丘陵，冒险阻，绝大泽，驰强敌，乱大众"。作者认为，鉴于骑兵的特殊性和重要性，因此，对骑兵在待遇上"不可不厚"。

原文

武王问太公曰："选骑士[1]奈何？"

太公曰："选骑士之法：取年四十已下，长七尺五寸已上，壮健捷疾，超绝伦等[2]，能驰骑彀射前后左右，周旋进退，越沟堑，登丘陵，冒险阻，绝大泽[3]，驰[4]强敌，乱大众

译文

武王问太公说："选拔骑士的方法应该怎样？"

太公回答说："选拔骑士的标准是：取其年龄在四十岁以下，身高在七尺五寸以上，身强力壮，行动敏捷超过常人，会骑马疾驰并能在马上挽弓向前后左右熟练地射箭，应战自如，进退娴熟，能策马逾越沟堑，攀登丘陵，冲过险阻，横渡大泽，追逐强敌，打乱敌人的人，这种

原文	译文
者，名曰武骑之士，不可不厚也。”	人称为武骑士，给予他们的待遇不可不优厚。”

注释

1 骑士：骑马作战的武士。

2 超绝伦等：本领远远超过同辈。

3 泽：聚水的洼地，如湖泽、沼泽等。

4 驰：追逐，追赶。

战车第五十八

导读

本篇主要是系统地论述了车兵作战的不利地形和有利战机。众所周知，战车的主要特点是有较强的攻防能力，但车战方式比较呆板，须列成整齐的车阵，施行正面冲击。由于比较笨重，车战受地形限制较大，不适宜于山林险阻和江河水泽地区，只适宜于在平原旷野作战。因此，地形的险隘、道路的好坏等地形地貌因素，将直接影响到战车的作战功能发挥，关系到作战的胜负。作者首先指出了车、骑、步兵的战术特点：“步贵知变动，车贵知地形，骑贵知别径奇道。”接着具体论述了车战的“十死之地”，即十种不利地形；车战的“八胜之地”，即八种有利战机。最后指出，将领如果能够“明于十害八胜”，必将战车的巨大威力发挥到淋漓尽致的程度。

原文

武王问太公曰:“战车奈何?”

太公曰:“步贵知变动,车贵知地形,骑贵知别径奇道[1],三军同名而异用也。凡车之死地[2]有十,其胜地有八。”

武王曰:“十死之地奈何?”

太公曰:“往而无以还者,车之死地也。越绝险阻,乘敌远行[3]者,车之竭地也。前易后险者,车之困地也。陷之险阻而难出者,车之绝地也。圮下渐泽[4]、黑土黏埴[5]者,车之劳地也。左险右易,上陵仰坂[6]者,车之逆地也。殷[7]草横亩,犯历深泽者,车之拂[8]地也。车少地易,与步不敌者,车之败地也。后有沟渎,左有深水,右有峻坂者,车之坏地也。日夜霖雨,旬日不止,道路溃

译文

武王问太公说:“战车的作战方法怎么样?”

太公回答说:“步兵作战贵在掌握情况变化,战车作战贵在熟悉地形条件,骑兵作战贵在熟悉岔路捷径,车、步、骑同是作战部队,但是用法不同。战车作战有十种死地,也有八种有利的情况。”

武王问:“十死之地是什么?”

太公说:“只可以前进,而不能退回的,这是战车的死地。逾越险阻,长途跋涉追逐敌人的,这是战车的竭地。前面平坦易行,后面险阻不通的,这是战车的困地。陷入险阻而难以出来的,这是战车的绝地。坍塌积水、泥泞苔滑地带,这是战车的劳地。左面险阻,右面平坦,前驰时又需要爬坡的,这是战车的逆地。茂草遍地,还要渡过深水大泽的,这是战车的拂地。战车数量稀少,地势平坦,战车又不能同步兵很好配合的,这是战车的败地。后面有沟渠,左面有深水,右面有高坡的,这是战车的坏地。昼夜连降大雨,多日不停,道路被毁坏,前不能进,后不

陷，前不能进，后不能解者，车之陷地也。此十者，车之死地也。故拙将之所以见擒，明将之所以能避也。”

能退的，这是战车的陷地。这十种地形都是战车的死地。愚将之所以被擒杀，是因为不了解十种死地的危害；聪明的将帅之所以成功，是因为能避开这十种死地。”

注释

1 别径奇道：分岔的小径和奇险的道路。
2 地：地形，情况。本节中“十死之地”“八胜之地”都提及“地”字，但两处“地”字含义有异。“十死之地”的“地”主要指地形，“八胜之地”的“地”主要指情况。
3 乘敌远行：远距离追击敌人。
4 圮下渐泽：坍塌积水的意思。圮，毁坏。下，低下。渐，浸水。泽，洼沼。
5 黏埴：泥泞的黏土。
6 仰坂：迎着山坡。
7 殷：茂盛貌。
8 拂：违背，这里引申为不利的地形条件。

原文

武王曰：“八胜之地奈何？”

太公曰：“敌之前后，行阵未定，即陷之。旌旗扰乱，人马数动，即陷之。士卒或前或后，或左或右，

译文

武王又问：“八种有利的情况又是什么？”

太公答道：“敌人前后行阵尚未稳定，这时动用战车就能乘机攻破它。敌人旗帜紊乱，人马不断调动，这时动用战车就能乘机攻破它。敌军士卒有的向前，有的退后，有的往左，有的朝右，这时动用战车就能乘机

即陷之。阵不坚固，士卒前后相顾，即陷之。前往而疑，后恐而怯，即陷之。三军卒惊，皆薄而起[1]，即陷之。战于易地，暮不能解，即陷之。远行而暮舍，三军恐惧，即陷之。此八者，车之胜地也。将明于十害八胜，敌虽围周[2]，千乘万骑，前驱旁驰，万战必胜。”

武王曰：“善哉！”

攻破它。敌军阵势不稳固，其士卒前后互相观望，这时动用战车就能乘机攻破它。敌人前进时犹豫不决，后退时害怕惊恐，这时动用战车就能攻破它。敌人全军突然惊乱，挤成一团乱撞乱碰，这时动用战车就能乘机攻破它。敌人与我军交战于平地，战至日暮还不能撤出战斗，这时动用战车就能乘机攻破它。敌人长途行军，直到天黑才宿营，三军上下恐惧不安，这时动用战车就能乘机攻破它。这八种情况，都是对战车作战有利的情况。将帅如果了解了战车作战的十害八胜，那么即使敌人把我重重包围，并用千乘万骑向我正面进攻，两侧突击，我们也能够从容应付，每战必胜。”

武王说：“说得太好了！”

注释

1 薄而起：意谓惊骇而起，乱成一团。

2 围周：指四面重重包围。

战骑第五十九

导读

本篇主要深入地论述了骑兵作战应把握的有利战机和应避开的不利地形。骑兵的主要特点是快速机动，有着强大而猛烈的突击力，尤其利于平原旷野和一般山地、丘陵地形的机动作战。在进行迂回、奇袭、断敌后路、袭扰敌人后方时，常常能收到意想不到的功效。但是骑兵作战不适于险隘水泽之地，不利于攻城拔寨，这又是其弱点。作者认为，骑兵作战有“十胜九败”，即十种克敌制胜的有利战机和九种容易导致败北的不利地形。十种有利战机是：“敌人始至，行阵未定，前后不属”“敌人行阵不固，士卒不斗”“敌人暮欲归舍，三军恐骇”“敌人奔走，士卒散乱”等。在这种情况下，只要使用骑兵冲击，即可取胜。九种不利于骑兵作战的地形是：败地，围地，死地，没地，竭地，艰地，困地，患地，陷地。作者认为：“此九者，骑之死地也。明将之所以远避，暗将之所以陷败也。”作为指挥者，应当尽量避免发生这种情况。

原文

武王问太公曰：“战骑奈何？”

太公曰：“骑有十胜

译文

武王问太公说：“骑兵作战的方法应该怎样？”

太公回答说：“骑兵作战有十胜和九

九败[1]。”

武王曰：“十胜奈何？”

太公曰：“敌人始至，行阵未定，前后不属，陷其前骑，击其左右，敌人必走。敌人行阵整齐坚固，士卒欲斗，吾骑翼而勿去，或驰而往，或驰而来，其疾如风，其暴如雷，白昼而昏，数更旌旗，变易衣服，其军可克。敌人行阵不固，士卒不斗，薄其前后，猎[2]其左右，翼而击之，敌人必惧。敌人暮欲归舍，三军恐骇，翼其两旁，疾击其后，薄其垒口[3]，无使得入，敌人必败。敌人无险阻保固，深入长驱，绝其粮路，敌人必饥。地平而易，四面见敌，车骑陷之，敌人必乱。敌

败。”

武王问：“十胜是怎么回事？”

太公说：“敌人刚到，行列阵势还没有稳定，前后部队不相衔接，这时用骑兵攻破它先头骑兵部队，迂回夹击其两翼，敌人就必然溃逃。敌人行列整齐，阵势坚固，士卒急于求战，这时我军骑兵应夹击敌人两翼并且要死死缠住不放，一会儿奔驰过去，一会儿奔驰回来，迅捷有如飘风，凶猛有如雷霆，从白天一直打到黄昏，并多次更换旗帜，改穿衣服，[使敌疑惑惊恐，]这样敌军就可以被打败。敌军行列阵势不坚固，士卒缺乏斗志，这时用骑兵进逼敌人的正面和后方，突袭其左右两翼进行打击，敌人必定会震骇惊恐。敌人日暮想要返回营舍，三军心存恐惧，这时动用骑兵夹击其两翼，并迅速袭击它的断后部队，迫近其营垒的出入口，不让其进入营垒，这样敌人就一定会失败。敌人没有险阻地形可用来固守，这时动用骑兵深入长驱，截断敌军粮道，敌人就一定会陷于缺粮困境。敌军处于平坦地形，四面都容易遭到攻击，这时我军用战车和骑兵协同打击它，敌人必定全线溃乱。敌人败退奔逃，士卒零乱分散，这时用骑兵一边夹击敌军两翼，一边穿插分割敌军前

人奔走，士卒散乱，或翼其两旁，或掩其前后，其将可擒。敌人暮返，其兵甚众，其行阵必乱，令我骑十而为队[4]，百而为屯，车五而为聚，十而为群，多设旌旗，杂以强弩，或击其两旁，或绝其前后，敌将可虏。此骑之'十胜'也。"

后，敌军将帅就可以被擒获。敌军日暮返回营垒，部队人数很多，队形一定非常混乱，这时就让我军骑兵十人编为一队，百人编为一屯，战车五辆编为一聚，十辆编为一群，多多插竖旗帜，并配备一定数量的强弩，或者突击其两翼，或者断绝其前后，敌军的将领就可以被俘虏。以上这些，就是骑兵作战十种取胜的战机。"

注释

1 十胜九败：十胜，十种制胜的战机。原文只有八胜，疑有脱简。九败，九种致败的地形。

2 猎：此处指袭击。

3 垒口：营垒之入口。

4 队：与下文的"屯""聚""群"均为古代骑兵和战车部队的战斗编组。

原文

武王曰："九败奈何？"

太公曰："凡以骑陷敌，而不能破阵，敌人佯走，以车骑返击我后，此骑之败地也。追北逾险，长驱不止，敌人伏我两旁，又绝我后，此骑之围地也。往而无以

译文

武王又问："所谓九败又是怎么回事？"

太公说："凡是用骑兵攻击敌人而不能攻破敌阵，敌人假装逃跑，而用战车和骑兵攻打我后方，这就是骑兵作战上的败地。追击败逃之敌，翻越险隘，长驱深入而不停止，敌人埋

返，入而无以出，是谓陷于天井，顿于地穴[1]，此骑之死地也。所从入者隘，所从出者远，彼弱可以击我强，彼寡可以击我众，此骑之没地也。大涧深谷，翳茂林木，此骑之竭地[2]也。左右有水，前有大阜，后有高山，三军战于两水之间，敌居表里[3]，此骑之艰地[4]也。敌人绝我粮道，往而无以返，此骑之困地也。污下沮泽[5]，进退渐洳[6]，此骑之患地[7]也。左有深沟，右有坑阜[8]，高下如平地，进退诱敌，此骑之陷地[9]也。此九者，骑之死地也。明将之所以远避，暗将之所以陷败也。”

伏于我左右两旁，又断绝我的退路，这就是骑兵作战的围地。只可前往而不能退回，只可进入而无法出来，这叫作陷于天井之内，困在地穴之中，这就是骑兵作战上的死地。进军的道路险隘，退归的道路迂远，敌军可以以弱击强、以少击多的地区，这就是骑兵作战上的没地。大涧深谷，林木茂盛，这种地域，就是骑兵作战上的竭地。左右两边都有水泽，前面有大山，后面有高岭，三军在两水之间同敌人交战，敌人又控制了内外有利地形，这就是骑兵作战上的艰地。敌人截断我方粮道，我军只能前进而不能退回，这就是骑兵作战上的困地。低洼泥泞，沼泽遍布，进退困难重重，这就是骑兵作战上的患地。左有深沟，右有坎坷，高低不平可看上去却像是平地，无论进退都会招致敌人袭击，这就是骑兵作战上的陷地。以上这九种情况都是骑兵作战上的不利条件。这是明智的将帅所要竭力避开的困厄，也是愚昧的将帅之所以陷于失败的原因。”

注释

1 地穴：地之下陷者为地穴。

2 竭地：指会导致力量耗尽的地形。

3 表里：指内外有利之地形。

4 艰地：行动艰难的地形。

5 沮泽：水草所聚的地方。

6 渐洳：低湿泥泞的地带。

7 患地：灾难性的地形。

8 坑阜：喻地形凹凸不平。坑，凹陷地。阜，土山。

9 陷地：一经陷入即难以摆脱的地形。

战步第六十

导读

本篇系统而深入地论述了步兵同战车、骑兵作战的相关原则及其主要方法。作者指出“步贵知变动”，即步兵的特点是灵活性大，能够适应各种地形和战斗形式。步兵装备有各种长短兵器，攻守进退都比较机动灵活。但是步兵也存在着明显的不足与弱点，即其快速性不如骑兵，稳固性不如战车。因此，在同战车和骑兵交战时，步兵最好能依托险隘地形，扬己之长，避己之短，以抑敌之长，克敌之短。作者在篇中首先指出，步兵同战车、骑兵作战，必须依托丘陵险阻，占据有利地形。在兵力部署上，以长兵器、强弩在前，短兵器在后，轮番战斗。接着进一步论述了在无丘陵险阻地形可依托的情况下，步兵在同战车、骑兵交战之时，应该将部队布列成四武冲阵，并设置行马、蒺藜等障碍物，以阻碍敌军行动，再深挖壕沟，构筑防御工事，从而有效地抵挡敌军战车和骑兵的攻击。

原文

武王问太公曰："步兵车骑战奈何？"

太公曰："步兵与车骑战者，必依丘陵险阻，长兵强弩居前，短兵弱弩居后，更发更止。敌之车骑，虽众而至，坚阵疾战，材士强弩，以备我后。"

武王曰："吾无丘陵，又无险阻，敌人之至，既众且武，车骑翼我两旁，猎我前后，吾三军恐怖，乱败而走，为之奈何？"

太公曰："令我士卒为行马、木蒺藜，置牛马队伍，为四武冲阵。望敌车骑将来，均置蒺藜，掘地匝后[1]，广深五尺，名曰命笼[2]。人操行马进退，阑车以为垒，推而前后，立而为屯[3]。材士强弩，备我左右。然后令我三军，皆疾战而不解[4]。"

译文

武王问太公说："步兵与战车、骑兵作战的方法该怎样？"

太公回答说："步兵与敌人的战车、骑兵作战，必须依托丘陵、险阻等地形列阵，把长兵器和强弩配置在前面，把短兵器和弱弩配置在后面，轮流作战，更番休整。敌人的战车、骑兵即便是大批到达，我军也要坚守阵地，努力作战，并动用材士强弩，戒备守御后方。"

武王又问："我军既无丘陵，又没有险阻可以依托，敌军到达的兵力既众多又强大，敌人战车、骑兵夹击我两翼，突袭我前后，而我全军上下恐惧震骇，溃败逃跑，这该怎么办？"

太公回答说："命令我军士卒制作行马和木蒺藜，把牛、马集中在一起统一使用，步兵列成四武冲阵。望见敌军战车、骑兵将要来袭，就广泛布设蒺藜，并在周围挖掘环形的壕沟，宽和深各为五尺，这叫作命笼。步兵带着行马进退，并把车辆联结起来，组成临时性的营垒，推动它时即可前后移动，停止下来即可成为营寨。另以材士强弩戒备左右两翼，然后号令我全军上下勇猛战斗，不得有丝毫的松懈。"

武王曰："善哉！" 武王说："说得真好啊！"

注释

1 掘地匝后：指四周开掘壕沟。

2 命笼：指沟堑、障碍物等构筑而成的环形防御枢纽。

3 屯：军屯、营寨。

4 解：通"懈"，松懈、懈怠。

三略

三編

序 言

一、云笼雾罩：《三略》的来龙去脉

《三略》，又称《黄石公三略》，是中国古代的一部著名兵书，被列为《武经七书》之一。全书共分《上略》《中略》《下略》三卷，约三千八百余言。

关于《黄石公三略》的来历，也就是说它的作者和成书年代，历来都是一个谜，众说纷纭，莫衷一是，谓之云笼雾罩、龙潜豹隐实不为过。传世典籍的作者以及成书年代难以考实，乃是中国古籍流传中一个带共性的特点，《黄石公三略》的情况尤其如此。尽管这样，这个问题总归是绕不过去的，所以，要比较完整准确地向广大读者介绍《黄石公三略》一书，首先得从它的作者与成书年代谈起。

（一）《三略》是不是黄石公所著

《黄石公三略》，如果简单地顾名思义，其作者当为黄石公，《隋书·经籍志》就持这样的看法，认为《三略》作者是下邳神人："《黄石公三略》三卷，下邳神人撰。"而所谓的下邳神人，就是那位历史上名声显赫、曾授张良（子房）以兵书的黄石公。然而，问题并不像《隋书·经籍志》作者所理解和叙述的那么简单，黄石公是否拥有《三略》一书的著作权当大大地打上一个问号！这只要我们细读一下《史记·留侯世家》的有关记载便可以发现其中的疑窦了。

《留侯世家》叙录的关于黄石公传授张良兵书的基本经过大致如

下：秦王朝末年，政治暴虐，民怨沸腾，社会大动乱正在急剧酝酿之中。当时，出身于韩国贵族的张良，为了报亡国毁家之仇，不惜重金收买了一名刺客，企图在博浪沙击杀巡行途中的秦始皇，不料功亏一篑，刺客的大铁椎误中了秦始皇的副车，暗杀行动以失败告终。这就是宋末文天祥《正气歌》中所吟颂的“在秦张良椎”历史事件。张良行刺未遂，为朝廷所通缉，被迫隐姓埋名，流亡于下邳（今江苏邳州市）一带。

有一天，百无聊赖之中的张良信步来到下邳的一座桥上。这时，迎面走来了一位身穿粗布麻衣的老人。这老人到了张良跟前，一抬脚将自己的鞋子甩到桥底下，然后极不礼貌地对张良说：“小子，下去给我把鞋子捡上来！”张良愕然地看着老人，心里想这位老人也太不懂事理了，本不愿理睬他，可看到老人确实已经上了年纪，与他不宜作计较，于是强忍着怒气，下桥帮老人将鞋子给捡了上来。老人不但不道谢，反而得寸进尺，把脚一伸，又冲着张良说：“给我把鞋穿上！”张良闻言真是感到又可气，又可笑：从哪儿冒出个神经兮兮的老头子！但转而一想，既然已经把鞋捡上来了，那就好事做到底，干脆再替他穿上得了，于是又跪下身子给老人穿上了鞋子。老人一句话未说，扬长而去。张良很吃惊，呆呆地站在原地目送老人远去。没过一会儿，老人又返了回来，对张良说：“小子，看来你还是可以教育培养的！五天之后天亮时分，仍然到这个地方来见我。”张良意识到这位老人并非寻常人物，便跪下恭敬地回答道：“是。”

五天后天亮时，张良如约来到桥上，老人已经先到那里了。他一见张良，便怒气冲冲地说：“约好了与我老头子见面，却迟到了，这像话吗？”说完扭头便走，并扔下一句话：“五天后早点来！”五天之后，鸡刚报晓，张良就提前赶到了桥上，岂料又是老人先期抵达。老人恼怒地说：“你又落在我后面，这是什么道理？五天后再早点来。”又过了五天，这次张良学乖了，还未到半夜，便来到了桥头等候老人。过了一会儿，老人也来了。他见张良比自己先到，高兴地说："这一回你小子做对了！"于是从衣袖中拿出一部书，交给张良，说道："读了这部书，你就可以成为帝王的老师。再过十年，你一定会功成名就。十三年后，你我将在济北见面，谷城山下的黄石，那就是我。"说完老人便走了，从此再也没有在世上出现过。

天亮之后，张良返回潜居之所，打开那部书一看，原来是一部兵书，名叫《太公兵法》。张良很珍视这部兵学奇书，时常诵读体会，韬略水平日渐提高，后来果真辅佐刘邦推翻秦朝，翦灭项羽，成就了一代帝业。十三年后，张良跟随刘邦途经济北，果然在谷城山下找到了黄石，于是将黄石郑重取回，恭恭敬敬地供奉起来。他去世前夕，又遗命家人一定要把黄石与自己一起下葬。其家人依言而行，每逢祭祀时，连同黄石也一起祭祀。后来，人们就把那位不知姓名、来历蹊跷的授书老人，尊称为黄石公。

根据《史记》的这段记载，张良从黄石公处得到的兵书，当为《太公兵法》，而不是《三略》。《太公兵法》，即托名西周开国功臣姜太公撰著的兵法。由于姜太公是中国历史上第一位以韬略而著名的军事家，因此后人普遍热衷于将自己撰写的兵书假托姜太公之名，以行于世，"后世之言兵及周之阴权，皆宗太公为本谋"(《史记·齐太公世家》)。于是自先秦至秦汉，乃至隋唐，社会上流传着为数不少、名目各异但同属《太公兵法》系列的兵学著作，如《汉书·艺文志·诸子略》"儒家类"与"道家类"分别著录的《周史六弢》六篇、《太公》二百七十三篇，《李卫公问对》所提及的《太公·谋》八十一篇、《太公·言》七十一篇、《太公·兵》八十五篇等。另外还包括流传至今，被列为《武经七书》之一的《六韬》。甚至古代王者《司马法》，按《李卫公问对》作者的观点，也属于《太公兵法》系列的兵学著作，

“周《司马法》，本太公者也”。

所以，现在问题的关键在于《三略》是否同属于《太公兵法》系列的兵书。如果答案是肯定的，则《隋书·经籍志》称黄石公授给张良的是《三略》，《史记·留侯世家》称黄石公授给张良的是《太公兵法》，其实质是一样的，两说之间并无根本的矛盾，仅仅是一为专称，一为泛指。反之，则两者之间显然互相抵牾，矛盾丛生，黄石公实非《三略》的作者。

按照《李卫公问对》作者的观点，《三略》如同《六韬》一样，同属于《太公兵法》系列的兵书：“张良所学，太公《六韬》《三略》是也。”宋代施子美在其《三略讲义》中进一步做出说明：“《六韬》《三略》，本《太公兵法》，而谓之《黄石公三略》者，按前汉张子房受书之事，老人指谷城山下黄石以为己，而其所授之书，乃《太公兵法》，后世因而谓之《黄石公三略》，亦如《诗》本夫子所删也，后世谓之《毛诗》，以其出于毛苌之所训也。《黄石公三略》，其此意欤？”

将《三略》视为《太公兵法》系列的一种兵书，这在某种程度上的确能够解决《史记》与《隋书》记载上的歧异。然而，若进一步考虑，还有一个问题需要解释，即为何同为黄石公所授之《太公兵法》，《三略》被后人冠上了《黄石公三略》之称，而《六韬》却没有人称其为《黄石公六韬》呢？

施子美对此做了回避，明代刘寅觉得这个问题绕不过去，于是在其《三略直解》中提出了自己的假设：《三略》属于《太公兵法》系列，但《三略》可能经过了黄石公的推演，故被后人冠以《黄石公三略》的名称。刘寅的具体分析是：“按《汉书·艺文志》云，张良、韩信序次兵法，凡百八十二家，删取要用，定著三十五家，并不言有《三略》；汉成帝时任宏论次兵书，分权谋、形势、阴阳、技巧四种，共五十三家，而《三略》亦不载焉。史称张良少匿下邳，与父老遇于

把桥，出书一编，曰：‘读此书则为王者师。’遂去，旦日视之，乃《太公兵法》也。《通鉴纲目》亦曰：张良与沛公遇于留，良数以《太公兵法》说沛公，公善用之，常用其策。与他人言，辄不省。良曰：‘沛公殆天授。’遂不去。《正义》云《太公兵法》一帙三卷。唐李靖亦云：张良所学，太公《六韬》《三略》是也。然则《三略》本太公书，而黄石公或推演之以授子房，所以兵家者流，至今因以为黄石公书也。”

刘寅这个假设从表面上看，是可以自圆其说的，故获得不少学者的首肯，如张居正就接受了这一观点，并进一步认为，黄石公所推演的，主要是《下略》：“《三略》，本太公书，黄石公推演之以授子房……其言本道德而不用阴谋诡计。《上略》所引皆曰《军谶》，《中略》皆曰《军势》，《下略》独无所引，而自言也。”清代朱墉在《三略汇解》中的见解，大致上也与张居正的上述看法一致。

然而，遗憾的是这个判断并没有得到有力史料的佐证，在这种情况下，要比较可信地判定《三略》的作者及其成书年代，最根本的途径，乃是具体分析《三略》本身的内容，把握其文字内容、思想意蕴所反映的时代特征。

对《三略》本身内容进行细致的分析后，我们可以发现，《三略》不可能是秦汉以前的作品。第一，《三略》带有明显的大一统兵学的特点，它着重关注和探讨的是“安天下”“治天下”的原则和方法，它更多地体现的是治军、御将的目的与手段，而不再把重点置于作战指导原则的阐发，这都表明它是国家统一背景下的军事理论总结，而不是战乱或实现统一过程中的兵学思想建树。总之，它是政兵书而非纯兵书。第二，基于大一统兵学的根本属性，《三略》的许多具体原则都表现出安邦治国的价值取向。如强调“释远谋近”以维护和巩固国家的统一，又如将“夺其威，废其权”作为君主处理与将帅关系的基本准则，也与孙子及《六韬》所提倡的“君命有所不受”观点迥异其趣。

第三,《三略》虽然突出体现了大一统兵学的特点，但这种大一统是汉以后内圣外王、“霸、王道杂之”式的大一统，而并非专尚武力、以法家为唯一指导思想的秦王朝式大一统。第四，从文献记载的蛛丝马迹看,《三略》的成书年代也略晚于战国末年成书的《六韬》一书。《六韬》在战国后期即有记载，当时的庄周曾见过《金版》《六弢》，西汉的《淮南子·精神训》则明确提到《豹韬》，高诱注说:“《金縢》《豹韬》，周公、太公阴谋图王之书也。”而《三略》见于著录的时间则要晚得多，其名最早出现于东汉末年陈琳所作的《武军赋》，而其有案可稽的文字内容引用，最早也是在东汉初年（详见《后汉书·臧宫传》)。这也从一个侧面说明《三略》成书晚于《六韬》，黄石公本人似不是《三略》的作者。

其实,《三略》成书于秦汉之后，历史上早已有人指出。如明代的王守仁（阳明）在其手批《武经七书》中，即论定《三略》不是秦汉以前之书，当为后人伪托:“旧题黄石公撰，即圯上老人授张良者。文义不古，非秦汉以前书，疑为后人伪托。”清代永瑢总纂的《四库全书总目提要》也持同样的观点。当代学者持相似观点的更为普遍。许保林《黄石公三略浅说》、张文才《中国兵书十大名典·黄石公三略·前言》、宫玉振《白话三略·前言》，对这个问题均进行了详细的分析，不约而同认定《三略》成书不可能早于秦汉，黄石公并非《三略》的作者，有兴趣的读者朋友不妨一读，以作参考。

（二）《三略》究竟成书于什么时候

《黄石公三略》作者究竟是谁？它究竟成书于何时？关于第一个问题，既然已基本排除了黄石公撰著的可能性，那么在缺乏充分材料来考定具体作者的情况下，大可缺而不论。众所周知，秦汉以降，人们依托前代名人撰文作著的现象十分普遍，例如战国时期流行的黄帝之书，魏晋时期伪托列子所著的《列子》等，都反映了这样的风气，反而使真正作者的姓名湮没无闻。《黄石公三略》作者的情况当与此类同，所以在今天我们大可不必在这个问题上花费太多的功夫。比较适宜的做法，是将《黄石公三略》的作者视为深富韬略、神龙见首不见尾的隐逸高士。

但是，关于《三略》成书年代，我们似有必要做进一步的考定，因为这对于我们从军事文化发展长河考察《三略》的特色和价值，深刻认识中国传统兵学嬗递之轨迹与一般规律实有裨益，而且也有利于我们更好地把握《三略》的兵学地位。从这层意义上说，我们在这里还要费些笔墨，谈谈《三略》的成书年代问题。

学术界在《三略》成书年代问题上的最普遍观点，是认为其书大致成书于西汉末年。但也有少数学者论证其成书于东汉时期。虽说两说在时间界定上稍有先后，但是并无太大的分歧。因为，一是都将《三略》视为两汉时期的作品，时差至多不过两百年，这在古书年代学上并非什么严重问题。就古书成书一般规律而言，古书通常不成于一时一人之手，而往往有一个从雏形到定稿乃至流传的较长过程（参见余嘉锡《古书通例·案著录第一》）。这样，无论将《三略》看成是西汉的作品抑或东汉的著述，均无大碍。二是就《三略》本身内容来看，不论是将其认定为西汉之作，还是将其认定为东汉之作，都有各自的道理，都能说得通。

当然，若有办法能更明晰地确定《三略》的成书年代，自是佳事。笔者的基本观点，是认为《三略》当为东汉后期的兵学著作。以下略述主要理由：

一般而言，考定古书成书的确切年代，必须观照的重要因素不外乎历代典籍的著录以及文字引用，其书本身的主体思想倾向、主要内容以及文字风格、著作体例等。而就这些方面来看，我认为，将《三略》的成书年代确定在东汉晚期较为合理。

首先，从文献著录所透露的信息看，《黄石公三略》成书当在东汉末年。《汉书·艺文志·兵书略序》云："汉兴，张良、韩信序次兵法，凡百八十二家，删取要用，定著三十五家。"然而《汉书·艺文志》并没有著录《黄石公三略》。这说明迄至东汉中期班固时，其书尚未定型与面世。

现存史料表明，《三略》之名最早见于汉魏之际。东汉末年文学家、"建安七子"之一的陈琳在其《武军赋》中始有"《三略》《六韬》之术"的说法（原文见严可均辑《全上古三代秦汉三国六朝文》卷九《全后汉文》）；三国魏明帝阁阳侯李康《运命论》复称："张良受黄石之符，诵《三略》之说，以游于群雄"（《全上古三代秦汉三国六朝文》卷四十三《全三国文》）。这说明《三略》是在东汉末年才开始流传于世的，它的成书当基本与此同步。

至于其书全称《黄石公三略》则要更晚一些，始见于北齐史学家魏收所著的《魏书·刘昞传》，其称北魏著名学者刘昞曾"注《周易》《韩子》《人物志》《黄石公三略》，并行于世"。此处有个细微之处值得注意，即魏收对刘昞所注四部书的排列次序基本上是按时代顺序列举的，刘劭《人物志》亦成书于汉魏之际，故与《黄石公三略》相属，这从一个侧面佐证了《三略》真正成书当在东汉末年。而其为正史所正式著录则始于唐代著名政治家魏徵等人所撰的《隋书·经籍志三》，其后，历代正史"艺文志""经籍志"及公私目录书均有著录。由此可见，从文献著录角度考察，《三略》成书于东汉末年。

当然，古籍成书是一个漫长复杂的过程，考定《三略》成书于东汉末年，并不意味着其书雏形在东汉初年不曾存在，这方面比较有力的证据是范晔《后汉书·臧宫传》中的一段记载：建武二十七年，朗陵侯臧宫与杨虚侯马武联名上书，请求朝廷发兵出击匈奴。光武帝刘秀对此进行了批复，其中引录了《黄石公记》之文作为重要依据："诏

报曰:《黄石公记》曰：柔能制刚，弱能制强。柔者，德也；刚者，贼也。弱者仁之助也，强者怨之归也。故曰：有德之君，以所乐乐人；无德之君，以所乐乐身。乐人者其乐长，乐身者不久而亡。舍近谋远者，劳而无功；舍远谋近者，逸而有终。逸政多忠臣，劳政多乱人。故曰：务广地者荒，务广德者强。有其有者安，贪人有者残。残灭之政，虽成必败。今国无善政，灾变不息，百姓惊慌，人不自保，而复欲远事边外乎？”

光武帝“诏报”中称引的这段《黄石公记》文字，多近于今本《黄石公三略》(《上略》与《下略》皆有类似的内容，只是在具体文字上略有出入)。但是，究竟应该怎样看待这一点，我与“西汉说”者见解不同。我不赞同《黄石公记》与《黄石公三略》是同一部书的不同名字的说法，而认为这恰好表明《三略》从酝酿到最终成书乃有一个漫长的过程，《黄石公记》充其量为《三略》之雏形，而决非《三略》本身，这是合乎古籍成书的一般规律的。总之，《后汉书·臧宫传》虽引录了《黄石公记》文字，但这并不能作为《三略》成书于西汉的充足证据。

其次，也是更为重要的，是《三略》本身内容反映出它的成书年代只能是在东汉末年。这种“内证”较之于文献著录等“外证”“旁证”往往显得更有说服力。

很显然，阅读《三略》并考证其成书年代，有两个关键性问题不能不引起我们的注意。一是要充分考虑《三略》兵学体系中的黄老思想主导特征；二是要高度重视《三略·中略》所做的提示：“是故《三略》为衰世作。”而完全符合黄老思潮盛行与衰世这两个基本条件的，综观两汉时期，只有东汉末年这一特定历史阶段。

考察《三略》全书，其内容杂采儒家的仁、义、礼、信，法家的权、术、势，墨家的尚贤、尚同，道家的贵柔守雌，阴阳家的贵因甚至谶纬等诸家学说，而以“因阴阳之大顺，采儒墨之善，撮名法之要”为特点的黄老思想为全书立论的基础，具有鲜明的思想特色。正如有学者所指出的那样，“从哲学属性上来说，《三略》属于典型的黄老兵学体系”。关于这一点，我在以下章节中将进行具体分析阐述，兹不展开论说。

《三略》既然以黄老思想为主导，那么它的问世，必然是在黄老思想成为社会主导思潮的特定历史阶段。而在两汉时期，这种情况只出现于西汉初年和汉魏之际。西汉初年，汉文帝、汉景帝以及窦太后等最高统治者，均尊奉黄老之学，所谓“孝文帝本好刑名之言，及至孝景，不任儒者，而窦太后又好黄老之术”(《史记·儒林列传》)。在统治者的提倡下，当时崇尚黄老之学的士人与处士亦不在少数。文帝时有一位王生，其“善为黄老言，处士也”(《史记·张释之冯唐列传》)。有长安卜者司马季主，“通《易经》，术黄帝、老子，博闻远见”(《史记·日者列传》)。景帝时有个黄生，也是位黄老学者。另外还有位田叔，也曾“学黄老术于乐巨公所”(《史记·田叔列传》)。社会上人们对黄老之学的热衷与倾慕，势必会在学术领域中得到体现，故陆贾强调“夫道莫大于无为”(《新语·无为》)；贾谊认为“忧喜聚门兮，吉凶同域”“合散消息兮，安有常则；千变万化兮，未始有极”(《鹏鸟赋》)；司马谈盛赞黄老之学“与时迁移，应物变化，立俗施事，无所不宜。指约而易操，事少而功多”(《论六家要指》)。而在典籍方面，则出现了以黄老思想为主体内容的不少著述，如著名的《淮南子》。这种现象，一直到汉武帝采纳董仲舒建议“罢黜百家，独尊儒术”之后，才基本得以改观，黄老之学渐渐退出历史舞台的中心位置，让位于儒学，转化为思想界的潜流。

不过，《黄石公三略》显然不可能产生于西汉初年，因为当时虽说是大乱之后，百废待兴，但毕竟不是“王泽竭”的“衰世”，与《三略》所称的“政不正则道不通，道不通则邪臣胜，邪臣胜则主威伤”(《下略》) 景况风马牛不相及。

所以其成书于西汉初年的假设基本上可以被排除。

倘若以东汉末年的状况来观照《三略》成书，则诸多问题就可迎刃而解，成书年代能够基本确定。一是当时完全符合“衰世”的时代特征。这表现为皇权衰落，吏治腐败，政治黑暗，外戚与宦竖交替擅权，豪强横行，边患迭至，儒林异化，大一统政治格局面临严重危机。以致有识之士对政局深感绝望，愤然浩叹：“嗟乎！不知来世圣人救此之道，将何用也？又不知天若穷此之数，欲何至邪？”(《后汉书·王充王符仲长统列传》) 这样的世道，的的确确属于《三略》所指称的“衰世”，也是与其书所述的“夫命失则令不行，令不行则政不正”的情况相一致的。

二是东汉末年是黄老思想从儒学阴影中走出来，在思想界重新崛起的重要阶段。儒学自西汉中叶占据思想界统治地位后，经过漫长的凝固与僵化过程，至东汉后期，已沦落为近乎宗教神学的理论体系，它将大量的谶纬援引入自己的思想体系，使自己在形式上与内容上都呈现出令人无法忍受的荒诞怪异特征，严重桎梏了儒学继续发展的活力和生机，在经学形式上，遭到了古文经学的挑战；而在思想体系方面，又遇上部分具有独立人格的思想家（王符、仲长统、崔寔等）的反思和批判。这一切均表明儒学在东汉末年已开始走上末路。而儒学的中衰，势必导致其他思想流派——如黄老之学、法家学说遂渐渐摆脱长期以来所遭受的压抑，再度活跃于当时的思想领域。换言之，当时诸子百家之学（尤其是黄老之学）重新风靡于世乃是不争的事实。如著名学者蔡邕在《释诲》中津津乐道：“心恬淡于守高，意无为于持盈，粲乎煌煌，莫非华荣；明哲泊焉，不失所宁”(《后汉书·蔡邕列传》)；又如仲长统亦汲汲追慕出世的欢乐：“安神闺房，思老氏之玄虚；呼吸精和，求至人之仿佛……逍遥一世之上，睥睨天地之间。不受当时之责，永保性命之期。如是，则可以陵霄汉，出宇宙之外矣。岂羡夫入帝王之门哉！”(《后汉书·王充王符仲长统列传》)

正是在这样的社会思潮之下，《三略》的作者才会把思想旨趣归结于“尚柔”“守微”之上，“莫不贪强，鲜能守微。若能守微，乃保其生”(《上略》)。由此可见，《三略》主导思想之确立乃是东汉末年黄老之学再兴之产物，它只能成书于东汉末年，换言之，即当时儒学一统格局遭到冲击、黄老之学等诸子百家学说重新抬头之学术大趋势在兵学领域中的客观反映。

二、兼容博采：《三略》的思想特色

《黄石公三略》作为产生于东汉末年的一部重要兵书，自有其鲜明的思想特色，集中反映了当时社会思潮的总体面貌，在一定程度上体现出中国古代兵学演变递嬗的基本轨迹。这个思想特色，扼要地概括起来，就是其书的理论体系，乃是以道家思想为基础，在此基础上兼蓄博采儒家、法家、墨家、阴阳家众家之说，使之浑然地结合在一起，从而形成独具特色的兵学体系。

（一）先秦至两汉的学术兼容综合趋势

要认识《黄石公三略》兵学体系兼容博采的鲜明特色，就必须穷本溯源，先从了解先秦至两汉学术思潮演变大势入手。道理很浅显，《黄石公三略》思想特色的形成，不是孤立的历史现象，而是整个社会思潮嬗变长期作用于兵学领域的自然结果，换言之，即社会思潮整合大势在兵学著作撰著上的必然反映。

考察历史，我们可以发现，在先秦诸子之间，存在着一种学术思想在对峙冲突中逐渐走向兼容互补的倾向。这一是表现为诸子各家对不同学派的抨击和攻讦；一是表现为诸子在自己的学说中，或多或少或明或暗地汲取其他学派的某些思想，来丰富和完善自己的体系。前者，体现了诸子间的对立和冲突，反映出其“异质”的一面。正是由于这种“异”的存在，诸子各家间就有了“交流”的必要性。后者，则体现了诸子间的内在联系与贯通，反映出其“同质”的一面。恰恰是这种“同”的现实基础，又给学术思想的“交流”提供了可能性。前者是占据主导的，后者则是处于从属地位的。因此，这种学术思想的兼容，乃是对峙基本前提下的融会。对峙，决定了各学派之间的特有的基本面貌；兼容，各学派才能不断地丰富和发展自己。这一学术思潮嬗变的大趋势，决定了包括兵家在内的诸子学说同样有一个由“异”趋“同”的历史过程。

一般地说，在战国中期之前，诸子学术思想的对峙性尤其显得突出。当时诸子间，对于吸收自己对立面的有用东西来丰富充实自身的认识，还是相当模糊的，而往往以决绝的态度来对待其他学派，将排斥他说、攻击异端引为己任。孔子曾明确主张：“攻乎异端，斯害也已。”(《论语·为政》) 这个“异端”，按杨伯峻先生的理解，当为“不正确的议论”(见《论语译注》)，也可引申为不同的学说。孔子所谓的“攻”者，实际上便是要排斥、反对不同观点的存在。孟子之排斥异端，尤为众所周知：“杨墨之道不息，孔子之道不著，是邪说诬民，充塞仁义也……我亦欲正人心，息邪说，距诐行，放淫辞。”(《孟子·滕文公下》) 墨家、法家、道家等学派同样也致力于“攻乎异端”，如墨家曾假借晏婴之口极力贬斥儒家：“博学不可使议世，劳思不可以补民，累寿不能尽其学，当年不能行其礼，积财不能赡其乐……其道不可以期世，其学不可以导众。”(《墨子·非儒下》) 在这种社会思潮下，当时兵家对于吸收其他诸子思想内涵的认识，同样不能不受到严重的局限。这一点可以从春秋末年的《孙子兵法》中看得很清楚。它虽然也提出了“道者，令民与上同意”“上下同欲者胜”等观点，但更多的却是从军事学本身的角度立论，并没有兵学政治伦理化现象的存在。

然而，随着时代的发展，不同思想之间交流的增强，先秦某些思想家开始考虑如何在保持自己思想主体性，肯定自己思想正确性这一前提下，借鉴和汲取其他学派的某些思想内容，来丰富和发展自己的学说。《荀子》《庄子》以及《吕氏春秋》等对此均有比较集中的反映。他们一方面继续在那里尖锐抨击除自己学说之外的其他学说，“天下之人各为其所欲焉以自为方。悲夫，百家往而不反，必不合矣”(《庄子·天下》)，另一方面也或多或少地承认和肯定不同学派具有某些合理内涵。如《荀子·解蔽》在批评诸家弊端的同时，也指出“此数具者，皆道之一隅也”；又如《庄子·天下》也认为“百家众技也，皆有所长，时有所用”。

与这种认识相适应，自战国中晚期起，学术思想也出现了重新整合与融会的崭新气象。这在儒家，是出现了汲取法家之说而集儒学之大成的《荀子》；在法家，是出现了引入君主南面之术等道家要义，并充分汲取儒家纲常名理原则、墨家尚同思想，综合前期法家法、术、势三派之长的《韩非子》；在道家，是出现了立足于老子思想的主体性，同时兼容并取诸子百家之长的黄老学派；在兵家，是出现了体系完备、兵学政治伦理化倾向突出、以综合贯通为显著特色的《六韬》。至于以《吕氏春秋》为代表的杂家学派的形成，更标志着诸子学说兼容合流历史趋势的强化。

进入两汉以后，这种思想学说的兼容综合趋势仍然没有中断，而是在新的历史条件下得到了进一步发展与深化。汉初黄老之学的情况姑且不论，就是经“罢黜百家，独尊儒术”之后，由统治者钦定的正统思想——以董仲舒为代表的两汉新儒学，又何尝不是思想整合、学术兼容背景下的产物？考察董仲舒的新儒学理论，我们可以明显地看到，它是以儒学基本原则为基础，并在儒学中心思想指导下展开学术借鉴和融会的，即将道家的长处“知秉要执本，清虚以自守，卑弱以自持”，阴阳家的长处“敬顺昊天，历象日月星辰，敬授民时”，法家的长处“信赏必罚，以辅礼制”，墨家的长处“强本节用，则人给家足”统统地吸收了过来，将它们与儒家固有的政治思想和哲学观念相结合，建立起新的儒学形态。这样，就使得董仲舒新儒学无论在理论框架的构建方面，还是在具体政治思想的设计方面，都呈现出宏大开阔的兼容并收的重要特色。可见，董仲舒所谓的“独尊儒术”，是汲取了众家之长基础上的“独尊”，而所谓的“罢黜百家”，也是百家之长被取走前提下的“罢黜”，学术兼融在新儒学形成过程中的表现不可忽略。

到了东汉末年，思想整合、学术兼容的文化现象更因儒学正统地位动摇、诸子百家之学复炽，而表现出十分强劲的势头。当时比较著名的思想家，如张衡、崔寔、王符、仲长统之辈，均是集儒、道、法诸家精华于自己思想体系的代表人物。他们既主张“变通”，强调法制，“今既不能纯法八代，故宜参以霸政，则宜重赏深罚以御之，明著法术以检之”(《后汉书・崔骃列传》)，鼓吹“以诛止杀，以刑御残”(《潜夫论・衰制》)；也提倡“礼乐”，讴歌“德化”，“是以圣帝明王，皆敦德化而薄威刑”，以“和德气以化民心，正表仪以率群下，躬道德而敦慈爱，美教训而崇仁义”(《潜夫论・德化》) 为安治天下的上乘境界；同时还迷恋于道家的雅致，“数极自然变化，非是故相反驳。德政不能救世溷乱，赏罚岂足惩时清浊”(《后汉书・文苑列传》)。所有这一切，正是思想整合、学术兼容在当时进入新的阶段的具体标志。

战国至两汉时期的学术兼容趋势，对于中国古代兵学的发展是有极其重大影响的。其中最突出的影响之一，是以儒、墨、道、法为代表的自然观念和政治伦理哲学渗透并规范兵学的理论构建与价值取向，使当时的兵书不再单纯以军事而言军事，而往往是将军事、政治、文化、经济融会在一起，加以通盘阐述。换句话说，兵书已越出单纯军事的樊篱，趋于综合化和泛政治伦理化了。这一点在战国成书的兵学著作（如《尉缭子》《吴子》《六韬》）以及战国、两汉有关论兵之作（如《管子》《吕氏春秋》有关篇章、《淮南子·兵略训》）中均有显著的体现。而且越到后来，这种兵学综合化与泛政治伦理化的倾向也越是明显。

《黄石公三略》作为东汉末年成书的兵学著作，其学术旨趣自然要真实反映整个社会文化思潮的大趋势。无论是溯源报本——承接战国末年与西汉初期的黄老兵学之绪，抑或是尚时验今——体现东汉后期的学术兼容、思想整合文化现象，它都不能不以学术融合、政治伦理占主导的面目出现，都不能不重重地在自己身上打上整个社会文化思潮的烙印。

（二）《三略》博采众长的思想特征

《黄石公三略》属于典型的黄老兵学体系，要了解它的思想特征，自然应该从黄老之学的基本情况说起。

所谓黄老之学，是战国中晚期勃兴，西汉前期盛行的重要思想流派。从本质上来讲，它仍然属于道家的范畴，即立足于老子思想的主体性，继承先秦道家的“道”论思想，同时扬弃先秦道家的消极倾向，将消极的“无为”理论转换为积极的“无为”理论，并取诸子百家之长，丰富和发展老子所创立的道家学说体系，从而形成了“兼儒墨，合名法”“讲论道德，总统仁义”的新的道家理论。其主要特征是“以虚无为本，以因循为用”，汲汲追求“与时迁移，应物变化”的境界；而其宗旨则有明确的功利性，即“立俗施事，无所不宜，指约而易操，事少而功多”（《论六家要指》）。

这一特征，决定了黄老兵学体系必然善于汲取他家之长，来丰富和充实自己的理论内涵。这一点早在战国后期的黄老兵学之作中就有显著的体现。

这表现为，它们在战争观念方面，是既反对战争，有比较浓厚的“非战”倾向，“夫怒者，逆德也；兵者，凶器也；争者，人之所乱也。阴谋逆德，好用凶器，治人之乱，逆之至也”(《文子·下德》)；同时又认为战争由来已久，不可避免，在一定条件下可以运用战争的手段来达到一定的政治目的：“教人以道，导之以德而不听，即临之以威武；临之不从，则制之以兵革”(《文子·上义》)，“夫作争者凶，不争亦无以成功”(《十大经·姓争》)。提出了“人道先兵”的重要命题。表现在战争指导方面，它们主张修明政治，争取人和，以赢得广大民众对战争的拥护和支持：“兵之胜也，顺之于道，合之于人”(《鹖冠子·兵政》)，“举事以为人者，众助之；以自为者，众去之。众之所助，虽弱必强；众之所去，虽大必亡”(《文子·上义》)。提倡发展生产，增强实力，富国强兵，为夺取战争胜利创造充足的物质条件：“人之本在地，地之本在宜，宜之生在时，时之用在民，民之用在力，力之用在节……赋敛有度则民富，民富则有耻，有耻则号令成俗而刑罚不犯，号令成俗而刑罚不犯则守固战胜之道”(《经法·君正》)。表现在作战指导原则方面，它们在继承和发扬《老子》柔弱胜刚强思想，推崇贵守雌节、后发制人战略战术方针的同时，主张重视“庙算”，以谋胜敌：“庙战者帝，神化者王。庙战者法天道，神化者明四时”(《鹖冠子·自然》)。由此可知，战国黄老兵学显然已开始大量汲取其他学派军事思想的长处，体现了多元综合的文化特征，从而使道家军事思想发展到一个新的阶段，同时也为包括《黄石公三略》在内的后世黄老兵学兼容博采众家之长，更好地实现理论体系上的多元综合，奠定了坚实的基础。

《黄石公三略》成书于东汉末年，因此，它在汲取众家学说之长，进行多元综合方面，无疑要较战国后期黄老兵学综合融贯他家学说的能力更为突出、技巧更为娴熟、结构更为完善、效果更为显著。师古而不泥古，源于以往的黄老兵学，又高于以往的黄老兵学。

《黄石公三略》对诸子之学的兼容博采，首先表现为对道家学说的充分汲取。《三略》既以黄老为归旨，这自然要把汲取融会道家学说放在首位，作为构筑自己整个兵学体系的灵魂和思想纽带。所以，尽管全书中直接引用道家的语言并不很多，但是道家的精神却像一条红线贯穿于全部文字，像充沛气流笼罩在所有论述之上。简单地说，《三略》对道家学说的汲取，集中反映在两个方面。一是将《老子》的理论基础——“道”“德”，置于最高层次，统辖一切；二是高明地阐说道家柔弱胜刚强原则，使之成为治国安邦、统军作战诸多要务的根本出发点。

据任继愈《老子新译·绪论》的统计，“道”在《老子》五千言中共出现过七十四次，它既是先天就有的客观实在，又是事物运动变化的基本动因和一般规律，与“德”一起，构成道家哲学思想的理论基础。因此，《老子》一书通常为人们称作《道德经》。《黄石公三略》采摘老子的“道”说，把它胪列为“道德仁义礼，五者一体”(《下略》)之首，连同老子的“德”说与儒家仁、义、礼融为一体，作为全书论述实施治国御军战略的根本条件，这充分表明《三略》的作者是十分注重道家学说对自己兵学体系的精神领导地位的。

“柔弱胜刚强”“贵柔守雌”是道家的根本策略原则，是对待和处理万事万物的基本方法，《三略》对道家学说的汲取，自然会把它作为博采和运用的重中之重，奉之为圭臬，尊之为神明。因此，《上略》开头部分就明确提出“‘柔能制刚，弱能制强。’柔者，德也；刚者，贼也。弱者人之所助，强者怨之所攻”，从而通过对“刚柔”这一范畴的分析和阐述，申明“以柔克刚”“以弱制强”的根本原则，为全书确立了“尚柔”“守雌”的谋略起点。同时，这也是和东汉统治者所推行的“以柔道理天下”的政治基调相同步的。

《三略》对道家学说的汲取，还表现在它对战争问题的论述。很显然它对战争的看法同正统道家一样，持保留的态度，也认为战争是“凶器”，是不得已而用之：“夫兵者，不祥之器，天道恶之，不得已而用之，是天道也。夫人之在道，若鱼之在水，得水而生，失水而死。故君子者常畏惧而不敢失道。”(《下略》) 这一观点，显然是道家战争观的翻版，其文字内容，直接取自于《老子》第三十一章。

道家已初步认识到一切事物都存在着对立着的两个方面，彼此是既相互依存（“长短相形，高下相倾”)，又相互转化（“祸兮福之所倚，福兮祸之所伏”）的辩证关系。道家这种朴素辩证法思想，也为《黄石公三略》所借鉴和汲取。它按照事物对立统一的本质属性，提出了一系列重要的范畴，如“士与民”“将与众”“德与威”“仁与法”以及“柔与刚”“弱与强”等，指出其均处于既相互依存，又相互转化的对立统一之中。如，在论述“士与民”两者关系时，《三略》认为贤士是国家的骨干，民众是国家的根本，二者相互依存而不可或缺，君主在治国御军的实践中，只有“得其干，收其本”，才能取得“政行而无怨”(《上略》) 的效果。又如，在对“将与众”两者关系的论述中，《三略》指出“夫统军持势者，将也；制胜破敌者，众也”(《上略》)，强调将帅与士兵相互依存，在对敌斗争中缺一不可。

然而，《黄石公三略》对道家学说的汲取并不是简单的沿袭，而是有丰富和发展的。关于“刚柔”范畴的阐说，就比较突出地体现了《三略》对道家朴素辩证法思想的丰富。

在《老子》中，柔弱、虚静的一面占据着绝对主导的地位，刚强、动躁完全属于被否定的对象，即所谓“坚强者死之徒，柔弱者生之徒”(《老子》七十六章)，这反映在作战指导上，就是无原则、无保留地推崇后发制人、以退为进，“舍其后，且先，则必死矣”(《老子》六十七章)，“吾不敢为主而为客，不敢进寸而退尺”(《老子》六十九章)。这样，就把“刚柔”关系凝固消极化了，实际上陷入了形而上学的困境。

而《黄石公三略》有关“刚柔”范畴的论述却要辩证深刻得多了。它一方面充分肯定“柔弱”在这一范畴中的主导性，但同时并不完全抹煞“刚强”的辅助作用，认为“刚柔”“强弱”相互依存，认为其在实施治国御军总战略中，是不可或缺的，“柔有所设，刚有所施，弱有所用，强有所加”(《上略》)。为此，《黄石公三略》强调指出，必须“兼此四者而制其宜”，认为只有做到“能柔能刚”“能弱能强”，国家才能光明昌盛；否则，“纯柔纯弱，其国必削；纯刚纯强，其国必亡”(《上略》)。显然这是合乎世间万物发展的辩证道理的。正因为《三略》能够较深刻地认识到对立的事物既相互依存又相互转化这一矛盾的规律性，因而在一定程度上避免了《老子》认识上的片面性和形而上学，而这恰恰正是《三略》的兵学造诣在某些方面能够超越前人的重要原因所在。

《黄石公三略》对诸子之学的兼容博采，其次表现为对儒家学说的大量汲取。儒学自西汉中叶起成为整个社会的统治思想，东汉末年，它虽然遭到一定的冲击，但是其正统的地位并未受到根本性的动摇，依然在思想界占据主流位置。因此，当时成书的《黄石公三略》，汲取儒家基本理论，以构建其多元一体的兵学体系，乃是十分正常的现象。

儒家学说的基本精神是讲究“仁义”，提倡“礼乐”，主张严格等级名分，规范各种秩序，注重道德伦理教育和自我修身养性，重视“民本”，强调争取民心的归附，要求节制剥削，提倡“德政”，追求由“小康”臻于“大同”的理想社会等。这些观点，不乏超越时空的合理内核，对整个古代社会统治秩序的确立与稳定曾产生过极其深远的影响。在中国古代兵学理论建树方面，儒学的影响同样非常显著，这表现为历代兵书普遍注意强调战争与政治的关系，注意民心向背对战争胜负的决定性意义，强调以儒学精神来判断战争的性质，把握战争的目的，认识战争的成败。自东汉刘秀起，更出现了兵儒合流的趋势，即以儒学原则来规范用兵的宗旨，以兵家术法来克敌制胜，实现儒家所描绘的政治蓝图。《黄石公三略》就是在这样的背景下对儒家学说进行博采融会的。

《黄石公三略》对儒家学说的汲取，集中体现为两个方面：一是在思想上崇尚“仁义”和“礼乐”。它提倡施“仁义”之泽于万民，从而稳定统治秩序，实现天下一统，“泽及于民，则贤人归之；泽及昆虫，则圣人归之。贤人所归，则其国强；圣人所归，则六合同”(《下略》)；主张积极争取民心的归附，“贤人之政，降人以体；圣人之政，降人以心”(《下略》)；强调统治者当率先垂范，致力于弘扬“礼乐教化”，“降体以礼，降心以乐”“舍己而教人者逆，正己而化人者顺。逆者乱之招，顺者治之要”(《下略》)。并尖锐指出背逆“仁义”，违背“礼乐”，纵欲自乐的严重后果：“有德之君，以乐乐人；无德之君，以乐乐身。乐人者，久而长；乐身者，不久而亡”(《下略》)。二是在政治上主张“德治”与“仁政”。它提倡统治者体恤民众生计，“取于民有制”，“下下者，务耕桑不夺其时，薄赋敛不匮其财，罕徭役不使其劳”(《上略》)，实施所谓的“仁政”；主张弘扬“德化”，在此基础上建立包括君臣关系在内的合理统治秩序，“主不可以无德，无德则臣叛”“臣不可以无德，无德则无以事君”(《中略》)，并指出推行“德治”、实施“仁政”的重要条件是修身律己，招揽贤人：“良将之统军也，恕己而治人”，“夫为国之道，恃贤与民”，“治国安家，得人也；亡国破家，失人也”(《上略》)。

由此可见，《黄石公三略》对儒家学说的汲取，乃是广泛而深入的，正是借助于儒家学说的要义，《三略》遂确立了自己“治天下”的一般原则。应该说，《三略》汲取儒家学说以丰富自身，是当时兵儒合流趋势在兵书撰著方面的客观反映，也是中国古代兵学不断走向成熟的一个重要标志。

《黄石公三略》对诸子之学的兼容博采，再次表现为对法家学说的广泛汲取。法家的要义是“尊主卑臣”，提倡“不别亲疏，不殊贵贱，一断于法”(《史记·太史公自序》)，“信赏必罚，以辅礼制”(《汉书·艺文志》)，主张“循名责实”，强调加强君主专制，以严刑峻法治民，厉行赏罚，奖励耕战，巩固封建土地所有制，建立统一的集权国家，以农致富，以战求强，以法为教，以吏为师。所有这一切，都说明法家学说的本质属性为具体的可供操作的政治实践思想，在现实生活中，它比“迂远而阔于事情”的儒学显得更为实用。兵家与法家同出一源，兵学也是典型的实用之学，它要积极发挥自己适应统治阶级需要的现实功能，自然完全有必要融合汲取法家学说的某些内容。

两汉时期，法家学说从表面上看似乎已不再唱思想界的主角，然而政治上所面临的许多实际性问题，是单纯提倡“仁义德化”的儒家学说所无法予以解决的，而仍需要运用法家的理论和权术去应付处置，于是在表象的背后，法家学说这只无形的巨手，自始至终无处不在，发挥着不可替代的作用，这就是所谓的“外儒内法”或“儒表法里”，汉宣帝所说的“汉家自有制度，本以霸、王道杂之”，一针见血地点破了这个玄机。《黄石公三略》作为实用型的兵学著作，对实用型的法家之说合乎逻辑地要青睐有加，即在以道家学说构架自己的主干、以儒家学说展现自己的形象之同时，也要以法家那些具有很强可操作性的理论应付具体的治国御军种种问题，真正使自己能够在驾驭复杂的实际军事活动中左右逢源，游刃有余。

《黄石公三略》对法家学说的汲取，最突出的表现也是在两个方面：一是贯彻法家“以法治国治军”的原则，二是申明法家“信赏必罚”的思想。就“以法治国治军”原则而言，《三略》主张申明法纪，强化政令军令的不可侵犯性：“夫命失，则令不行；令不行，则政不正；政不正，则道不通；道不通，则邪臣胜；邪臣胜，则主威伤”“一令逆则百令失，一恶施则百恶结。故善施于顺民，恶加于凶民，则令行而无怨”(《下略》)。强调“令行禁止”在治国与治军中的极端重要意义：“将之所以为威者，号令也；战之所以全胜者，军政也；士之所以轻战者，用命也”“兵老则将威不行，将无威则士卒轻刑，士卒轻刑则军失伍，军失伍则士卒逃亡，士卒逃亡则敌乘利，敌乘利则军必丧”(《上略》)。就“信赏必罚”原则而言，《三略》高度重视其在治军中的必要性，“‘军以赏为表，以罚为里。’赏罚明，则将威行；官人得，则士卒服；所任贤，则敌国震”(《上略》)，“霸者，制士以权，结士以信，使士以赏。信衰则士疏，赏亏则士不用命”(《中略》)。为此它一再强调必须在治军中坚定不移地贯彻“信赏必罚”原则，从而去夺取战争的胜利：“故将无还令，赏罚必信；如天如地，乃可御人；士卒用命，乃可越境。”(《上略》) 由此可见，《三略》通过对法家学说“以法治国治军”“信赏必罚”等原则的借鉴和汲取，使自己的治军理论建立在坚实的基础之上，从而去从容应对治国御军的实际问题。

除主要汲取道、儒、法诸家学说之长外，《黄石公三略》对阴阳家、纵横家、墨家等学派的思想也有一定程度的借鉴和容纳。例如，“天地神明，与物推移，变动无常”(《上略》) 之语，很显然是从注重“春生夏长，秋收冬藏，此天道之大经”，致力于揭示“四时之大顺”一般规律的阴阳家思想武库中寻找而来的，《三略》作者以此而确立起自己的“贵因”“顺变”谋略原则。关于这些情况，我们在这里就不一一地展开论述了。

当然，作为一部在东汉末年成书的兵学典籍，《黄石公三略》更广泛地汲取、继承了前代兵家的许多重要成果，众多兵学名著诸如《孙子兵法》《吴子》《尉缭子》《六韬》的思想内涵乃至文字章句，都被它有选择地加以采纳或移用，使之成为自己兵学体系中的有机组成部分。

例如,《三略》开宗明义的“通志于众”思想,“夫主将之法,务揽英雄之心,赏禄有功,通志于众。故与众同好靡不成,与众同恶靡不倾”《上略》,就是对兵圣孙子的“令民与上同意”“上下同欲者,胜”思想的一脉相承。其所称的“用兵之要,必先察敌情。视其仓库,度其粮食,卜其强弱,察其天地,伺其空隙”(《上略》)观点,乃是对孙子关于用兵要“经之以五事,校之以计,而索其情”(《孙子兵法·始计篇》)思想以及《吴子·料敌》有关“用兵必须审敌虚实而趋其危”识见的直接继承和发展。《中略》关于将帅应拥有战场机断指挥权的论述,“出军行师,将在自专。进退内御,则功难成”,则直接脱胎于《孙子兵法·九变篇》的将在外“君命有所不受”和《六韬·龙韬·立将》“军中之事,不闻君命,皆由将出。临敌决战,无有二心”等基本观点。《上略》所论述的将帅与广大士卒同甘共苦思想,“军井未达,将不言渴;军幕未办,将不言倦;军灶未炊,将不言饥。冬不服裘,夏不操扇,雨不张盖”云云,从内容到文字悉源自于《尉缭子·战威篇》和《六韬·龙韬·励军》。至于《上略》中“与之安,与之危,故其众可合而不可离,可用而不可疲”等文字,也系直接录自《吴子·治兵第三》。类似的例子,实不胜枚举,这里也就不再费笔墨悉加引述。总之,前代兵书的丰富军事思想内涵,乃是构成《黄石公三略》兵学体系的重要来源。

综上所述,《黄石公三略》是博采兼容各家之长的产物,各家之说相辅相成,浑然一体,共同构成了《三略》的思想体系。更确切地说,在继承前代兵家理论的基础上,以道家谋略取天下,以儒家思想安天下,以法家原则理将卒,以阴阳家观点识形势,便是《三略》的全部内容。而统摄全书的,则是道家最高哲学范畴——“道”。当然,《三略》的博采并非是单纯的因袭移植,而是融众家之长为一体的再创造和新发展,从而依据事物发展变化的规律,适应时代的变迁,更好地为当时的政治和军事斗争服务。这正如《黄石公三略》所自述的那样，“端末未见，人莫能知。天地神明，与物推移，变动无常。因敌转化，不为事先，动而辄随”(《上略》)。

三、安治天下:《三略》的时代精神

从每一部兵书的身上，都可以看到它特有的时代属性，也即反映着一定的时代文化精神，《黄石公三略》所体现的，就是显著的君主专制大一统兵学的特点。

《司马法》一书是西周“礼乐文明”在军事领域中的集中体现，是“军礼”文化的主要载体。因此，它在战争问题上的核心观念是“会之以发禁者九”，即“制礼乐法度，乃作五刑，兴甲兵以讨不义”，主张“以礼为固，以仁为胜”。与之相适应，就是在作战上提出带有鲜明“军礼”特色的基本原则，如“成列而鼓”“逐奔不过百步，纵绥不过三舍”“不穷不能而哀怜伤病”“又能舍服”等，从而使其书成为早期战争观念及其特征的历史缩影。《孙子兵法》是春秋晚期诸侯争霸战争的产物，也是直接为诸侯争霸事业服务的，因而孙子在战争问题上公开宣称的是“掠乡分众，廓地分利，悬权而动”，是所谓的“伐大国”，立足于“安国全军”的根本立场。在作战原则上，也与“动之以仁义，行之以礼让”的“军礼”传统截然不同，是主张“兵者，诡道”“兵以诈立，以利动，以分合为变”，体现出“出奇设伏，变诈之兵并作”的鲜明时代特色。《孙膑兵法》是战国中期列国兼并战争的产物，也是为激烈的列国兼并战争服务的。因而孙膑所强调的是“战胜而强立”，认为“战胜，则所以存亡国而继绝世也；战不胜，则所以削地而危社稷也”。对战争观上那些“欲积仁义，式礼乐，垂衣裳，以禁争夺”的迂腐论调给予了坚决的驳斥。成书于战国晚期的《六韬》，则是当时天下统一大趋势在兵学领域的反映，是直接为统一战争服务的，因而它的立论中心，是如何运用政治、军事的手段来达到“得天下”的目标，

“大明发而万物皆照，大义发而万物皆利，大兵发而万物皆服”。

秦汉时期是中国历史上大一统集权帝国的确立时期，大一统的集权帝国需要有为大一统服务的兵学。《黄石公三略》正是这种时代需要的必然产物。东汉后期，大一统的集权帝国建立已有数百年的历史，在治国御军上已取得了比较丰富的经验，如何认真总结这些经验，使之上升为兵学领域内精致的理性认识，是时代提出的一个重大课题。同时，东汉末年大一统政治格局在各种因素的影响下，也面临着潜伏的危机，如何克服危机，摆脱被动，继续有力地维系天下大一统，是时代对兵学提出的又一个严肃课题。而这一历史重任恰好落在了《黄石公三略》的身上，使得它所关注的问题，既是总结“取天下”的经验，更是探讨“安天下”“治天下”的基本原则。这一时代文化精神从《三略》自我表述的理论宗旨，诸如“设礼赏，别奸雄，著成败”“差德行，审权变”“陈道德，察安危，明贼贤之咎”之中就有突出的反映。

正因为《黄石公三略》以如何安治天下为基本宗旨和立论的出发点，所以全书上下贯穿着维护大一统、巩固大一统的一根红线，响彻着“陈道德，察安危”的主旋律。例如，在战争目的上，它所强调的是维护统一的“诛暴讨乱”：“夫以义诛不义，若决江河而溉爝火，临不测而挤欲堕，其克必矣”(《下略》)；在价值取向上，它所强调的是巩固统一的“释远谋近”：“释近谋远者，劳而无功；释远谋近者，佚而有终”(《下略》)；在君主处理与将帅的关系上，它所强调的是“夺其威，废其权”：“夫高鸟死，良弓藏；敌国灭，谋臣亡。亡者，非丧其身也，谓夺其威，废其权也。封之于朝，极人臣之位，以显其功；中州善国，以富其家；美色珍玩，以说其心”(《中略》)；在对待“战胜”与“国安”的关系上，它既重视如何争取“胜可全”，更重视如何实现“天下宁”：“明盛衰之源，审治国之纪”(《中略》)，“治民使平，致平以清，则民得其所而天下宁”(《下略》)。凡此等等，都充分说明

《黄石公三略》是一部适应大一统的封建帝国的需要，尤其是满足东汉末年封建统治特殊要求而出现的兵学名著，追求一统、安治天下是全书的时代精神之所在。

更具体地进行分析，我们可以进一步发现，《黄石公三略》安治天下的大一统时代文化精神，集中体现在以下两个方面。

第一，《黄石公三略》的显著特点是偏重于阐述政略，这同《孙子兵法》等先秦兵书偏重于阐述兵略存在着很大的差异，而这恰恰是大一统时代精神指导规范兵学建设的客观反映和题中应有之义。

在中国古代，“略”字的基本含义就是“韬略”“谋略”，它虽然不同于现代意义上的“战略”概念，但也有相一致之处。《黄石公三略》的书名本身已表明，它是一部专门论述韬略即古代战略问题的兵书。全书上、中、下三略，都是紧紧围绕治国御军这个国家总体战略问题而展开阐述的。在东汉以前，像《三略》这样从书名到内容都紧扣战略问题而展开论述的兵学专著还不曾出现过。《孙子兵法》虽然是举世公认的我国古代最伟大的战略学著作，故西汉成帝时步兵校尉任宏奉诏校兵书时把它归入“兵权谋”类，但它并不是纯讲战略问题的兵书，而是还具有“兵形势”“兵阴阳”诸多特点，所以又是一部战役战术学著作。据此可以断言，《黄石公三略》是中国古代第一部以专讲战略为特色的兵学理论著作。

从《黄石公三略》全书所论内容还可以看出，它既是一部兵书，更是一部政论书，它关于政治战略的阐述，远远要多于对军事战略的阐述。无论是“设礼赏，别奸雄”“差德行，审权变”，还是“陈道德，察安危，明贼贤之咎”，其实均是从国家大战略的视角对有关军事问题进行系统的阐说。

《黄石公三略》所论的政治战略，是以安治天下为根本，以治国御军为内容，以收揽人心为手段的国家大战略。它认为民心的向背直接关系到国家的治乱兴衰，主张正确处理国家、贤士和民众的关系，“英雄者，国之干；庶民者，国之本。得其干，收其本，则政行而无怨”(《上略》)，指出民众是决定战争胜负的关键因素，“夫统军持势者，将也；制胜破敌者，众也”“以弱胜强者，民也”“谋及负薪，功乃可述”(《上略》)。正因为它充分认识到民心的重要和民众在战争中的巨大作用，因此注重争取民心的工作，指出“兴师之国，务先隆恩；攻取之国，务先养民”，强调富国必先富民，认为“四民用虚，国乃无储；四民用足，国乃安乐”(《下略》)。主张统治者关心民生，节制剥削，“务耕桑不夺其时，薄赋敛不匮其财，罕徭役不使其劳”(《上略》)，认为只有通过实施这些施恩养民、发展生产、轻徭薄赋的措施，方可以使国富而家乐，政通而人和。

《黄石公三略》重视争取民心的思想运用于军队建设上，就是注重做收揽士卒之心的工作。它强调为将者要具有“必与士卒同滋味而共安危”的思想品格，发挥以身作则的表率作用，从而争取广大士卒的信任和拥护，认为这乃是确保对敌作战取胜的基本条件：“故良将之养士，不易于身，故能使三军如一心，则其胜可全。”(《上略》) 它还提出了“士众欲一”的命题，认为“士众一，则军心结”(《上略》)，意谓士卒的思想统一了，军队就能团结一致共同对敌。为此，它主张“蓄恩不倦，以一取万”(《上略》)。显而易见，《三略》这些观点，较之于孙子的“能愚士卒之耳目，使之无知”，对待士卒“若驱群羊，驱而往，驱而来”(《孙子兵法·九地篇》) 的愚兵思想，是一个重大的进步。其间的区别，就在于《三略》是从政治着眼，注重争取民心，鼓舞士气；而《孙子兵法》乃是从单纯军事看问题，注重要求士卒绝对服从，听受使唤。

《黄石公三略》将阐述重点放在政略问题上，正是汉代时代精神的客观反映，是体现大一统时期政治现实的必然要求。所谓“天下安，注意相；天下危，注意将”(《史记·郦生陆贾列传》)，大一统帝国建立后，天下基本趋于太平，战争一般情况下不再成为社会生活的主旋律。当整个社会由崇尚武功转向追求文治，由迷信暴力改为粉饰礼乐的时候，人们自然要高度重视政略，而相对地忽视兵略了。这种社会价值取向势必要反映到当时的兵学理论建设之中。换言之，从逐鹿中原到统御天下，是国家政治生活中一个根本性的转折，论政略重于论兵略，乃是势所必然。这就是所谓“逆取顺守”“文武并用”：“居马上得之，宁可以马上治之乎？且汤武逆取而顺守之，文武并用，长久之术也。”(《史记·郦生陆贾列传》)《黄石公三略》作为体现大一统时代精神的兵书，合乎逻辑地要以论述政治战略为主，而以论述军事战略为辅了。

第二，《黄石公三略》的又一个显著特点是花费大量笔墨在论述君主与将帅、君主与群臣的关系问题上，提出了一系列君主如何御将统众的重要原则。这同样是大一统时代文化精神指导规范当时兵学理论建设的具体表现之一。

《黄石公三略》以很大的篇幅阐述君主如何统御将帅，控御群臣的一般道理和方法。它主张君臣之间要建立合理的关系，君主信任臣下，群臣服从君主，做到彼此相安：“君无疑于臣，臣无疑于主，国定主安，臣以义退，亦能美而无害。”(《中略》) 强调指出君臣都不能站错自己的位置：“主不可以无德，无德则臣叛；不可以无威，无威则失权。臣不可以无德，无德则无以事君；不可以无威，无威则国弱，威多则身蹶”(《中略》)。在君臣关系中，君主是处于绝对主导地位的，臣下则处于从属依附的地位。认为一旦混淆了这种关系，就会带来极其严重的恶果：“豪杰秉职，国威乃弱；杀生在豪杰，国势乃竭；豪杰低首，国乃可久；杀生在君，国乃可安”“大臣疑主，众奸集聚。臣当君尊，上下乃昏；君当臣处，上下失序”(《下略》)。

那么如何避免出现“国威乃弱”“国势乃竭”的局面呢？《三略》作

者认为，关键在于君主能善于用权术驾驭将帅群臣，做到“夺其威，废其权”：“故非计策无以决嫌定疑，非谲奇无以破奸息寇，非阴谋无以成功。”(《中略》) 同时远佞人，亲贤人：“伤贤者，殃及三世；蔽贤者，身受其害；嫉贤者，其名不全；进贤者，福流子孙。故君子急于进贤而美名彰焉”(《下略》)，“善善不进，恶恶不退，贤者隐蔽，不肖在位，国受其害”(《上略》)。为此，《三略》作者大声呼吁，无论是处于九五之尊的君主，还是供君主驱使奔走的臣下，都应该认真读读自己的著作，因为《三略》一书已给他们指明了正确处理君臣关系的途径，只要遵循着去做，就可以各安其位，皆大欢喜：“(人主)深晓《中略》，则能御将统众”“人臣深晓《中略》，则能全功保身”。

《黄石公三略》着重论述君将、君臣关系，热衷于探讨御将统众之道，把“明贼贤之咎”定作全书的基调，也是大一统时代精神在当时兵学领域所打下的深重烙印。对于富有天下、贵为天子的君主来说，为了集中一切权力于自己之手，防止他人觊觎大宝，稳固千秋万代的一姓江山，如何处置“家奴”性质的将帅群臣，使之既能够不遗余力地为自己效力拼搏，又不至于尾大不掉，对自己的专制统治构成威胁，也就成了一个无可回避的重要问题。

在大一统的专制集权统治秩序下，君将、君臣之间的关系之实质是十分现实的利害关系。无论是君主，还是臣子，其实都信奉“性恶论”的原则，他们虽然口头上也提倡“仁义道德”，但复杂残酷的政治现实使他们的头脑变得异常清醒。他们知道，人世间并不存在真正的仁义忠爱，一切都是利害关系，君臣关系尤其如此，即所谓“臣尽死力以与君市，君垂爵禄以与臣市”(《韩非子·难一》)。彼此都是互相利用，彼此都是以自己为本位，以期在利益分配或调整中攫取最大的好处。缘此，就有了无数的倾轧与争斗。然而，倾轧与争斗往往会付出极大的代价，甚至造成两败俱伤、玉石俱焚的后果，给正常的专制统治秩序带来毁灭性的冲击。为了防止这种灾难性情况的出现，维系相对合理的大一统政治格局，就有必要较妥善地处理好君臣（尤其是君将）的关系，将冲突与矛盾控制在一定的范围之内。于是当时的政治家、思想家，都倾注极大的热情去关注这个最棘手，同时也是最现实最急迫的问题，一方面从政治实践操作的层面加以驾驭运作，另一方面从理论总结的层面加以探索尝试。这类理论总结不仅在一般政治理论著作中全面展开，而且也要在当时兵学著作中一一体现。在这样的历史背景下，兵学著作中有关用兵作战的内容自然要急剧减少，而有关治军御将的成分则相应大量增多，从而确保君主完全实现对军权的高度集中，为维系大一统打下基础。《三略》所反映的正是这么一种时代本质。

四、指陈成败:《三略》的兵学内涵

《黄石公三略》一书内容十分丰富，思想殊为深刻，全面论述了统军御将、治国安邦的政治谋略。其中《上略》通过对“设礼赏，别奸雄，著成败”的深入分析，论述了以“柔能制刚，弱能制强”为理论指导，以收揽人心为中心内容，以“任贤擒敌”为根本宗旨的经国治军战略思想及其实现方法。其重点是对克敌制胜的一般规律进行探讨，对将帅的素质能力提出要求，对如何妥善处理将帅与士卒的关系提出所应遵循的原则和方法。《中略》通过“差德行，审权变”，论述了君主御将用人的权谋策略，其重点是关于妥善地处理国君和将帅的关系。《下略》的主要内容是“陈道德，察安危，明贼贤之咎”，进一步论述了君主在治国御军过程中所应该注意掌握的基本原则，其重点是从安治天下的最高层次讨论如何妥善处理国君与文武大臣的关系。以下仅就其书所蕴含的丰富军事思想，综合概括介绍如下：

（一）《三略》的战争观念与战争指导

《三略》直接论述战争问题的文字并不很多，但仍很重要。对有关战争观念的内容，诸如人们对待战争的态度，对战争目的和性质的分析，战争与政治、经济的关系，战争与民众的关系，战争与天时、地利的关系，战争的主观指导问题，《三略》均做出了自己简明扼要但又不失为深刻的分析判断，从而形成了比较系统的战争观念。

《三略》通过对社会、战争的历史与现实的深入观察和理性思考，一方面既承认战争是“天道恶之”的“不祥之器”，具有很强的破坏性，给社会政治秩序与民众生活往往带来巨大的灾难，因此主张不要随意发动战争：“王者，制人以道，降心服志，设矩备衰，四海会同，王职不废，虽有甲兵之备，而无斗战之患。”（《中略》）这样就和战争万能论、暴力至上观划清了界限。另一方面《三略》又认识到战争是人类社会的客观存在，绝不会因为人们的厌恶而自行消灭，所以必须正视现实，在迫不得已的情况下，人们才运用战争这个最后手段，去达到一定的政治目的，即法“天道”而兴“义兵”，以诛暴讨乱，扶天下之危，除天下之忧。这样，它就和德化至上论划清了界限。《三略》进而认为，这种“以义诛不义”的正义战争，是合乎“天道”、合乎“人伦”的，是高尚的举动，因此必定是所向披靡，战无不胜：“夫以义诛不义，若决江河而溉爝火，临不测而挤欲堕，其克必矣。”（《下略》）

《三略》指出，一旦要兴兵作战，就必须做好充分的准备。首先是要以民心向背与否来决定自己的行动。《三略》认为民众在战争中起着巨大的作用，人心向背是决定战争胜负的关键性因素：“与众同好靡不成，与众同恶靡不倾。治国安家，得人也；亡国破家，失人也”“夫为国之道，恃贤与民。信贤如腹心，使民如四肢，则策无遗。所适如支体相随，骨节相救，天道自然，其巧无间”（《上略》）。基于这样的认识，《三略》指出一定要修明政治，整肃吏治，争取民心，举贤用能，祛邪扶正，广施恩惠，为治国安邦、御将统众、克敌制胜创造坚实的政治前提："贤人之政，降人以体；圣人之政，降人以心。体降可以图始，心降可以保终。降体以礼，降心以乐。所谓乐者，非金石丝竹也，谓人乐其家，谓人乐其族，谓人乐其业，谓人乐其都邑，谓人乐其政令，谓人乐其道德。如此君人者，乃作乐以节之，使不失其和"(《下略》)，"夫用兵之要，在崇礼而重禄。礼崇则智士至，禄重则义士轻死。故禄贤不爱财，赏功不逾时，则下力并而敌国削。夫用人之道，尊以爵，赡以财，则士自来；接以礼，励以义，则士死之"(《上略》)。而要取得这样的政治优势，《三略》认为，关键是必须把道、德、仁、义、礼融会贯通为一个和谐统一的体系，作为最高的原则用于规范和指导一切社会活动："道、德、仁、义、礼，五者一体也。道者，人之所蹈；德者，人之所得；仁者，人之所亲；义者，人之所宜；礼者，人之所体。不可无一焉。故夙兴夜寐，礼之制也；讨贼报仇，义之决也；恻隐之心，仁之发也；得己得人，德之路也；使人均平，不失其所，道之化也。"(《下略》)

其次，是要以雄厚的经济实力为后盾，同时依据敌方的基本情况来判断战争态势有利与否，在此基础上确定自己行动的时机和方式。

战争既是敌对双方谋略的角逐、对人心的争取，同时也是经济实力的较量。《三略》在这个问题上的认识也没有例外。它认为，只有富民才能富国，只有国富才能赢得战争的胜利，确保国家的安宁："四民用虚，国乃无储；四民用足，国乃安乐。"(《下略》)因此，它告诫统治者一定要实行"务耕桑不夺其时，薄赋敛不匮其财，罕徭役不使其劳"的恤民、富民政策，造就"国富而家娭"的理想局面，在具备雄厚经济实力的基础上从事军事行动，争取和巩固国家的统一。

《三略》进而指出，是否采取军事行动，不能单纯考虑己方的已有有利条件，还必须顾及敌对一方的基本状况，这也是《孙子兵法》所说的“知彼知己”，“用兵之要，必先察敌情。视其仓库，度其粮食，卜其强弱，察其天地，伺其空隙”(《上略》)。切不可盲目兴师，在敌情尚不清楚的情况下打糊涂仗。那么该怎样观察、分析和判断敌人真正的强弱虚实情况呢?《三略》也提出了自己高明的方法：“故国无军旅之难而运粮者，虚也；民菜色者，穷也。千里馈粮，民有饥色；樵苏后爨，师不宿饱。夫运粮千里，无一年之食；二千里，无二年之食；三千里，无三年之食，是谓国虚。国虚则民贫，民贫则上下不亲。”(《上略》) 只有在这样的情况下，兴师出兵才有较大的把握，方可顺利达到自己一定的战略目标：“敌攻其外，民盗其内，是谓必溃。”(《上略》)

值得注意的是，《黄石公三略》十分注重正确处理战争中各种因素之间的内在辩证关系。它认为，社会在向前发展，事物在不断变化，在军事斗争领域，情况也没有例外。战争的形势瞬息万变，所以要“因敌转化，不为事先，动而辄随”，即战争指导者必须根据敌情的变化而制定相应的战略战术，灵活机动，因敌变化，乘隙蹈虚，进退裕如，把握时机，掌握主动，如此则全盘皆活，其胜可全。从把握事物对立统一的辩证关系入手，阐述战争指导的一般原则，这的确是《黄石公三略》兵学造诣上的独到与精辟之处。

在国防问题上，《黄石公三略》明确提出了“释远谋近”的安全战略指导原则。它所谓的“释远”，就是指放弃劳民伤财的，以扩张领土为目的的对外征伐战争；所谓的“谋近”，就是指图治本国，内修政理，广施恩德，安守本土，知足戒贪。这实际上就是立足于积极防御的安全战略。它将“释远谋近”与“释近谋远”加以比较分析后，正确指出这两种对立的军事战略原则所导致的后果是截然有别的：“释近谋远者，劳而无功；释远谋近者，佚而有终……务广地者荒，务广德者强。能有其有者安，贪人之有者残。残灭之政，累世受患。造作过制，虽成必败。”（《下略》）这一观点曾在后世以防御为特色的军事战略文化传统形成过程中产生过深远的影响，对于今人仍不乏重要的借鉴意义。

关于兵要地理问题，《黄石公三略》也有所论及。它将战略要地区分概括为“固”——林立着坚固城池、堡垒的兵家必争之地；“厄”——关口险隘，一夫当关，万夫莫开的战略要地；“难”——易守难攻之地等三种类型。同时针对这三种战略要地的不同特点，又分别提出了“守”——派兵坚守，“塞”——加以阻塞，“屯”——驻兵长期屯守等三种对策，以确保对战略要地的严密控制。

综上所述，可见《黄石公三略》的战争观理论和战争指导思想均是十分丰富精彩的。其军事学术价值并不因全书将论述的重心置于政略问题而减弱，对此，我们应有清醒的认识。

（二）《三略》的治军用将思想

一支军队，无论其阶级属性如何，士气高昂，上下一致，训练有素，军纪严明，装备精良，永远是它强大有力的标志。只有这样，它才能在作战中掌握主动权，立于不败之地，达到克敌制胜的目的。但是，军队的强大与否，不是凭空而来的，而要通过一定的手段和方式才能做到。这个使军队变得强大有力，保证其很好完成战斗使命的活动，人们通常称之为“治军”。

所谓“治军”，概括地说就是指对军队的管理和训练。其主要内容不外乎是：将帅的拔擢使用，部队的思想教育，士卒的管理和训练，兵役的组织和实施，军纪军法的申明，赏罚措施的推行，等等。总的目标就是要造就一支令行禁止、进退有节、赏罚严明、内部团结、训练有素、武艺娴熟的军队，所向披靡，无往而不胜。

中国古代治军的思想十分丰富，治军的实践非常精彩，它们是我国传统军事文化宝库中弥足珍贵的遗产，而《黄石公三略》中的治军理论，正是这份珍贵遗产中的重要组成部分。

治军用将思想是《黄石公三略》兵学体系中的主体构成，内容十分丰富，既有广度，又有深度，体现了两汉兵学的突出成就。归纳起来，其主要内涵有以下三个方面：

第一，在军队管理上，主张恩威并重，赏罚必信。这是《黄石公三略》治军理论的基调。一方面它强调将帅要关心爱护部属，时时施恩于广大士卒："'与之安，与之危，故其众可合而不可离，可用而不可疲，以其恩素蓄，谋素和也。'故曰：蓄恩不倦，以一取万。"（《上略》）认为只有如此，才能以一将之力而争取到千万士卒的衷心拥戴，殊死效命。同时又要求严明法令，赏罚必信，毫不含糊地树立将帅的权威："将之所以为威者，号令也；战之所以全胜者，军政也；士之所以轻战者，用命也""军以赏为表，以罚为里。赏罚明，则将威行；官人得，则士卒服"（《上略》）。指出只有真正做到"将无还令，赏罚必信"，才能达到"如天如地，乃可御人"的目的，使得一支军队具有无比强大的战斗力："故其众可望而不可当，可下而不可胜""其兵为天下雄"（《上略》）。

《三略》在治军上既讲"蓄恩不倦"，又讲"将无还令"，实际上就是主张恩威并施，文武兼用，将以法治军与以情治军有机地结合起来。然而统观全书，《三略》似更侧重于提倡以情治军，认为通过"推惠施恩"，可以收到更好的效果，达到"士力日新，战如风发，攻如河决"的目的。所谓"'兴师之国，务先隆恩……以寡胜众者，恩也……'故良将之养士，不易于身，故能使三军如一心，则其胜可全"（《上略》）。将"胜可全"的最终原因归结于"隆恩"，可见，《三略》在恩威并用问题上是以"隆恩"为主导的，这一点与《尉缭子》等兵书的看法是有差异的，不能不说是它在治军理论阐发上的独到之处。

第二，在将帅素质培养上，主张为将者必须具备高尚的思想品格和优秀的军事才能。由于《三略》充分认识到“将能制胜，则国家安定”的重要性，因而它对为将者的基本素质提出了极高的要求。《三略》认为，身为将帅者的条件，不仅必须具有“与士卒同滋味而共安危”的思想品德和“以身先人”的表率模范作用，而且还必须具备广博的文化知识和善于统军作战的军事才能。为此，它提出将帅要具备“十二能”，避免“八患”，时刻注意“四诫”。

所谓“十二能”，是指“将能清（清正廉明），能静（沉着镇静），能平（公平无私），能整（治军严整），能受谏（接受部下规劝），能听讼（明断是非曲直），能纳人（接纳各类人才），能采言（博采各种意见），能知国俗（了解各国风俗），能图山川（掌握山川形势），能表险难（明了地形险阻），能制军权（控制军事权柄）。很明显，前“八能”，是就治军能力而言的，后“四能”，则是就将帅的军事知识和素养而言的。将军事知识和素养单独提出来作为将帅必备的素质，反映了时代对将帅提出了更高的专业化要求。

《三略》同时还从反面列举了“八患”和“四诫”，作为将帅修养所应避免和克服的问题。所谓“八患”及其恶果是：一曰“将拒谏，则英雄散”；二曰“策不从，则谋士叛”；三曰“善恶同，则功臣倦”；四曰“专己（独断专行），则下归咎”；五曰“自伐（自我吹嘘夸耀），则下少功”；六曰“信谗，则众离心”；七曰“贪财，则奸不禁”；八曰“内顾（沉湎女色），则士卒淫”（《上略》）。并强调指出，这八条禁忌之事，一旦触犯，就会带来莫大的危害：“将有一，则众不服；有二，则军无式；有三，则下奔北；有四，则祸及国”（《上略》）。至于“四诫”，则是指将帅所应提防的四种致命的缺陷：“无虑”（谋浅虑短），“无勇”（怯懦怕死），“妄动”（轻举妄动），“迁怒”（迁怒于人）。它们给军队所造成的恶果同样十分可怕：“将无虑，则谋士去；将无勇，则吏士恐；将妄动，则军不重；将迁怒，则一军惧。”（《上略》）《三略》作者认为一个将帅只有具备了“十二能”，同时又能避免“八患”与“四诫”，方才是合格的将帅，才可以委以重任。

在此基础上，《三略》对将帅还提出了更高的要求，即将帅除了具备军事才能，还必须拥有政治头脑和历史意识，即必须了解和掌握仁人贤士的智略、君主圣王的谋虑、广大民众的舆论、朝廷官员的意见、国家兴衰的史迹：“仁贤之智，圣明之虑，负薪之言，廊庙之语，兴衰之事，将所宜闻。”(《上略》)这是最高层次的将帅，即既具有政治上的清醒和远见，又具有军事上的卓越才能，集军事家和政治家于一身的大战略家。

由此可见，《黄石公三略》关于将帅条件的论述，较之于《孙子兵法》和《吴子》的相关内容，其内涵更加丰富深刻，其标准更高更严。这表明，《三略》在新的历史条件下，不仅仍然重视将帅思想品格的修养，而且更加注重将帅全面素质的提高。

第三，在将帅的选拔任用上，主张贯彻任人唯贤和因人而致用的原则。《黄石公三略》认为能否任贤用能，直接关系到国家的兴衰，天下的安危：“贤人所归，则其国强；圣人所归，则六合同”(《下略》)，“所任贤，则敌国震”(《上略》)，“贤去，则国微；圣去，则国乖。微者，危之阶；乖者，亡之征”(《下略》)。为此，在拔擢将帅问题上，它主张“君子急于进贤”，反对任人唯亲，提倡任人唯贤。为了确保选贤任将能够正确实施，它特别强调，一是求贤必须坚持“舍近而取远”的原则，“千里迎贤，其路远；致不肖，其路近。是以明王舍近而取远，故能全功。尚人，而下尽力”(《下略》)。理由很简单，在《三略》作者看来，古之圣贤者，往往是远离国君隐居僻壤，待“时至而动”的“潜名抱道者”，他们不同于那些奸佞不肖之徒惯于以献媚求宠而围绕于君主的身边。所以招聘他们往往须经过艰苦细致的明察暗访，甚至由君主不辞辛苦屈尊前去访聘。只有舍弃近处的奸佞不肖之徒，诚聘千里之外的圣贤，这才是真正的尚贤，也才能成就一番功业。二是求贤必须贯彻“观其所以而致焉”的原则。意谓英明的君主求聘贤士为将帅，必须观察并根据其志向而加以聘用，即对于不同志向的贤士采取不同的求聘方法。例如，“致清白之士，修其礼”，但“不可以爵禄得”；“致节义之士，修其道”，但“不可以威刑胁”；等等。只有这样，才能得到不同特点的贤才，担任军国要任，为统军御众，巩固统一各自贡献力量。

对于那些被拔擢到将帅位置上的人才，《黄石公三略》主张君主在任用时应贯彻“因其至情而用之”的原则，从而使他们发挥各自的优势和长处。它把军事人才区分为“智者”“勇者”“贪者”“愚者”四大类，认为这四类人尽管各自的天赋秉性截然不同，但是都有自己的志向，能在军队中发挥不同的作用：“智者乐立其功，勇者好行其志，贪者邀趋其利，愚者不顾其死。”(《中略》）因此，《三略》主张对这些不同秉性志向的人应当“因其至情而用之”，使智，使勇，使贪，使愚，用其所长，避其所短，以充分发挥他们在战争中各自独特的作用，认为这乃是“军之微权”，也即将帅任用上的高明境界。

五、通道适用：《三略》的历史地位

《黄石公三略》以丰富深邃的思想内容和别具一格的鲜明特色，在中国兵学思想发展史上占据了一席之地，成为人们相对比较熟悉并欣赏珍视的少数几部兵学名著之一。这在它后世的流传情况、人们的评价、在众多兵书中所享有的特殊待遇以及在海外的影响等方面均得到了相当充分的体现。

《黄石公三略》问世之后，即受到了社会的普遍重视，不仅为历代兵家、学者所青睐，而且也为历代统治者所推崇。早在东汉末年，著名文学家陈琳就在其《武军赋》序中将《三略》与《孙子兵法》《吴子》《六韬》相提并论，予以很高的评价。三国时期李康《运命论》称“张良受黄石之符，诵《三略》之说，以游于群雄”，把张良“运筹于帷幄之中，决胜于千里之外”的巨大成功，归结为熟诵《三略》，从中汲取智慧韬略的结果。可见《黄石公三略》成书不久，就受到人们的极大关注。这种状况，在后世一直得到延续。《李卫公问对》的作者指出：“张良所学，太公《六韬》《三略》是也；韩信所学，穰苴、孙武是也。”也把《三略》与《六韬》《司马法》《孙子兵法》放在一起评骘，强调它是造就一代杰出军事家的巨大源泉。

正因为《三略》流传甚广、内涵丰富重要，所以它也常常成为古代著名类书、政书选录著述的重要对象。例如唐代著名政治家魏徵奉唐太宗李世民之命编撰的《群书治要》，就选录了《黄石公三略》的很多内容，作为劝诫皇帝治国安邦的重要政术参考（见《四库未收书目提要》）。又如，北宋时期，由右仆射、著名文学家李昉奉敕主编，宋太宗赵炅亲自题写书名的《太平御览》一书，也选录了《黄石公三略》的大量文字。

《黄石公三略》受到人们的重视，还表现在有不少人热衷于为它作注和进行阐说。据当代许保林等人的研究，从南北朝时期的北魏著名学者刘昞为《黄石公三略》作注伊始，经唐宋直至清末，为该书作各种注释、解说的多达六十余家。

至于《黄石公三略》能够入选于著名的《武经七书》，更反映出它在历史上享有特殊的地位。北宋神宗赵顼统治时期，朝廷有憾于王朝在对辽与西夏的军事斗争屡遭失利的被动局面，决定兴办武学，培养优秀军事人才，以振衰起弊，扭转形势。为了适应武学教学和训练的需要，朝廷遂于元丰三年（公元1080年）诏命国子监司业朱服和武学博士何去非等人“校定《孙子》《吴子》《六韬》《司马法》《三略》《尉缭子》《李靖问对》等书，镂版行之”（李焘《续资治通鉴长编》卷三〇三）。从此，《黄石公三略》同《孙子兵法》等七部兵书，被定名为兵家经典著作《武经七书》，而成为中国古代第一批由官方校刊颁行的军事理论教科书。前已提到，《黄石公三略》的中心内容是论述政略，与《孙子兵法》《李卫公问对》等纯正意义上的兵学典籍情况有所不同，然而，它还是被选入《武经七书》了，这说明它的确在中国传统军事思想发展史上具有特殊的意义和不可替代的地位。

历史上人们对《黄石公三略》的学术价值的评价同样是赞誉有加、推崇备至的。如南宋孝宗乾道年间敷文阁直学士、著名学者晁公武认为《黄石公三略》“其书论用兵机权之妙，严明之决，军可以生易死，国可以存易亡”(《郡斋读书志》卷三下《兵家类》)。南宋宁宗开禧间太子詹事、著名学者戴少望在《将鉴论断》中曾指出：“兵法传于今世者七家，唯《三略》最通于道而适于用，可以立功而保身。”而《四库全书总目提要》则称《黄石公三略》：“其大旨出于黄老，务在沉錢观变，先立于不败以求敌之可胜。操术颇巧，兵家或往往用之。”这些有关《三略》的评语，充分揭示了其书的鲜明特色，准确指出了它具有很高的军事学术价值和谋略实用价值。这也正是《黄石公三略》为历代众多政治家、军事家和兵学家所高度推重、为后世兵书著作及其他著作所广泛征引的原因所在。由此可见，《黄石公三略》对于推动我国古代兵学思想和军事学术的发展，做出了积极而重要的贡献，堪称为我国古代兵学理论宝库中一颗光辉耀目的璀璨明珠。

人类的精神活动，在某种意义上具有相通一致之处，这种相通一致性，又能使得地域的界限悄然隐没，从而确保优秀思想文化超越空间而走出国门，走向世界。从这个意义上说，优秀的文化，既是民族的，又是世界的。《黄石公三略》揭示了治国御军的某些内在规律，在一定程度上具有普遍的启迪意义和适用性质。因此，它不仅为中国古代兵学家所推重，而且也很自然地得到异域他乡之人的青睐，很早就流传到国外，成为中外文化友好交流的使者。

据阮芝生研究表明，平安、镰仓时代日本的国书中曾引用《三略》。而日本宽平年间（公元889—898年），日皇诏命藤原佐世撰《日本国见在书目录》则著录有《黄石公三略》一书。日本宽平年间，相当于我国唐朝昭宗（公元889—904年在位）时。这说明，至迟在唐昭宗时，该书就已流传到了日本。之后，日本不仅把该书与《六韬》定为武学的主要教科书之一，而且还由此产生了许多日本学者研究《黄石公三略》的专著。诸如林道春的《黄石公三略评判》《三略讲义私考》，山家义炬的《三略备考》；山鹿高祐（即山鹿素行）的《三略句读》《三略谚义》《三略要证》，喜多村政方的《三略便义》等（参见许保林《黄石公三略浅说》）。另外，《黄石公三略》也流传到了朝鲜，并且在清乾隆四十二年（公元1777年）出现了朝鲜自己的刊本。所有这些情况，足以表明《黄石公三略》的影响是远播海外的。

直至今天，《黄石公三略》兵学理论的内容仍不无价值，剔除其书的糟粕，其富有哲理的辩证思维方式，颇具实践意义的治国御军战略思想，重视民众力量，崇尚知识与智慧，强调将帅以身作则，主张任人唯贤、用人所长，提倡维护统一等许多观点，对于我们从事国家和军队建设，依然具有重要的借鉴意义。尤其是其谋略原则，对于启迪人们的人生智慧，不无积极的作用。对此，宫玉振《白话三略·前言》曾做过比较扼要准确的概括，即刚柔兼济原则、顺应时势原则、知其所止原则。的确，在把握事物属性上，能做到以柔为主导，以刚为辅助，刚柔兼济，松严和谐，坚持原则的坚定性与策略的灵活性的完美结合；在对待事物的态度上，能做到顺应时势，通识时务，善于审时度势，把握机遇；在处理事物的方式上，能做到随遇而安，知其所止，警惕和防止物极必反、盛极而衰之悲剧的发生……乃是人生的大智慧，也即处世为人的理想境界。《黄石公三略》能够在这些方面予以人们大的启示，足以表明它的影响和价值已经超越军事领域，而渗透到了社会生活的各个方面。从这个意义上来说，《黄石公三略》的生机是不会枯竭的，其价值也是会垂之永恒的。

卷上　上略

导读

《上略》是《三略》一书的主体部分，篇幅最大，内容最为丰富，全卷通过对“设礼赏，别奸雄，著成败”的分析，系统且深刻地阐述了治国统军的理念及其方法，其基本特点是关注民心所向，重视争取民心。所谓“军国之要，察众心，施百务”，很显然，它可视为全篇的总纲。

统观《上略》，它首先从战略的高度，指出人心的向背直接关系到国家的治乱兴衰，因此，它开宗明义即指出：“夫主将之法，务揽英雄之心，赏禄有功，通志于众。”接着论述了柔弱刚强与治国统军之间的关系，指出要“柔有所设，刚有所施，弱有所用，强有所加，兼此四者而制其宜”，要“变动无常，因敌转化，不为事先，动而辄随”，要“守微”“应机”，等等。总之，作者认为“能柔能刚，其国弥光；能弱能强，其国弥彰。纯柔纯弱，其国必削；纯刚纯强，其国必亡”。然后深入地论述了英雄、民众、将帅、士卒的地位与作用，指出治理国家务必要依靠贤士和民众，“夫为国之道，恃贤与民”；治理军队务必要“察众心，施百务”，强调指出要根据军队中各种人物的不同心理，因人制宜，通权达变，采取不同的治理方法。同样，针对敌人的不同情况，也要采取相应不同的对策。指出“用兵之要，在崇礼而重禄”，礼贤下士；要赏罚必信，号令严明，并着重论述了将帅应该具备的知识、才能和品质。《上略》在最后列举了“亡国”“盗端”“乱源”“乱根”“国奸”“国咎”“国败”“祸殃”“蔽主”等十种奸雄之祸，认为只有努力避免这十种情况，“功乃可述”“德乃洋溢”。这样才能牢牢地把握住治国统军的主动权，立于不败之地，面对各种各样的挑战，克服困难，成就事业。

原文

夫主将[1]之法，务揽英雄[2]之心，赏禄有功，通志[3]于众。故与众同好[4]靡[5]不成，与众同恶[6]靡不倾[7]。治国安家，得人也；亡国破家，失人也。含气[8]之类，咸[9]愿得其志。

译文

统帅将领的方法，是务必要收揽那些英雄豪杰的心，将禄位赏赐给有功之臣，使自己的意志成为众人共同的意志。所以，与大家有共同的意愿，就没有做不成的事情；与大家有共同的仇恨，就没有打不垮的敌人。国家大治，家庭安好，是由于获得了人心；国家覆灭，家庭破亡，是由于丧失了人心。因为所有的人都想要实现自己的志向。

注释

1 主将：统帅将领，驾驭属下的意思。主：统辖，管理，驾驭。

2 英雄：指才能卓越的杰出人物。刘寅《三略直解》：“文曰英，武曰雄，才胜万人之称也。”

3 通志：意愿一致，心意相通。

4 好：爱好，喜好。这里引申为“愿望”“心愿”。

5 靡：无，没有。

6 恶：厌恶，讨厌。这里是憎恨的意思。

7 倾：倾覆，失败。

8 含气：含有气息，泛指一切有生命者。这里指人类。

9 咸：都、皆、一切。

原文

《军谶》[1]曰:"柔能制刚,弱能制强。"柔者,德也;刚者,贼[2]也。弱者人之所助,强者怨之所攻。柔有所设,刚有所施,弱有所用,强有所加,兼此四者而制其宜。

端末[3]未见,人莫能知。天地神明[4],与物推移[5],变动无常。因敌转化,不为事先[6],动而辄随。故能图制无疆[7],扶成天威[8],匡正八极[9],密定九夷[10]。如此谋者,为帝王师。

译文

《军谶》说:"柔的能够制服刚的,弱的能够制服强的。"柔而得当是美德,刚而不当是灾祸。弱小的一方,往往容易得到别人的帮助;强大的一方,则常常会成为招致怨恨和攻击的目标。柔有柔的用处,刚有刚的作用,弱有弱的意义,强有强的地位,应该把这四者有机地结合起来,因事制宜地加以运用。

事物的始末没有显现,人们就不能认识它。大自然神奇莫测,随着事物的运动而推移,变化无常。根据敌情的变化而行动,即不要首先发难,而是要随着敌人的行动采取相应适宜的对策。这样就能够图谋制胜,无往而不利,辅佐君王树立天威,匡正天下,安定边远地区。这样运筹谋划的人,可以成为帝王的老师。

注释

1 《军谶》:相传的古兵书名,已佚。

2 贼:祸患,祸害。

3 端末:事物的始末。

4 神明:天地间的一切神明玄妙,这里指大自然的神奇莫测。

5 与物推移:随着万物的运动而推移变化。

6 不为事先:不要做出头椽子,仓促应对,率先行动。

7 图制无疆:谓图谋制敌而无往不利。无疆,无限。

8 天威:本义为上天的威严,此处指君主的威权高高在上,由天所赋予。

9 匡正:扶正,纠正,引申为拯救。 八极:八方极远之地,引申为天下。

10 密:安。《诗经·大雅·公刘》:"止旅乃密。"毛传:"密,安也。"九夷:泛指少数民族。

原文

故曰:莫不贪强,鲜能守微[1],若能守微,乃保其生。圣人存之,动应事机[2]。舒之弥四海[3],卷之不盈怀,居之不以室宅,守之不以城郭[4],藏之胸臆,而敌国服。

译文

所以说,凡人没有不贪强好胜的,但很少有人能把握以柔弱制服刚强这一幽深精微的道理。如果能掌握这个精微的奥秘,便可以保全自己的事业和生命。圣人掌握了这一幽深精微的道理,所以行动起来就能顺应事物的规律,推行开来可以遍布于天下,收拢起来可以不出乎寸心。安放它不必动用房屋,守护它无须依靠城廓。只要收藏于胸中加以巧妙运用,就可以迫使敌国屈服。

注释

1 鲜:少、稀罕。《诗经·大雅·荡》:"靡不有初,鲜克有终。"守微:把握精妙要义。

2 事机:行事的时机。

3 四海:此处是泛指天下。

4 城郭:城,内城的墙。郭,外城的墙。

原文

《军谶》曰:"能柔能刚,

译文

《军谶》上说:"既能用柔,又能

其国弥[1]光；能弱能强，其国弥彰[2]。纯柔纯弱，其国必削；纯刚纯强，其国必亡。”

夫为国之道[3]，恃贤与民。信贤如腹心，使民如四肢，则策无遗[4]。所适[5]如支体[6]相随，骨节相救，天道自然[7]，其巧无间。

用刚，国家的前途就充满光明；既能用弱，又能用强，国家的形势就更加昌盛。单纯用柔或单纯用弱，国家就必然遭到削弱；单纯用刚或单纯用强，国家就注定走向灭亡。”

治理国家的原则，是依赖贤士和民众。信任贤士如同自己的心腹，使用民众如同自己的四肢，那么政令就不会有纰漏，行动起来就会像四肢与躯干一样协调，骨节之间互相照应，浑然天成，巧妙无间。

注释

1 弥：益、更加的意思。
2 彰：彰显、昌盛。
3 道：规律、法则、原则。
4 遗：遗漏、缺失，出纰漏的意思。
5 所适：所往、所去，这里指展开行动。
6 支体：即肢体。
7 天道自然：意谓道法自然，浑然天成。

原文

军国之要，察众心，施百务。危者安之，惧之欢之，叛者还之，冤者原之，诉者察之，卑者贵之，

译文

治国统军的要旨，在于体察民众的思想感情，采取各种妥善的措施。处境危险的要使他平安无事，心怀忧惧的要使他欢愉高兴，背叛逃亡的要使他重新归来，含冤受屈的要予以昭雪平反，上告申诉的要为他调查清楚，

强者抑之，敌者残之，贪者丰之，欲者使之，畏者隐之，谋者近之，谗者覆[1]之，毁者复[2]之，反者废之，横者挫之，满者损之，归者招之，服者居之，降者脱之。

地位卑贱的要使他变得尊贵，强横不法的要加以抑制，与我为敌的要使他遭到毁灭，贪婪爱财的就多给财物，愿意效力的就加以任用，怕人揭短的就予以隐讳，对有智谋韬略的人要多多同他亲近，对爱进谗言的人不要予以信任，对毁谤者的话要反复进行核实，凡是谋反作乱的要予以铲除，凡是强梁暴虐的要让他受挫，骄傲自满的要给予抑制，倾心归顺的要给予招抚，凡是已被征服的要给予安置，凡是已经投降的要加以宽恕。

获固[3]守之，获厄[4]塞之，获难[5]屯之，获城割[6]之，获地裂[7]之，获财散之。

占领了坚固的地方要加以守备，占领了险隘的地方要加以阻塞，攻取了不容易得到的地方要驻兵屯守，攻取了城邑要分赏给有功之臣，得到土地要裂土分封，得到财物要散发给众人。

注释

1 覆：倾覆。意谓不信任，不听从。
2 复：再三查验，反复核实的意思。
3 固：坚固之处。
4 厄：险要、险隘的地方。
5 难：艰难，意谓来之不易。
6 割：剖割，意谓割城池以赏有功之人。
7 裂：裂土封赏。

原文

敌动伺[1]之，敌近备之，敌强下[2]之，敌佚[3]去之，敌陵[4]待之，敌暴绥[5]之，敌悖[6]义之，敌睦携[7]之，顺[8]举挫之，因势破之，放言过之[9]，四网罗之[10]。

译文

敌人行动要密切地加以监视，敌人逼近要严密地加以防备，敌人强大要故意向它示弱，敌人安逸要注意避其兵锋，敌人来犯要严阵以待，敌人暴虐我就更要安抚民众，敌人悖逆我就更要伸张正义，敌人和睦团结就要设法进行分化离间。要顺应敌人的行动去挫败它，要利用敌人的情势去击破它，散布假情报诱使敌人发生错误，四面包围敌人将其一举歼灭。

注释

1 伺：窥探、监视的意思。
2 下：这里指故意示弱。
3 佚：安逸、安闲，指对手以逸待劳。
4 陵：侵陵，这里是侵犯、来犯的意思。
5 绥：怀柔、安抚。
6 悖：背逆、悖逆。
7 携：分化、离间、瓦解。
8 顺：假装顺从。
9 放言过之：指散布假情报诱使敌人发生过失，铸成大错。
10 四网罗之：四面包围敌人予以聚歼。

原文

得而勿有[1]，居而勿守[2]，拔而勿久[3]，立而勿取[4]，为者则己，有者则

译文

取得胜利不要归功于自己名下，取得财物不要自己专有享受，攻取城池不要旷日持久，拥立他人为君而自己不要

士,焉知利之所在!彼为诸侯,己为天子,使城自保,令士自取。

去当,决策出自于自己,功劳归之于将士,须知道这才是真正的利益之所在啊!别人都是诸侯,自己才是天子,让各个城邑自我保护,让官吏贤士自行征收各种赋税。

世能祖祖[5],鲜能下下[6]。祖祖为亲,下下为君。下下者,务耕桑不夺其时,(簿)[薄]赋敛不匮其财,罕徭役不使其劳,则国富而家娭[7],然后选士以司牧[8]之。夫所谓士者,英雄也。故曰:罗其英雄,则敌国穷[9]。英雄者,国之干;庶民者,国之本。得其干,收其本,则政行而无怨。

世上的君主都能尊崇自己的祖先,但是却很少有人能爱护、体贴那些地位卑微的民众。礼敬祖先只是亲亲之道,爱抚民众才是为君之道。爱抚民众,就是要重视耕作蚕织,不侵占农时,减轻赋税,不使民众贫困匮乏;减少徭役,不使民众劳困疲敝。这样,便可以做到国家富足,家庭安乐,然后再选择贤士去管理他们。所谓贤士,就是那些英雄豪杰。所以说,能够罗致敌国的英雄豪杰,就可以使敌国陷于困窘的境地。英雄豪杰,是国家的骨干;普通民众,是国家的根本。获得了骨干,掌握了根本,就能够做到政令畅通而民众毫无埋怨。

注释

1 得而勿有:获得成功不要将功劳据为己有。

2 居而勿守:缴获财物后不要独自占有和享受。

3 拔而勿久:夺取敌人城邑但不要旷日持久。《孙子兵法·谋攻篇》:“拔人之城而非攻也,毁人之国而非久也。”

4 立而勿取:立他人为君而不要自己去当。《论语·尧曰》:“兴灭国,继绝世,举逸民。”

5 祖祖:动宾结构。前一"祖"字为动词,尊敬,尊崇;后一"祖"字为名词,祖先,祖宗。

6 下下:动宾结构。前一"下"字为动词,爱护、关心、体贴的意思;后一"下"字指地位下等的民众。

7 家娭:反映家家欢乐、安乐。娭,"嬉"的古字,嬉戏,欢乐。

8 司牧:统治、管理的意思。

9 穷:困窘、困厄。

原文

夫用兵之要,在崇礼而重禄。礼崇则智士至,禄重则义士轻死[1]。故禄贤不爱财,赏功不逾时,则下力并而敌国削。夫用人之道,尊以爵,赡[2]以财,则士自来;接以礼,励以义,则士死之。

译文

用兵打仗的要义,在于崇尚礼节和厚施俸禄。崇尚礼节,那么智谋之士就会归附;厚施俸禄,那么侠义之士就会乐于效死。因此,优待贤士不要吝惜财物,奖赏功臣不要拖延时日,这样就能够使部下齐心协力而削弱敌国。任贤用人的方法,是通过封赐爵位来尊崇他,给予财物以供养他。如此,贤士就会自愿来归;用礼仪来接待他,用道义来激励他,如此,贤士就会以死相报。

注释

1 轻死:以死事为轻,不惧怕死亡,引申为乐于效死。

2 赡:供养、周济的意思。

原文

夫将帅者,必与士卒同滋味[1]而共安危,敌乃

译文

身为将帅者,必须和士卒同甘苦而共安危,这样才可以与敌人进行交锋,

可加[2]，故兵有全胜，敌有全(因)［囚］[3]。昔者良将之用兵，有馈箪醪[4]者，使投诸河，与士卒同流而饮。夫一箪之醪不能味[5]一河之水，而三军之士思为致死者，以滋味之及己也。《军谶》曰："军井未达，将不言渴；军幕未办，将不言倦；军灶未炊，将不言饥。冬不服裘，夏不操扇，雨不张盖，是谓将礼。与之安，与之危，故其众可合而不可离，可用而不可疲，以其恩素[6]蓄，谋[7]素和也。"故曰：蓄恩不倦，以一取万[8]。

所以战争必将取得彻底胜利，敌人必将完全覆灭。从前优秀的将帅用兵打仗，有人赠送给他一坛美酒，他让人把美酒统统倾倒在河中，并与士兵们同饮河水。一坛酒并不能使一河之水都有酒味，而三军将士却都愿意为将帅拼死效力，这是因为将帅与自己同甘共苦的缘故。《军谶》上说："军井还没有凿成，将帅不说口渴；军帐还没有搭好，将帅不说疲乏；军灶还没有烧火做饭，将帅不说饥饿。冬天不穿皮衣，夏天不用扇子，雨天不独自打伞，这就是做将帅的基本要求。与士卒们同安乐，与士卒们共危难，所以，全军上下能齐心协力而不可分离，能够任意使用而不知疲倦，这正是因为平时恩惠有加、思想一致的缘故。"所以说，将帅不断地施加恩惠于广大士卒，就能够赢得千千万万人的拥戴。

注释

1 同滋味：同甘共苦。

2 敌乃可加：可以出兵与敌人进行交锋。

3 全囚：意谓全部消灭、彻底歼灭。

4 箪：古代用竹或苇编制的装盛酒食的器具，圆形有盖。醪：酒，米酒。此处用越王勾践伐吴兴师动员的一个典故。

5 味：名词用作动词，染味。

6 素：平时，素常。

7 谋：谋虑。这里是指人的思想，意志。

8 以一取万：意谓将帅一人经常施加恩惠于部众，就会获得千千万万人的衷心爱戴。

原文

《军谶》曰：“将之所以为威者，号令也；战之所以全胜者，军政[1]也；士之所以轻战[2]者，用命也。”故将无还令，赏罚必信；如天如地[3]，乃可御人；士卒用命，乃可越境。

译文

《军谶》说：“将帅之所以有威严，是由于号令严明；作战之所以取得全胜，是因为军政整饬；士卒之所以不惧怕打仗，是由于听从命令。”所以，将帅一旦发布命令，就不可以再收回，赏罚一定要严守信用，像天地一样不可移易，这样才可以统御大军；兵士拼死效命，这样才可以出境作战。

注释

1 军政：军中事务。

2 轻战：以战事为轻，引申为不惧怕作战打仗。

3 如天如地：喻指赏罚必信，如同天地一样不可改变。

原文

夫统军持势者，将也；制胜破敌者，众也。故乱将[1]不可使保军，乖众[2]不可使伐人。攻城则不

译文

统领军队控制局势的是将帅，战胜敌人夺取胜利的是兵众。所以，治军无方的将领不能让他去统率军队，离心离德的军队不能用来攻伐敌人。[这样的

拔，图邑则不废[3]，二者无功，则士力疲弊。士力疲弊，则将孤众悖[4]，以守则不固，以战则奔北，是谓老兵[5]。兵老则将威不行，将无威则士卒轻刑，士卒轻刑则军失伍[6]，军失伍则士卒逃亡，士卒逃亡则敌乘利，敌乘利则军必丧。

军队］若是去攻打城池则不能拔取，图谋城池则难以让对手灭亡，攻城图邑这两者都劳而无功，那么军力就会疲惫不堪。军力疲惫不堪，那么将领就会陷于孤立，士卒就会悖逆抗命，用来守御则不稳固，用来作战则溃散败逃，这就叫作师老兵疲。师老兵疲，那么将领的威严就会丧失；将领没有威严，那么士卒就会不畏惧刑罚；士卒不畏惧刑罚，那么军队就会发生混乱；军队发生混乱，那么士卒就会逃亡；士卒逃亡，那么敌人就会趁机取利；敌人趁机取利，那么军队就必定走向败亡。

注释

1 乱将：指治军无方的将帅。

2 乖众：谓指离心离德的部众。

3 图：图谋，谋取。废：废弃，衰败，引申为灭亡。

4 将孤众悖：将帅陷于孤立，士众抗命违令。

5 老兵：师老兵疲，无法作战。

6 失伍：士卒失去行伍建制，这里指队伍混乱、编制失序。

原文

《军谶》曰："良将之统军也，(恕)[恕]己[1]而治人。推惠施恩，士

译文

《军谶》上讲："优秀的将领统率军队，总是以恕己之道体贴、关怀部属。普遍施予恩惠，士兵的战斗力就会日益增强。从

力日新，战如风发，攻如河决。”故其众可望而不可当，可下而不可胜。以身先人[2]，故其兵为天下雄。

事作战如同暴风一样迅速猛烈，投入进攻如同河水溃决一样锐不可当。”所以，这样的军队，能够让敌人望风披靡而不敢阻挡，只能束手投降而不敢存有取胜的奢望。将领能够身先士卒，因此他所指挥的军队就可以称雄于天下。

《军谶》曰：“军以赏为表，以罚为里[3]。”赏罚明，则将威行；官人得[4]，则士卒服；所任贤，则敌国震。

《军谶》上说：“军队以奖赏为表，以惩罚为里［两者缺一不可］。”赏罚严明，将帅的威信才能树立；选拔官吏得当，士卒就会心悦诚服；所委任的人贤明通达，敌国就会震恐不安。

注释

1 恕己：推自己的仁爱之心于部众。

2 以身先人：意为身先士卒，率先垂范。

3 以赏为表，以罚为里：治军管理中，既要行赏，又要施罚，赏罚互为表里，二者缺一不可。但在赏罚侧重点上，要轻赏重罚，以罚为重点。这与法家的“赏罚”观相近似。

4 官人得：意谓官吏敬业称职。遴选官吏方面做得妥当。

原文

《军谶》曰：“贤者所适，其前无敌。”故士可下而不可骄，将可乐而不可忧[1]，谋可深而不可疑。士骄则下不顺，将忧则内外[2]不相

译文

《军谶》说：“贤人所归附的国家，一定是所向无敌。”所以，对士大夫要谦卑恭敬而不可骄横傲慢，对将帅应令其愉快而别使他陷入于忧虑，对谋略要深思熟虑而不可迟疑不决。对士

信，谋疑则敌国奋。以此攻伐，则致乱。夫将者，国之命也。将能制胜，则国家安定。

《军谶》曰："将能清，能静，能平，能整，能受谏[3]，能听讼[4]，能纳人，能采言，能知国俗，能图[5]山川，能表[6]险难，能制军权。"故曰：仁贤之智，圣明之虑，负薪[7]之言，廊庙[8]之语，兴衰之事，将所宜闻。

大夫骄横傲慢，下属就不会顺服；将帅内心有隐忧，君主与将帅之间就会互不信任；谋略迟疑犹豫，敌国就会振奋鼓舞。在这种状态下从事攻伐，就会招致祸乱。将帅是国家命脉之所系，将帅能克敌制胜，国家才可以长治久安。

《军谶》说："将领应该能清廉，能沉静，能公平，能整肃，能接受规谏，能判明是非，能揽纳人才，能博采众议，能了解各诸侯国风俗，能通晓山川形势，能明了险阻要隘，能控制军队权柄。"因此，举凡仁人贤士的智慧，君主圣上的谋虑，黎民百姓的言语，朝廷上的议论，兴衰成败的史迹，身为将领者都应该有所了解。

注释

1 将可乐而不可忧：君主应该使其手下任职的将领，怀有得到充分信任的喜悦快乐，而不会陷入遭谗言离间的苦闷忧愁。

2 内外：内指君主，处深宫，故曰内；外指将帅，在外征战，故曰外。

3 谏：谏诤，规劝。

4 听讼：听理诉讼，此处引申为明断是非。

5 图：绘制地图。此处意为了解、掌握。

6 表：明，明了，认知。

7 负薪：背负柴草，砍柴割草之徒，喻指地位低下的普通民众。

8 廊庙：借指朝廷。这里引申为在朝廷为官作宰的人。

原文

将者能思士如渴,则策从[1]焉。夫将拒谏,则英雄散;策不从,则谋士叛;善恶同[2],则功臣倦[3];专己[4],则下归咎;自伐[5],则下少功;信谗,则众离心;贪财,则奸不禁;内顾[6],则士卒淫。将有一,则众不服;有二,则军无式[7];有三,则下奔北;有四,则祸及国。

译文

将领能够思求贤士如饥如渴,就会对贤士的谋划从善如流。将领如果拒绝规谏,英雄豪杰就会离散;不采纳谋士的策略,谋士就会叛离;善恶混同不分,功臣就会心灰意冷;个人专断,下属就会归罪于上司;自我夸耀,部下就不会积极建功;听信谗言,部众就会离心离德;贪图钱财,奸邪就无法得到禁绝;迷恋女色,士卒就会纵欲淫乱。将领如果犯有上面的一条,那么兵众就不会信服他的权威;犯有上面的两条,那么军队就会丧失法纪乱成一团;犯有上面的三条,那么部众就会纷纷逃散溃不成军;犯有上面的四条,那么大祸就会临头,殃及国家的生存。

注释

1 策从:意谓随从,采纳谋士之策略。
2 善恶同:意思是说善恶混同一体而不分,不讲是非。
3 倦:厌倦,懈怠,消极,心灰意懒。
4 专己:个人专断,独断专行,固执己见,一意孤行。
5 自伐:自我夸耀,自我表扬。
6 内顾:思恋妻妾。这里也可以理解为沉湎迷恋于女色。
7 式:法度、准则。

原文

《军谶》曰："将谋欲密，士众欲一，攻敌欲疾[1]。"将谋密，则奸心闭；士众一，则军心结；攻敌疾，则备不及设。军有此三者，则计不夺[2]。将谋泄，则军无势；外窥内[3]，则祸不制；财入营，则众奸会[4]。将有此三者，军必败。

将无虑，则谋士去；将无勇，则吏士恐；将妄动，则军不重；将迁怒[5]，则一军[6]惧。《军谶》曰："虑也，勇也，将之所重；动也，怒也，将之所用。"此四者，将之明诫[7]也。

译文

《军谶》上说："将领的谋略应做到保密，士兵的意志应做到统一，攻击敌人应做到迅疾。"将领的谋略保密，奸细就无隙可乘；士兵的意志统一，全军上下就会同心勠力；攻击敌人迅疾，敌人就会猝不及防。军队拥有这三项条件，那么计划就不会遭到挫折。将领的谋略被泄露，军队就会丧失有利态势；敌人窥探到我方的内情，祸患就会无法制止；不义之财进入军营，各种弊端就会纷至沓来。将领若犯有这三条，那么军队就会必败无疑。

将领没有深谋远虑，有智谋的士人就会失望离去；将领没有勇武气概，官兵们就会恐惧不安；将领轻举妄动，军队就不会稳重；将领迁怒于人，全军上下就会心怀畏惧。《军谶》上说："善于谋划，勇武豪迈，是将领应该具备的重要品质；该动则动，该怒则怒，是将领应该掌握的用兵之道。"这四条，是将领所要时常牢记的明诫。

注释

1 攻敌欲疾：强调进攻必须做到迅捷。《孙子兵法·九地篇》："兵之情主速，乘人之不及，由不虞之道，攻其所不戒也。"

2 夺：丧失，遭破坏，受挫折。

3 外窥内：指敌人窃取我方的军事情报，掌握了我方的内部情况与动态。

4 众奸会：意思是各种弊端，各种问题，都会集中到我方我军面前。

5 迁怒：将自己的怒气发泄到其他人的身上。

6 一军：整支军队，全军。

7 明诫：明确的训诫。此处指为将者应当谨慎警惕的要务。

原文

《军谶》曰："军无财，士不来；军无赏，士不往。"

《军谶》曰："香饵之下，必有悬鱼[1]；重赏之下，必有死夫[2]。"故礼者，士之所归；赏者，士之所死。招其所归，示其所死，则所求者至。故礼而后悔者，士不止；赏而后悔者，士不使。礼赏不倦，则士争死。

《军谶》曰："兴师之国，务先隆恩[3]；攻取之国，务先养民。以寡胜众者，恩也；以

译文

《军谶》上讲："军队没有资财，士众就不来归附；军队没有奖赏，士众就不勇往直前。"

《军谶》说："在香美的鱼饵引诱之下，必定有吞钩的鱼儿；在优厚的赏赐面前，必定有不怕死的士兵。"所以，使士卒相随归附的是礼遇，使士卒拼死效命的是奖赏。用礼遇招徕士众归附，用奖赏诱使士卒效命，那么，所需要的人士就会来到。因此，起初礼遇优待而随后又反悔的，士卒就不会留下来；起初奖赏丰厚而随后又反悔的，士卒就不会听从使唤。只有礼遇奖赏一如既往，士卒才会争相效命，慷慨赴死。

《军谶》上说："要兴兵打仗的国家，务必事先厚施恩惠；要攻城略地的国家，务必先让民众休养生息。能够做到以少胜多，在于厚施恩惠，能够做到以弱胜强，在于获

弱胜强者,民也。”故良将之养士,不易[4]于身,故能使三军如一心,则其胜可全。

得民众的支持。”所以,优秀的将领豢养士卒,如同爱护自己的身体一样,这样才能使全军上下团结一致,万众一心,从而夺取全面的胜利。

注释

1 悬鱼:指上钩的鱼儿。
2 死夫:敢死之士。
3 隆恩:厚恩,大恩。
4 易:差异、区别。这里指将帅爱护关心士卒,如同爱惜自己的身体一样。

原文

《军谶》曰:“用兵之要,必先察敌情。视其仓库,度[1]其粮食,卜[2]其强弱,察其天地,伺其空隙。”故国无军旅之难而运粮者,虚也;民菜色[3]者,穷也。千里馈粮,民有饥色;樵苏后爨[4],师不宿饱[5]。夫运粮千里,无一年之食;二千里,无二年之食;三千里,无三年之

译文

《军谶》说:“用兵打仗的要诀,是必须先察明敌情。弄清楚它仓库的物资储存,估算它一下粮食的多少,分析判断敌人的强弱,查明敌方的天候与地理状况,寻找出敌人暴露的可乘之机。”所以,国家没有遭受战争的苦难而运送粮食的,表明国势空虚;广大民众面黄肌瘦的,表明百姓贫困。从千里之外运送粮食,民众就会面有饥色;临时砍伐柴草做饭煮粥,军队就会经常吃不饱肚子。千里之外运粮,说明国家缺一年的粮食;二千里外运粮,说明国家缺二年的粮食;三千里外运粮,说明国家缺三年的

食，是谓国虚。国虚则民贫，民贫则上下不亲。敌攻其外，民盗其内，是谓必溃。

《军谶》曰：“上行虐则下急刻[6]，赋敛重数[7]，刑罚无极，民相残贼[8]，是谓亡国。”

粮食。这正是国势空虚的表现。国势空虚，民众就不免贫穷；民众贫穷，上下之间就不会亲近和睦。敌人从外面进攻，民众在内部作乱，国家就必定会崩溃。

《军谶》上说：“君主肆行暴虐，臣属必定会急苛刻薄，征敛赋税又多又重，滥施刑罚漫无止境，民众蜂起自相残害，这样，国家就必定灭亡。”

注释

1 度：计算，估算。

2 卜：预测，分析，判断。

3 菜色：民众营养不良的脸色。

4 樵苏：砍柴割草。 爨：烧火煮饭。

5 师不宿饱：指军队处于忍饥挨饿状态，经常吃不饱饭。

6 急刻：峻急苛刻。

7 重数：意谓赋税繁重，不堪负担。

8 残贼：残杀，互相残害的意思。

原文

《军谶》曰：“内贪外廉，诈誉取名，窃公为恩，令上下昏，饰躬正颜[1]，以获高官，是谓盗端。”

《军谶》曰：“群吏

译文

《军谶》上说：“内心贪婪而表面上装作廉洁，骗取荣誉盗取功名，窃用公家的财产来私施恩惠，使得上下昏聩不识其真实的面目。装出一副道貌岸然的模样，以此猎取高官厚禄，这叫作窃国的发端。”

《军谶》上说：“大小官吏拉帮结伙，各自

朋党[2],各进所亲,招举奸枉[3],抑挫仁贤,背公立私,同位相讪[4],是谓乱源。"

《军谶》曰:"强宗[5]聚奸,无位而尊,威无不震,葛藟[6]相连,种德立恩,夺在位权,侵侮下民,国内哗喧,臣蔽[7]不言,是谓乱根。"

引进自己的亲信,招纳网罗奸邪之徒,压制贬抑仁人贤士,背弃国家谋取私利,同僚之间互相讥讽攻讦,这就是国家祸乱的本源。"

《军谶》上说:"豪门望族相聚为奸,虽无爵位却尊荣富贵,威风凛凛肆无忌惮,势力如同葛藤一般盘根错节,以小恩小惠树立营造自己的形象,窃夺执政者的权力,侵害和凌辱普通民众。国内舆论大哗,大臣却隐瞒实情而不敢如实直言,这就是发生动乱的根源。"

注释

1 正颜:一本正经的模样。道貌俨然之状。

2 朋党:指同类的人因利益关系勾结集聚在一起,这里是拉帮结派的意思。

3 奸枉:狡诈不正派的意思。

4 讪:讥讽、毁谤,相互攻讦。

5 强宗:豪门大族,强大的利益集团。

6 葛藟:一种木质蔓生植物,此处是形容势力盘根错节。

7 蔽:隐瞒,包庇。

原文

《军谶》曰:"世世作奸,侵盗县官[1],进退求便,委曲弄文,以危其君,是谓国奸。"

译文

《军谶》上说:"世世代代为非作歹,侵犯官府,盗窃国库,出仕或退隐只求自己的方便,舞文弄墨,矫饰诡辩,危害自己的君主,这叫作捣乱国家

《军谶》曰："吏多民寡，尊卑相若[2]，强弱相虏[3]，莫适禁御，延及君子，国受其咎。"

《军谶》曰："善善[4]不进，恶恶[5]不退，贤者隐蔽，不肖在位，国受其害。"

《军谶》曰："枝叶[6]强大，比周[7]居势，卑贱陵贵，久而益大，上不忍废，国受其败。"

的奸贼。"

《军谶》上说："官多而民少，尊卑上下没有区别，以强凌弱，无从禁止，祸患延及正人君子，结果使国家蒙受其害。"

《军谶》上说："喜欢好人却不加以任用，厌恶坏人却不予以黜退，德才兼备的人归隐山林，品德不端之徒把持权力，国家就会受到危害。"

《军谶》上说："宗室势力强大显赫，结党营私，窃据高位，欺下犯上，时间越久，他们的权势就越大，君主不忍心果断地加以铲除，国家势必遭受败亡之祸。"

注释

1 县官：官府，权力机构。

2 相若：类似，没有差别。

3 相虏：相掠夺，这里引申为相欺凌，内斗不已。

4 善善：前一"善"字为动词，喜爱，欣赏，推崇；后一"善"字为名词，好人、善人。

5 恶恶：前一"恶"字为动词，厌恶、憎恨；后一"恶"字为名词，坏人、恶人。

6 枝叶：这里喻指皇亲国戚，宗室势力。

7 比周：结党营私，党同伐异的意思。

原文

《军谶》曰："佞臣[1]在上，一军皆讼，引威自

译文

《军谶》上讲："谗佞之臣在上当权，全军上下都会不满指控。他们倚仗权势，

与，动违于众。无进无退，苟然取容[2]。专任自己，举措伐功[3]。诽谤盛德，诬述庸庸[4]。无善无恶，皆与己同。稽留[5]行事，命令不通。造作苛政，变古易常。君用佞人，必受祸殃。”

自我吹嘘，动辄违忤大家的意愿。他们在进退问题上毫无原则，只知道依照上司的脸色行事。他们刚愎自用，一举一动都夸功自傲。他们诽谤品德高尚的人，诬蔑其为庸庸碌碌之辈。他们不分善恶是非，一切只看是否合乎自己的意愿或口味。他们积压政务，使得上令不能够顺利下达，处处标新立异，变更古制，改易常法。君主若是重用这样的奸佞之徒，必定会受到他们的祸害。”

注释

1 佞臣：奸邪媚上之徒，阿谀奉迎之辈。
2 取容：谄媚讨好于上，以摇尾乞怜的行径讨上司的欢心。
3 伐功：自我夸耀，自我吹嘘。
4 庸庸：谓酬报有功，这里是指夸功自傲。
5 稽留：拖延，延迟。这里是积压的意思。

原文

《军谶》曰：“奸雄相称，障蔽主明；毁誉[1]并兴，壅塞主聪[2]。各阿所私，令主失忠。”

故主察异言[3]，乃睹其萌；主聘儒

译文

《军谶》上讲：“奸雄之间相互称许，遮蔽君主的视线，使得其是非不分；毁谤和吹嘘搅和在一起，堵塞君主的听觉，使得其善恶难辨。他们各自偏袒自己的私党同伙，使得君主失去忠义之臣。”

因此，君主洞察诡异的言辞，才能看出祸乱的萌芽。君主礼聘儒士贤才，奸雄宵小就会落

贤[4]，奸雄乃遁；主任旧齿[5]，万事乃理；主聘岩穴[6]，士乃得实。谋及负薪，功乃可述；不失人心，德乃洋溢[7]。

荒逃遁。君主任用年高德劭的老臣，所有事情就会处理得井井有条。君主征聘那些山林隐士，才能得到有真才实学的治国之才。君主在运筹谋划之时若能倾听黎民百姓的意见，他的功业就可以书于竹帛，永垂青史。君主如果能够做到不失民心，他的盛名美德就可以远播四方，广为传颂。

注释

1 毁誉：这里是诋毁和吹捧的意思。

2 聪：听觉、耳朵。

3 异言：奇谈怪论。这里泛指不合常理、十分诡异的言辞。

4 儒贤：贤能的儒生、儒士。

5 旧齿：德高望重的老臣。

6 岩穴：本义为山洞，这里是指居岩穴之士，也即隐士。

7 洋溢：充满，广为传颂。

卷中　中略

导读

《中略》是《三略》的中卷，本卷通过“差德行，审权变”的论述，深刻地阐明了君主如何御将统众的谋略及其主要方法。作者首先通过对三皇、五帝、三王、五霸治理国家方针的论述，说明任何事物都不是静止不变的，同样的道理，人类社会总是处在不断的发展变化之中，每个时代都有各自不同的特点。因此，时代不同，治术也应有别，应该因时而变法，而不能抱残守缺，故步自封，固守过去的模式，即所谓“圣王御世，观盛衰，度得失，而为之制”。同样，在军事上过去那种贯彻“军礼”文化精神，讲求仁义道德，堂堂之阵、正正之旗、不鼓不成列的战法已经过时，而被权诈之兵取代。因此，必须“加之以权变。故非计策无以决嫌定疑，非谲奇无以破奸息寇，非阴谋无以成功”。作者在本卷中重点论述了统御将帅应在战中和战后采用不同的方法。在战争中“将在自专”，否则，“进退内御，则功难成”。即将帅带兵作战，一定要有临机处置的决断权，可以“君命有所不受”。因为战场上的情况千变万化，战机稍纵即逝，或进或退，必须根据战场情况而由将帅适时决断。过去那种“征伐由天子出”的情况显然已经不能适应新的形势的需要了。因此，作者强调在战争中“将在自专”无疑是对前人“将在外，君命有所不受”理论的继承和发展。作者在强调“将在自专”的同时，又提出了“高鸟死，良弓藏；敌国灭，谋臣亡”

这样一个著名观点。在整个古代社会,将权和君权是一对始终存在而又难以调和的矛盾。一方面君权过重而将权过小,将帅在统军作战中处处受到君主的干预和掣肘,必然难以取得作战的胜利。另一方面,如果将权过大,又容易造成尾大不掉之势,功高震主,威胁君权,让君主始终处于“芒刺在背”的恐惧状态之中,这样自然就会引起君主的猜疑和防范,甚至酿成君臣反目,大开杀戒的悲剧。如何解决这一矛盾呢?作者在本卷中开出的药方,一是如上所述,在战争中使“将在自专”;二是在战争结束后则“夺其威,废其权”,即如光武帝刘秀所做的“进文吏而退功臣”,其具体的办法是“封之于朝,极人臣之位,以显其功;中州善国,以富其家;美色珍玩,以说其心”。作者认为,君主如能深晓这种谋略,“则能御将统众”,而“人臣深晓《中略》,则能全功保身”,双方各得其所,相安无事。

原文

夫三皇[1]无言而化流四海,故天下无所归功。帝者,体天则地[2],有言有令,而天下太平。君臣让功,四海化行,百姓不知其所以然。故使臣不待礼赏有功,美而无害[3]。王者,制人以道,降心服志,设矩[4]备衰,四海会同[5],王职不废,虽有甲兵之备,而无斗战之患。君无疑于臣,臣无疑于主,国定主安,

译文

三皇默默无言,但是他们的教化却流布于四海,所以天下的人不知道应该把功劳归属给哪个人。五帝顺应天地间的自然规律,设教施令,天下因此而太平无事。君臣互相推让功名,四海之内教化大行,黎民百姓却不知其中的缘由。所以,役使臣僚而不必依靠礼法赏赐其功劳,就能够使君臣之间和美无间。三王运用道德统御民众,使他们心悦诚服,制定各种法规以预防衰败,天下诸侯定时前来朝觐天子,向朝廷奉献贡赋。虽然拥有军备,却没有战争的祸患。君主对臣僚深信无猜忌,臣僚对君主也没有疑心,国家稳定,君主平安,臣属下

臣以义退[6],亦能美而无害。霸[7]者,制士以权,结士以信,使士以赏。信衰则士疏,赏亏则士不用命。

僚依据义的规范适时告退,君臣之间也能够和睦美满而不互相伤害。五霸利用权术来驾驭士人,依靠信用来结交士人,借助奖赏来役使士人。信任差了士人就会对他疏远,奖赏少了士人就会不肯用力效命。

注释

1 三皇:传说中的中国远古时代的三个统治者。具体说法多达六种。比较通行的提法是:伏羲、神农、黄帝。
2 体天则地:取法天地,引申为顺应自然规律。
3 美而无害:意谓君臣关系美好和谐,融洽无间。
4 设:建置,制定。矩:法度,规则。
5 会同:古代诸侯朝觐天子的通称。
6 义退:按规则适时告退或致仕。
7 霸:诸侯之盟主。

原文

《军势》[1]曰:"出军行师,将在自专[2]。进退内御[3],则功难成。"

《军势》曰:"使智,使勇,使贪,使愚。"智者乐立其功,勇者好行其志,贪者邀趋其利[4],愚者不顾其死。因其至情[5]而用之,此军之

译文

《军势》说:"出兵打仗,贵在将帅拥有机断行事的权限。如果进退行动都受到君主的掣肘,那么就难以取得成功。"

《军势》说:"使用有智谋的人,使用勇敢的人,使用贪婪的人,使用愚笨的人,[其方法各有不同]。"有智谋的人乐于建功立业,勇敢的人喜欢实现自己的志向,贪婪的人热衷于追求利禄,愚笨的人从来不顾惜自己的性命。根据他们的特殊个性加以充分

微权[6]也。

《军势》曰："无使辩士[7]谈说敌美，为其惑众；无使仁者主财，为其多施而附于下。"

利用，这是治军用人方面高深莫测的权术。

《军势》说："不要让能言善辩的家伙谈论敌人的长处，因为这会蛊惑众人；也不要让心地仁慈的人主管财物，因为他会滥赏财物以迎合下属。"

注释

1 《军势》：古代兵书，已佚。

2 自专：自专其任。意谓将帅握有机断专行的作战指挥权。

3 内御：谓受君主的控御。

4 邀趋其利：急切地追求功名利禄。

5 至情：未加掩饰的真情，这里引申指特殊个性、性格特征。

6 微权：神妙高明的手段，高深莫测的权术。

7 辩士：口若悬河，能言善辩之士，如战国时期的张仪、苏秦之徒。

原文

《军势》曰："禁巫祝[1]，不得为吏士卜问[2]军之吉凶。"

《军势》曰："使义士不以财。"故义者不为不仁者死，智者不为暗主谋。

主不可以无德，无德则臣叛；不可以无威，无威则失权。臣不可以无

译文

《军势》说："在军队之中要禁绝巫祝，绝不准他们为官兵占卜军队的吉凶祸福。"

《军势》说："任使侠义之士不必依靠财物。"因为侠义之士不会为那些不仁不义之辈去效死，而足智多谋之士也不会为昏聩的君主去出谋划策。

君主不能没有道德，没有道德臣属就会背叛；不可以没有威仪，没有威仪就会丧失权力。臣僚们不能没有道德，

德,无德则无以事君;不可以无威,无威则国弱[3],威多则身蹶[4]。

没有道德就无法侍奉和辅佐君主;不可以没有威势,没有威势国家就会遭到削弱。但是,如果威势过于膨胀,也会使自己身败名裂。

注释

1 巫祝:古代称事鬼神者为巫,祭祀活动中主赞词者为祝。此处泛指专门从事占卜祭祀的神职人员。

2 卜问:占卜问卦以预测吉凶之事。

3 无威则国弱:意谓没有威势与力量制服敌人,国势就会衰弱。

4 身蹶:自身遭受祸殃危险,导致身败名裂。

原文

故圣王御世[1],观盛衰,度得失,而为之制。故诸侯[2]二师[3],方伯[4]三师,天子[5]六师。世乱则叛逆生,王泽竭,则盟誓相诛伐。德同势敌[6],无以相倾,乃揽英雄之心,与众同好恶,然后加之以权变[7]。故非计策无以决嫌定疑[8],非谲奇[9]无以破奸息寇,非阴谋无以成功。

译文

因此,圣王统御治理天下,观察世道的盛衰,推究政治的得失,从而制定出典章礼乐制度。规定诸侯拥有二个师的兵力,方伯拥有三个师的兵力,天子拥有六个师的兵力。后世社会动乱,叛逆随之发生,天子的恩泽也同样趋于枯竭,结果是导致诸侯之间结盟立誓,互相征伐。他们之间道德上优劣相同,实力上强弱相当,谁也无法战胜对方,于是就收揽英雄豪杰之心,与大家同好共恶,然后再加之使用权术,随机应变。所以,不经过运筹策划,就没有办法来裁决疑惑难明的事情;不采取诡诈奇谲的手段,就没有办法来打击奸人消灭敌寇;不施用阴谋诡计,也就没有办法取得成功。

注释

1 御世：统御治理天下的意思。

2 诸侯：古代帝王所分封的各国君王为诸侯。诸侯在其封地内，世代执掌军政大权，但按礼制要服从王命，定期向天子朝贡述职，并有出军赋和提供徭役的义务。

3 师：军队的编制单位，一般以二千五百人为一师，也有说法是万人为一师。

4 方伯：诸侯之长。

5 天子：古代以君权为神所授予，帝王乃为上天在世间的代表者，代表上天统治民众，故为“上天”之子。

6 德同势敌：道德上政治上不分高下，实力上军事上势均力敌。

7 权变：通权达变，随机应变的意思。

8 决嫌定疑：判断得失，审察疑惑。

9 谲奇：诡诈奇谲。《孙子兵法·计篇》：“兵者，诡道也。”

原文

圣人体天，贤者法地，智者怀古。是故《三略》为衰世作。《上略》设礼赏，别奸雄，著成败。《中略》差[1]德行，审权变。《下略》陈道德，察安危，明贼贤之咎[2]。故人主[3]深晓《上略》，则能任贤擒敌；深晓《中略》，则能御将统众；深

译文

圣人能够体察上天之道，贤人能够取法大地之理，睿智多谋者能够以历史为鉴。因此，《三略》一书是专门为衰乱的时代而写作的。其中《上略》部分主要讲述设置礼赏，辨识奸雄，昭示成功或失败的根源等方面的道理。《中略》部分主要阐述区分德行，审达权变等方面的精髓要义。《下略》部分则主要是阐述道德，体察安危，揭示迫害贤人的罪过和后果。因此，身为君主的深通《上略》，就能够任用贤人，制服敌人；

晓《下略》，则能明盛衰之源，审治国之纪。人臣[4]深晓《中略》，则能全功保身。

深通《中略》，就能够驾驭将帅，统辖士众；深通《下略》，就能够明察天下盛衰兴亡的缘由，了解和掌握治理国家的一般原则。身为臣子的深通《中略》，就能够成就功业，保全性命。

注释

1 差：分别，区别。

2 咎：后果、错误、罪过。

3 人主：人君、君主。

4 人臣：臣下、臣子、臣属。

原文

夫高鸟死，良弓藏；敌国灭，谋臣亡。亡者，非丧其身也，谓夺其威，废其权也。封之于朝，极人臣之位，以显其功；中州善国[1]，以富其家；美色珍玩，以说[2]其心。

夫人众一合而不可卒[3]离，威权一与而不可卒移。还师罢军，存亡之阶[4]。故弱之以位，夺之以国，是

译文

高翔的鸟儿死光了，优良的弓箭就会被收藏起来；敌对的国家灭亡了，谋臣就会被加以消灭。所谓“消灭”，并不是指消灭他的肉体，而是指削夺他的威势，废除他的权力。在朝廷上对他进行封赏，给他群臣中最尊贵的爵位，以此来表彰他的功劳；赐封给他中原地区最丰饶的土地，使得他家业殷富；赏赐给他珍玩和美女，使得他心情快乐。

民众一经组合为军队，便不宜仓促解散；权力一旦授予，便不可仓促变动。战事结束、将帅班师回朝，这是君主权位存亡的关键时刻。所以，要通过赐封爵位的办法来削弱将帅的实力，通过赐予土地的办法来剥

谓霸者之略。故霸者之作，其论驳[5]也。存社稷[6]、罗[7]英雄者，《中略》之势[8]也。故世主秘[9]焉。	夺将帅的权柄，这就是称雄为霸者驾驭将帅的高明方略。因此说，称雄为霸者的所作所为，其道理是十分驳杂的。保全国家，网罗英雄，就是《中略》所阐述的权变诀窍。对此，历代君主都匠心独运，秘而不宣。

注释

1 中州：指中原核心地域。善国：指最肥沃最富庶的封国领地。

2 说：同“悦”，喜悦，欣喜，高兴的意思。

3 卒：同“猝”，突然，急速、迅捷的意思。

4 阶：阶梯，此处引申作关键解。

5 驳：错杂，混杂，这里是复杂、微妙的意思。

6 社稷：古代帝王所祭祀的土神（社）和谷神（稷），后用来代称国家或政权。

7 罗：网罗、拉拢的意思。

8 势：这里是指微妙要旨，权变窍门。

9 秘：秘藏，秘而不宣。

卷下　下略

导读

《下略》是《三略》全书的下卷。《三略》在《中略》中曾称本卷的内容是“陈道德，察安危，明贼贤之咎”。明代张居正认为：“此略发明人、政之当重，故论人重先圣先贤，论政重礼乐。人主明此，治国之纪得矣。”这段论述，比较准确地概括了《下略》的基本特点。第一，是主张由圣贤治国治军。《下略》一开始就指出了圣贤在治国中的重要性，认为君主要“扶天下之危”“据天下之安”“除天下之忧”“享天下之乐”“救天下之祸”“获天下之福”，都不能凭借一已之力，而必须有圣贤辅佐。所以，作者的结论是：“贤人所归，则其国强；圣人所归，则六合同。”否则，“贤去，则国微；圣去，则国乖”。因此，君主应该积极进贤而退不肖，彰善而诛恶。在此基础上，《三略》对求贤的方法进行了阐述。认为君主用人要“舍近而取远”“千里迎贤”。要“求贤以德，致圣以道”，根据贤士的志向而求贤，“必观其所以而致焉”，从而达到自己的目的，等等。第二，是在治国的方略上应重视礼乐，重视教化。强调“道、德、仁、义、礼，五者一体”，治理国家必须综合运用道、德、仁、义、礼。此外，在《下略》中，还涉及了战争观问题。指出“夫兵者，不祥之器，天道恶之，不得已而用之”。战争是凶器，又是客观存在的社会现象。因此，人们尽管不希望进行战争，但有时又不得不进行战争。《下略》进而将战争区分为正义与不义两大类，主张“以义诛不义”“诛暴讨乱”,并指出义战必胜,所谓“夫以义诛不义,若决江河而溉爝火,临不测而挤欲堕,其克必矣”。

原文

夫能扶天下之危者,则据天下之安;能除天下之忧者,则享天下之乐;能救天下之祸者,则获天下之福。故泽及于民,则贤人归之;泽及昆虫[1],则圣人归之。贤人所归,则其国强;圣人所归,则六合同[2]。求贤以德,致圣以道[3]。贤去,则国微[4];圣去,则国乖[5]。微者,危之阶;乖者,亡之征。

译文

能够匡扶天下于危亡之际的人,就能拥有天下的安宁;能够除去天下忧患的人,就能享有天下的快乐;能够拯救天下于灾难深渊的人,就能获得天下的福祉。所以,能遍施恩泽于广大民众,贤人就会归附他;能遍施恩泽于万物,圣人就会归附他。贤人一旦前来归附,那么这个国家就会强盛;圣人一旦前来归附,那么就可以一统天下。要依靠行德来罗致贤人,凭借履道来招徕圣人。贤人离去,国家就会衰微;圣人离去,国家就会混乱。国家衰微,是走向危险的途径;国家混乱,是陷于灭亡的征兆。

注释

1 泽及昆虫:意谓施恩德遍及于天下万物。泽,本义为雨露滋润,引申为恩德、施恩惠。

2 六合同:谓天下大同或天下统一。六合,天地四方,此处指整个天下。

3 致圣以道:以至高无上之“大道”,争取圣人莅临。

4 微:衰微、衰落。

5 乖:乖乱、混乱,意谓走上灭亡的邪路。

原文

贤人之政，降人以体[1]；圣人之政，降人以心。体降可以图始[2]，心降可以保终[3]。降体以礼[4]，降心以乐[5]。所谓乐者，非金石丝竹[6]也，谓人乐[7]其家，谓人乐其族，谓人乐其业，谓人乐其都邑[8]，谓人乐其政令，谓人乐其道德。如此君人[9]者，乃作乐[10]以节之，使不失其和。故有德之君，以乐乐人；无德之君，以乐乐身。乐人者，久而长；乐身者，不久而亡。

译文

贤人的政治，是使人们在行动上做到顺从；圣人的政治，是使人们从内心深处真诚依顺。使人们行动顺从，可以谋划开创事业；使人们内心顺从，可以确保善始善终。使人们行动顺从依靠的是礼，使人们内心顺从依靠的是乐。所谓乐，并非是指金、石、丝、竹这一类乐器，而是指人们喜爱他们的家庭，是指人们喜爱他们的宗族，是指人们喜爱他们的职业，是指人们喜爱他们所居住的城邑，是指人们拥护国家的政令，是指人们乐于讲究道德。这样治理国家的君主，就能推行乐教来陶冶和节制人们的行为，使人们不丧失和谐的关系。所以，有道德的君主，总是用乐来使人们快乐；无道德的君主，总是用乐来使自己快乐。使人们快乐的，国家长治久安；光使自己快乐的，国家不久就会灭亡。

注释

1 降人以体：意谓让人们在行动上顺从，这里也可理解为以自己的模范行为让大家顺服。

2 图始：图谋开创大业。

3 保终：一以贯之，善始善终。

4 降体以礼：以礼仪来使得人们做到行动顺从。

5 降心以乐：以乐来确保人们能够做到内心顺从。

6 金石丝竹：古代各种乐器的总称。金石，钟磬一类的乐器。丝竹，各类弦乐器和竹管乐器。

7 乐：动词，喜好，爱好，热爱的意思。下五句中“乐”，同义。

8 都邑：国都或大城市。

9 君：统治，管理。人：民众，普通人。

10 作乐：制作音乐，推行乐教。

原文

释近谋远[1]者，劳而无功；释远谋近者，佚[2]而有终。佚政[3]多忠臣，劳政[4]多怨民。故曰：务广地者荒，务广德者强。能有其有者安，贪人之有者残。残灭[5]之政，累世[6]受患。造作过制[7]，虽成必败。

舍己[8]而教人者逆，正己而教人者顺。逆者乱之招，顺者治之要。

译文

舍近而图远的人，必定劳而无功；舍远而图近的人，必定安逸而善终。安逸的政治，就会出现众多忠臣；繁苛的政治，就会产生许多怨民。所以说，追求向外扩张领土的，内政必然会荒废；致力于广施恩德的，国势必然会强盛。能保有自己所当拥有的，就平安无事；贪图他人所有的，就受辱招损。残酷暴虐的政治，世世代代都会遭受祸患。所作所为超越了常规，即便暂时取得成功，但最终仍将归于失败。

撇开自己而去教训别人这属于违背常理，首先端正自身再去教育别人这才合乎常理。违背常理乃是招致祸乱的根源，合乎常理才是安定国家的关键。

注释

1 释近谋远：舍近而图远。意谓放弃内政治理，而汲汲于谋求对外扩张。

2 佚：同“逸”，安乐，安逸。

3 佚政：指统治者实行与民休养生息而使民众安乐的政策。

4 劳政：繁苛之政，劳民伤财的恶政。

5 残灭：暴虐残酷，让民众处于水火之中，生不如死。

6 累世：世世代代的意思。

7 造作过制：谓统治者对内对外的残暴行径超过了限度。

8 舍己：撇开自己，不能以身作则。

原文

道、德、仁、义、礼，五者一体也。道者，人之所蹈[1]；德者，人之所得；仁者，人之所亲；义者，人之所宜；礼者，人之所体[2]。不可无一焉。故夙兴夜寐[3]，礼之制也；讨贼报仇，义之决也；恻隐之心[4]，仁之发也；得己得人[5]，德之路也；使人均平，不失其所，道之化也。

译文

道、德、仁、义、礼，这五者是一个完整的体系。道是人们所应该遵循的法则，德是人们所应该持有的情操，仁是人们所应该保持的亲情，义是人们所应该去做的合宜事情，礼是人们所应该身体力行的规范。这五者缺一不可。所以，人们早起而晚睡，这是受礼的约束；讨伐贼寇报仇雪恨，这是出于义的决断；同情怜悯之心，这乃是发自于仁慈的本性；使自己和他人都获得满足，这是行施德的要求；使人均齐平等，各得其所，这是推广道的教化。

注释

1 蹈：履行、遵循、践行。

2 体：意谓身体力行。

3 夙兴夜寐：早早起床，很晚睡觉。形容整日都忙于工作。

4 恻隐之心：怜悯之心，同情之心。

5 得己得人：使自己与他人都获得满足。《论语》："己欲立而立人，己欲达而达人。"

原文

出君下臣名曰命[1]，施之竹帛[2]名曰令，奉而行之名曰政。夫命失，则令不行；令不行，则政不正；政不正，则道不通；道不通，则邪臣胜[3]；邪臣胜，则主威伤。

千里迎贤，其路远；致不肖[4]，其路近。是以明王舍近而取远，故能全功。尚人[5]，而下尽力。

废一善，则众善衰；赏一恶，则众恶归。善者得其佑，恶者受其诛，则国安而众善至。

众疑无定国[6]，众惑无治民。疑定惑还[7]，国乃可安。

译文

由君主下达给臣下的指示叫作"命"，把它书写在竹帛上叫作"令"，遵照和执行命令叫作"政"。"命"如果有差错，"令"就无法加以推行；"令"如果不能推行，"政"就会发生偏差；政治如有偏差，治国之"道"就会行不通；治国之"道"倘若行不通，那么奸佞之臣就会占据上风；奸佞之臣假若得势，那么君主的威信权势必会受到损伤。

千里之外去迎聘贤人，路途十分遥远；但招引奸邪之徒，路途却非常近便。所以，英明的君王宁愿舍近而求远，因而能保全功业。尊尚贤人，属下便会竭尽全力加以报答。

废弃闲置一个好人，那么众多好人都会悲观丧气；奖励赏赐一个坏人，那么其他坏人就会纷至沓来。好人好事得到保护，坏人坏事受到惩治，国家就会安定，而大量的好人好事便会纷纷涌现。

民众都心存疑虑，那么就不会有政治安定的国家；民众都困惑不解，那么就不会有奉公守法的百姓。只有除去疑虑，澄清迷惑，国家才会趋于安宁。

注释

1 出君下臣名曰命:出于君主之口而下达到臣属的旨意称之为“命”。
2 施之竹帛:将文字内容书写在竹简和绢帛之上。
3 胜:战胜,这里是得势、嚣张的意思。
4 不肖:不贤者,也即奸佞之徒。
5 尚人:意谓尊崇贤人,尊尚德者。
6 定国:指政治安定、秩序井然的国家。
7 疑定惑还:排除疑虑,解除困惑。

原文

一令逆则百令失,一恶施则百恶结。故善施于顺民,恶加于凶民[1],则令行而无怨。使怨治怨,是谓逆天[2];使仇治仇,其祸不救。治民使平,致平以清,则民得其所而天下宁。

犯上者[3]尊,贪鄙者[4]富,虽有圣王,不能致其治;犯上者诛,贪鄙者拘,则化行而众恶消。

译文

一项政令背天逆理,其他政令也会难以收效;一桩坏事得到推行,其他坏事就会随之汇集。所以,善政施加于驯服听话的民众,酷政施加于凶恶暴戾的民众,那么政令便能顺利推行,民众也不会有什么怨言。用民众所怨恨的办法去治理怀有怨恨情绪的民众,这叫作背天逆理;用民众所仇恨的办法去治理怀有仇恨心理的民众,所招致的灾祸将无法挽救。治理民众要做到公平,而要实现公平,政治就必须清明。这样,民众就能各得其所,而天下也将太平安宁。

犯上作乱的人显赫尊贵,贪婪卑鄙的人发财致富,这样的话,那么即使有圣明的君主,也不能把国家治理好。犯上作乱的人受到诛戮,贪婪卑鄙的人受到拘禁,这样,教化才可以

清白之士，不可以爵禄得；节义之士，不可以威刑胁[5]。故明君求贤，必观其所以而致焉。致清白之士，修其礼；致节义之士，修其道。而后士可致，而名可保。

得到推行，种种邪恶的人和事情才会销声匿迹。品行高洁的人，不可以用爵禄来加以收买；讲究节操道义的人，不可以用威刑来加以胁迫。所以，英明的君主征求贤人，一定要根据他们的志向旨趣而加以罗致。罗致品行高洁的人，要讲究礼法；罗致有节操道义的人，要讲究道义。然后，贤士才可以被罗致到手，而君主的英名也能够得到保全。

注释

1 凶民：凶恶暴戾的刁民。统治者心目中的那些有反抗意识，不顺从统治的民众。

2 逆天：背天逆理。

3 犯上者：指敢冒犯尊长君上的人。

4 贪鄙者：贪得无厌，卑鄙无耻之徒。

5 胁：威胁，胁迫。

原文

夫圣人君子，明盛衰之源，通成败之端[1]，审治乱之机，知去就之节[2]。虽穷不处亡国之位，虽贫不食乱邦之禄。潜名抱道[3]者，时至而动，则极人臣之位；德合于己，则建殊

译文

圣人君子能明察盛衰兴亡的根源，通晓成败得失的先兆，洞悉治乱安危的关键，了解进退去就的时机。虽然仕途困穷也不做行将灭亡之国的官吏，虽然生活贫寒也不领取混乱衰败之邦的俸禄。隐名埋姓，胸怀经邦治国之道的人士，时机成熟才会有所行动，因而能够位极人臣；遇到志向和德行与自己吻合的君主，便能建立殊世的功勋。所

绝[4]之功。故其道高而名扬于后世。

以,他的道术卓绝高明而名扬后世。

圣王之用兵,非乐之也,将以诛暴讨乱也。夫以义诛不义,若决江河而溉爝火[5],临不测而挤欲堕,其克必矣。所以优游恬淡[6]而不进者,重伤人物[7]也。夫兵者,不祥之器,天道恶之,不得已而用之,是天道也。夫人之在道,若鱼之在水,得水而生,失水而死。故君子者常畏惧而不敢失道。

圣明的君主兴兵打仗,并不是出于对战争的爱好,而是将要运用战争来诛伐残暴,讨平叛乱。以正义战争诛讨非正义的战争,就好比是决开江河之水去浇灭微弱的火光,身临无底深渊去推挤一个摇摇欲坠的人,他赢得胜利乃是必然的。圣王之所以优闲恬静而不急于进击,乃是因为他不愿意过多地损伤生命和财物。用兵打仗,这是不吉祥的事物,连天道也厌恶它。只有在万不得已的情况下动用战争这一手段,这才是顺乎天道的。人们处于大道的衍化之中,就如同鱼儿生活在水中,遇到水而生,离开水而死。所以,君子要时时心存敬畏而不敢须臾背离天道。

注释

1 端:端倪,预兆。

2 节:分寸,恰当的时机。

3 潜名抱道:指那些隐姓埋名但却胸怀治国安邦之道的贤人。

4 殊绝:卓越、卓绝的意思。

5 爝火:小火。

6 优游恬淡:悠闲自得,清静淡泊。

7 重伤人物:意谓过多地损伤生命,过度地消耗财物。

原文

豪杰秉职[1],国威乃弱;杀生[2]在豪杰,国势乃竭;豪杰低首,国乃可久;杀生在君,国乃可安。四民用(灵)[虚],国乃无储;四民用足,国乃安乐。

贤臣内,则邪臣外[3];邪臣内,则贤臣毙。内外失宜[4],祸乱传世。

大臣疑主,众奸集聚。臣当君尊,上下乃昏;君当臣处,上下失序。

伤贤者,殃及三世;蔽[5]贤者,身受其害;嫉贤者,其名不全;进贤者,福流子孙。故君子急于进贤而美名彰焉。

利一害百,民去城郭[6];利一害万,国乃思散。去一利百[7],

译文

豪强把持朝廷政治,国家的威望就会被削弱;生杀大权操纵在豪强的手中,国家的势力就会趋于衰竭。豪强俯首听命,国家才可以长治久安;生杀大权由国君掌握,国家才可以保持安宁。士农工商日用匮乏,国家就没有储备;士农工商日用富足,国家方可以安乐。

贤臣在朝廷之中被亲近,奸臣就会被疏远在外;奸臣在朝廷之中被亲近,贤臣就会被置于死地。亲疏颠倒,内外失宜,祸乱就会流传给后代。

权臣自比君主,群奸就会借机聚集。臣属相当于君主那样受尊崇,上下秩序便昏昧不明;君主相当于臣属的地位,上下秩序就彻底颠倒。

伤害贤人的,祸殃就会延及子孙三代;埋没贤人的,自身也会受到损害;嫉妒贤人的,个人名声便不能保全;举荐贤人的,福祉将流布惠及子孙后代。所以,君子热心于举荐贤人而使美名显扬于世间。

使一个人获利而使一百人遭受祸害,那么民众就会离开城郭;使一个人得利而使一万人遭受祸害,那么全国上下就会人心思散。除掉一个人而让一百人得利,那么人们

人乃慕泽[8]；去一利万，政乃不乱。	就会思慕他的恩泽；除掉一个人而让一万人得利，那么政治就不会发生动乱。

注释

1 豪杰秉职：横行霸道之辈主持政务，执掌权柄。

2 杀生：操持生杀予夺之权。

3 外：被摈弃、被排斥、被疏远。

4 内外失宜：该亲近却被疏远，该摈斥却受重用，政治混乱无序。

5 蔽：隐没、埋没的意思。

6 民去城郭：意谓民众对政治绝望，宁愿背井离乡，也要弃统治者而去。

7 去一利百：除掉一个人而利于百人。去，去掉，除掉。

8 慕泽：仰慕恩德，思慕恩泽。

附录

素书

序 言

《素书》又名《黄石公素书》,是另一部依托黄石公之名而流传于世的兵学著作,大约成书于宋代。北宋末年的张商英为之作序并镂板印行,有学者认为,《素书》实际上出于张商英本人之手。

稍加考究,可以发现《素书》与《三略》之间存在着相当密切的关系。其基本内容,大多直接从《三略》搬抄而来,或维持《三略》文字的原貌,或依据《三略》略作改动和发挥。从这个意义上说,《素书》乃是推衍、发挥《三略》的产物。

尤为重要的是,在思想实质方面,《素书》与《三略》如出一辙。《三略》讲道、德、仁、义、礼,以老子道家哲学为本体,兼容儒、法、兵家的学说,具有鲜明的黄老兵学特征。《素书》同样以道家哲学为指导,依据道、德、仁、义、礼诸范畴而推衍成篇。在论述的具体内容上,两书亦颇多契合之处。如《三略》讲广德,讲守微,《素书》也讲修德,讲知足;《三略》提倡动应时机,时至而动,《素书》也主张时至而行,得机而动;《三略》充溢着忧患意识,注重借鉴历史以指导现实,提倡明盛衰之源,《素书》也主张安而思危,存而惕亡,强调以历史为镜鉴,从以往的兴衰成败中寻求启迪。其他方面,诸如尚贤用能、重农爱民等,两书的观点亦基本一致。凡此种种,均表明《素书》渊源于《三略》,是《三略》一书的孳乳和演化。

当然,后出的《素书》在一定程度上对《三略》也有所总结和发展。尤其是在内在结构和逻辑方面,《素书》相对于《三略》有较明显的改进和提高:结构更为合理,体例更为严谨,剪裁更为得当。另外,《素书》的思想表达也显得更为明晰，语言文字显得更加凝练。这一切表明，《素书》并不是《三略》的简单模仿，而有其独立存在的价值，同时对于帮助人们进一步理解《三略》的要义，也颇有裨益。

原序

原文

《黄石公素书》，六篇。按《前汉书·列传》，黄石公圯桥所授子房书，世人多以《三略》为是，盖传之者误也。晋乱，有盗发子房冢，于玉枕中获此书。凡一千三百三十六言，上有秘戒："不许传于不道、不神、不圣、不贤之人。若非其人，必受其殃；得人不传，亦受其殃。"呜呼！其慎重如此。黄石公得子房而传之，子房不得其传而葬之，后五百余年而盗获之，自是《素书》始传于人间。然其传者，

译文

《黄石公素书》，共计六篇。按照《前汉书·［张良］列传》的记载，黄石公在圯桥向张良所传授的应该是《素书》。一般人大多以为黄石公所传授的是《三略》，这恐怕是由于传说的错误所造成的。西晋末年天下大乱，有盗墓贼发掘了张良的坟墓，在玉枕之中得到了这部书。全书共计1336个字，书上还写有秘密的告诫："决不允许传授给不道、不神、不圣、不贤的人。倘若传给了不该传的人，必定要遭受祸殃；但如果有了该传的人而不传，那么也会遭灾受殃。"啊！先人对待此书是如此的慎重！黄石公遇上张良，便将此书传给了他；张良没有遇到可以传授的人，便将此书带进了自己的坟墓。五百多年之后，盗墓者得到了这部《素书》，从此它才开始在人世间流传了开来。然而这些传授《素书》的人，所传的仅仅是黄石公的言辞罢了，至于黄石公此书的精妙真

特黄石公之言耳，而公之意，其可以言尽哉！

余窃尝评之，天人之道，未尝不相为用，古之圣贤皆尽心焉。尧钦若昊天，舜齐七政。禹叙九畴，傅说陈天道，文王重八卦，周公设天地四时之官，又立三公以燮理阴阳，孔子欲无言，老聃建之以常无有。《阴符经》曰："宇宙在乎手，万物生乎身。"道至于此，则鬼神变化，皆不能逃吾之术，而况于刑名度数之间者欤？

黄石公，秦之隐君子也。其书简，其意深，虽尧、舜、禹、文、傅说、周公、孔、老，亦无以出此矣。然则黄石公知秦之将亡，汉之将兴，故以此书授子房。而子房者，岂能尽知其

义，难道是言辞所能够穷尽的！

我曾经私下里作过评论道：天地的大道和人类的活动，未尝不是互为关联、相辅相成的，古代的圣人贤士，都曾经尽心殚虑于这一点上。唐尧曾经指令羲和氏掌管天文，以定农时；虞舜曾以璇玑玉衡来观测天象，整治人事；夏禹曾用《洪范》九畴作为治理天下的法则；傅说曾敷陈天地运行规律以解说立邦为政的原理；周文王曾推演八卦为六十四卦以穷究天人关系；周公在《周礼》中按照天地运行、四时变化的规律分官设职，并设立太师、太傅、太保来燮理调和阴阳；孔子在天道问题上不愿随便谈论；老子在天道观上持有与无的辩证统一。《阴符经》中说："宇宙在乎手，万物生乎身。"对天人之道的理解把握达到如此地步，那么即使是鬼神莫测般的变化，也都将摆脱不了我的控制，更何况那些在刑名度数之间所发生的变化了。

黄石公，是秦朝时隐居的有道君子。他的书内容简略，但所包含的意义却十分深刻，即使是唐尧、虞舜、夏禹、周文王、傅说、周公、孔子、老子这些圣贤的思想，也并不比黄石公的学说来得更高明。黄石公察知秦朝行将灭亡，汉朝即将兴起，因此把这

书哉？凡于房之所以为子房者，仅能用其一二耳。书曰：“阴谋外泄者败。”子房用之，尝劝高帝王韩信矣；书曰：“小怨不赦，大怨必生。”子房用之，尝劝高帝侯雍齿矣；书曰：“决策于不仁者险。”子房用之，尝劝高帝罢封六国矣；书曰：“设变致权，所以解结。”子房用之，尝致四皓而立惠帝矣；书曰：“吉莫吉于知足。”子房用之，尝择留自封矣；书曰：“绝嗜禁欲，所以除累。”子房用之，尝弃人间事，从赤松子游矣。嗟乎！遗糟弃滓，犹足以亡秦、项而帝沛公，况纯而用之，深而造之者乎！

自汉以来，章句文辞之学炽，而知道

部书传授给了张良。至于张良这个人，又难道能够完全懂得和掌握《素书》的精义吗？张良之所以成为张良[而名垂青史]，不过是能运用《素书》中的十分之一二的谋略而已。《素书》说：“秘密的谋划一旦泄露，就会招致失败。”张良用了这一条，所以曾劝说刘邦应允分封韩信为齐王，[从而在楚汉战争关键时刻稳住了韩信]；《素书》说：“小怨小仇不赦免，那么大怨大仇就必定会产生。”张良用了这一条，所以曾劝说刘邦册封与自己有过节的雍齿为侯[从而清除了部下反叛的隐患，稳定了内部]；《素书》说：“在决策过程中听取不仁无识之辈意见，势必带来危险。”张良用了这一条，所以曾劝阻刘邦推行由郦食其所倡导的分封六国王室后代的建议[从而避免了使天下重新陷于分裂]；《素书》说：“顺应变化驾驭权术，是为了解开问题的症结。”张良用了这一条，所以曾召来商山四皓辅助太子，使他顺利继位成为惠帝[从而清除了刘邦身后继位问题上的隐患]；《素书》说：“没有比知足常乐更为吉利了。”张良用了这一条，所以自愿选择了留地这个小地方作为自己的封地[从而避免了因贪图富贵而带来的不测之祸]；《素书》说：“禁绝嗜欲，以便使自己没有拖累。”张良用了这一条，所以便向刘

之士极少。如诸葛亮、王猛、房乔、裴度等辈，虽号为一时贤相，至于先王大道，曾未足以知仿佛。此书所以不传于不道、不神、不圣、不贤之人也。离有离无之谓道，非有非无之谓神，有而无之之谓圣，无而有之之谓贤。非此四者，虽口诵此书，亦不能身行之矣。宋张商英天觉序。

邦表示愿意弃却世事，跟随赤松子学道[从而避免了功成名就后人主的猜忌]。啊，张良所运用的这些，不过是《素书》中的糟粕渣滓罢了，却已足以灭亡秦朝，打败项羽，辅佐刘邦成就帝业了，更何况能对《素书》精义纯而用之、深而造之的高人呢？

从汉朝以来，章句文辞之学日益盛行，而能把握大道之士却极为稀少。像诸葛亮、王猛、房玄龄、裴度这些人，虽然号称一代贤相，然而对于先王的大道，其实并没有了解和掌握多少。这也是《素书》之所以不可传于不道、不神、不圣、不贤之人的缘故了。离有离无叫作道，非有非无叫作神，有而无之叫作圣，无而有之叫作贤。不是这四种人，即使是能背诵《素书》，也是无法在实践中身体力行的。宋代人张商英天觉作序。

原始章第一

原文

夫道、德、仁、义、礼，五者一体也。道者人之所蹈，使万物不知其所由；德者人之所得，使万物各得其所欲；仁者人之所亲，有慈惠恻隐之心，以遂其生成；义者人之所宜，赏善罚恶，所以成功立事；礼者人之所履，夙兴夜寐，以成人伦之序。夫欲为人之本，不可无一焉。

贤人君子，明于盛衰之道，通乎成败之数，审乎治乱之势，达乎去就之理。故潜居抱道，以待其时。若时

译文

道、德、仁、义、礼这五者，是多元一体的关系。所谓道，是人们所应遵循的最根本规律，它使天下万物不期而然，不知道自己由何而来，向何而往；所谓德，是人们从大道中自然所拥有的，它使万物都得以实现自己的欲望本能；所谓仁，是人们所亲近的，它的本质特性是怀有慈爱、恩惠、同情之心，从而使得天下万物都能够顺利生长；所谓义，是指人们所应当做的，它的本质属性是根据适宜的标准赏善罚恶，从而确保人们建功立业；所谓礼，是指人们的一般行为规范，必须自早到晚履行不辍，从而树立起世间的人伦秩序。如果想要做一个堂堂正正、纯粹高尚的人，那么这五方面的修养是缺一不可的。

贤人君子，能够明察万物兴衰的规律，通晓事情成败的根源，洞悉天下治乱的大势，懂得个人去就的道理。不得其时，

至而行，则能极人臣之位；得机而动，则能成绝代之功。如其不遇，没身而已。是以其道足高，而名重于后世矣。

则隐居不出，守道不失，静静地等待时机的成熟。一旦时机来临，便立即展开行动，就能位极人臣，建立殊世伟业。如果生不逢时，也就从此隐姓埋名，与世无争了。所以他们的思想操守实在高明之至，他们的声誉也足以风靡天下，流芳百世。

正道章第二

原文

德足以怀远，信足以一异，义足以得众，才足以鉴古，明足以照下，此人之俊也。

行足以为仪表，智足以决嫌疑，信可以使守约，廉可以使分财，此人之豪也。

守职而不废，处义而不回，见嫌而不苟免，见利而不苟得，此人之杰也。

译文

德操足以使远方之人心悦归附，诚信足以使不同的意见得到统一，恩义足以博得众人的拥戴，才智足以借鉴古人的经验，聪明足以洞悉下属的情况，这样的人就叫作人中的才俊。

行为足以成为大家效仿的榜样，智慧足以辨析和解决疑难问题，信义可以使众人践约不渝，廉洁可以主管财务工作，这样的人就叫作人中的英豪。

忠于职守而不废弛怠慢，坚守道义而绝不反顾，受到猜疑而不退缩敷衍，面对利益好处而不汲汲经营，这样的人就叫作人中的英杰。

求人之志章第三

原文

绝嗜禁欲，所以除累。抑非损恶，所以禳过。省酒戒色，所以无污。避嫌远疑，所以不误。博学切问，所以广知。高行微言，所以修身。恭俭谦约，所以自守。深谋远虑，所以不穷。亲仁友直，所以扶颠。近恕笃行，所以接人。任人使能，所以济务。瘅恶去谗，所以止乱。推古验今，所以不惑。先揆后度，所以应卒。设变致权，所以解结。括囊顺会，所以无咎。橛橛梗梗，所以立功。孜孜淑淑，所以保终。

译文

禁绝嗜欲，从而消除拖累。抑制邪念，改正恶习，从而避免过失。节制酒瘾，不近女色，从而洁身自好。躲避嫌疑，远离猜忌，从而提防失误。博学多思，彼此切磋，从而增长自己的知识。行为高尚，言语谨慎，从而提高自己的修养。恭敬勤俭，谦和自律，从而保持自己的节操。谋略深沉，计虑长远，从而能从容处理各类事务。亲近君子，结交诤友，从而帮助挽回危局。提倡恕道，专志力行，从而做到善于待人接物。信任才士，重用贤能，从而成就一番大业。憎恨恶人，排斥谗佞，从而消弭动乱。考察历史，洞悉现实，这样便不会陷入困惑。事先揆度，心中有数，这样便可以应付突发事件。有常有变，有经有权，这样便能够解开问题的症结。谨慎言语，顺应形势，这样便可以避免灾祸。刚直不阿，高风亮节，这样便能够建功立业。勤勤恳恳，尽善尽美，这样便可以做到善始善终。

本德宗道章第四

原文

夫志心笃行之术，长莫长于博谋，安莫安于忍辱，先莫先于修德，乐莫乐于好善，神莫神于至诚，明莫明于体物，洁莫洁于谨身，吉莫吉于知足，苦莫苦于多愿，悲莫悲于精散，病莫病于无常，短莫短于苟得，幽莫幽于贪鄙，孤莫孤于自恃，危莫危于任疑，败莫败于多私。

译文

坚定心志勉力践行的基本方法是这样的：发挥优长莫过于广征博采，保持安稳莫过于含垢忍辱，率先所做莫过于养心修德，身心愉悦莫过于乐善好施，处事神奇莫过于诚心诚意，头脑明智莫过于体察万物，廉洁自律莫过于身体力行，寻求吉利莫过于知足常乐，深陷苦恼莫过于欲望太多，困于悲哀莫过于精神耗散，四处碰壁莫过于违背常理，浅薄短视莫过于苟且求得，昏昧无知莫过于贪婪卑鄙，孤立无助莫过于自以为是，身置危险莫过于任人而疑，遭致败亡莫过于私欲横流。

遵义章第五

原文

以明示天下者暗，有过不知者蔽，迷而不返者惑，以言取怨者祸，令与心乖者废，后令谬前者毁，怒而无威者犯，好直辱人者殃，戮辱所任者危，慢其所敬者凶，貌合心离者孤，亲谗远忠者亡，近色无贤者惛，女谒公行者乱，私人以官者浮，凌下取胜者侵，名不胜实者耗，略己而贵

译文

竭力在天下人面前显示自己聪明的最愚昧；有了过错而自己却不知道的最愚蔽；沉溺于错误而不能自拔的，是被迷了心窍；因为言语不慎而招致怨恨的，意味着灾祸临头；发布的命令与内心真实想法相违背的，会妨碍工作；前后号令互相对立不一致的，会毁弃事业；只会使气发怒却缺乏威信的，定然被他人冒犯；为了表示自己直爽而随便使别人无法下台的，定然遭受灾殃；杀戮或侮辱自己下属的，等于置身危殆；怠慢自己所应该尊敬的人的，等于涉足凶险；表面意见相合而实际心怀鬼胎的，势必孤立无援；亲近谗佞而排斥忠良的，势必国破身亡；沉湎酒色而疏远贤人的，这是昏庸误国；女人公开专擅弄权的，这是混乱害世；起用私人亲信为官作宰的，导致世风轻浮；凌辱下属欺压百姓的，导致暴虐横行；内外不一名实不副的，导致基业动摇；对自己要求不严却对他人横加指责的，便无法正常治理；自奉甚厚却对人刻薄寡恩的，便将为大家所抛弃；因为有小过错就否定人

人者不治，自厚而薄人者弃，以小过弃大功者损，群下外异者沦，上下相违者毁，上下相怠者无功，上下相易者倾，既用不任者疏，行赏吝色者沮，多许少与者怨，既迎而拒者乖，薄施厚望者不报，贵而忘贱者不久，念旧怨而弃新功者凶，用人不得正者殆，强用人者不畜，为人择官者乱，失其所强者弱，决策于不仁者险，阴谋外泄者败，厚敛薄施者凋，战士贫、游士富者衰，贿赂公行者昧，闻善忽略、记过不忘者暴，所任不可信、所信不可任者浊，牧人以德

家以前所立的大功的，便会丧失人心；臣下人人都萌生异心的，将陷于沦亡；上下之间离心离德的，事业将毁于一旦；上下之间互相怠慢的，做什么都不会有成效；上下之间关系被颠倒的，倾覆的危机就随之降临；对贤人表面上任用而实际不加信任的，必然为贤人所疏远；论功行赏，脸上却露出舍不得的神色，功臣便会心灰意冷；许诺很多，兑现却很少的，必然导致怨懑；已经表示欢迎别人，却又将人家拒之门外的，这叫作行为乖戾；所付出的少得可怜，却希望得到丰厚回报的，最终将一无所获；地位尊贵后忘了自己曾经贫贱的，得意肯定不会长久；对旧怨耿耿于怀，即便别人立了功也不给予奖赏的，会带来凶险；用人不当的，必然会危及自身；强逼他人为官的，必然不能拴心留人；专为某人而设置官位，必然会导致混乱；失去自己固有优势的，将会由强转弱；与不仁之人一起谋划大事的，将会身处危险；机密的谋略如果被泄露，将会彻底失败；横征暴敛、不恤民生的，到头来是走向凋敝；浴血沙场的军人饥寒交迫，摇唇鼓舌的游士却坐致富贵，国家便会中衰；行贿受贿成为公开的社会现象，国家的前途也就一片黯淡；听到善言善行置若罔闻，对于别人的过失却念念不忘，这乃是蛮横粗暴；所用的人都不可信，所信的人都不可用，

者集，绳人以刑者散。

小功不赏则大功不立，小怨不赦则大怨必生，赏不服人、罚不甘心者叛，赏及无功、罚及无罪者酷，听谗而美、闻谏而仇者亡，能有其有者安，贪人之有者残。

这乃是污浊不堪的政治；用仁义道德来治理民众，天下就会翕然归心；用严刑酷法来统治国家，人们就会背叛离散。

对小功不予以奖赏，那么就不会有人去立大功了；对小怨不予以赦免，那么更大的怨仇便会产生了；奖赏惩罚不公正，不能使人心悦诚服的，就会众叛亲离；赏赐那些没有功劳的，惩罚那些不曾犯罪的，乃是残酷暴虐的统治；听到谗言却心中高兴，听到直言却如见仇人的，乃是倾覆灭亡的征兆；能够保全自己所有的，国家就会安定；一味贪图他人所有的，国家势必残灭。

安礼章第六

原文

怨在不舍小过，患在不预定谋。福在积善，祸在积恶，饥在贱农，寒在惰织。安在得人，危在失士。富在迎来，贫在弃时。上无常躁，下无疑心。轻上生罪，侮下无亲。近臣不重，远臣轻之。

自疑不信人，自信不疑人。枉士无正友，曲上无直下。危国无贤人，乱政无善人。爱人深者求贤急，乐得贤者养人厚。国将霸者士皆归，邦将亡者贤先避。

地薄者大木不产，水浅者大鱼不游，树秃者大禽不栖，林疏者大兽不

译文

惹人怨恨，是因为自己过于苛刻不能原谅小的过失；蒙受忧患，是因为事先没能做好必要的准备。福星高照，是由于能够积德行善；大祸临头，是由于为非作歹积恶过多。导致饥饿是由于轻视农业生产，造成寒冷是由于没有鼓励纺织。国家安定，是因为得到民心；国家危亡，是因为失去人才；国家富裕，是因为能抓紧农时；国家贫困，是因为违背了农时。在上的君主不轻率浮躁，在下的臣僚就不会猜忌不安。对上傲慢无礼必然致咎获罪，对下凉薄侮辱必然无人亲近。君主身边的大臣得不到重用，地方上的官吏就会轻视鄙薄他们。

连自己都怀疑的人决不会信任别人，对自己充满信心的人决不会怀疑别人。心术不正的人不会有正直的朋友，邪恶的君主手下也不可能有正直的臣

居。山峭者崩，泽满者溢。弃玉取石者盲，羊质虎皮者辱。衣不单领者倒，走不视地者颠。柱弱者屋坏，辅弱者国倾。足寒伤心，民怨伤国。山将崩者下先堕，国将衰者人先弊。根枯枝朽，人困国残。与覆车同轨者倾，与亡国同事者灭。见已生者慎将生，恶其迹者须避之。畏危者安，畏亡者存。

夫人之所行，有道则吉，无道则凶。吉者百福所归，凶者百祸所攻。非其神圣，自然所钟。务善策者无恶事，无远虑

子。行将败亡的国家找不到有才能的大臣，政治紊乱的地方找不到有道德的君子。真正爱惜人才的，一定会求贤若渴；确实思贤若渴的，一定会厚待人才。国家将要成就霸业的，贤士都会前来归附；国家将要衰败灭亡的，贤士就会先行避去。

土地贫瘠的地方生长不出高大的树木，流水清浅的地方不会有什么大鱼，树林光秃的地方大的飞禽不会栖息，树林稀疏的地方大的野兽不会逗留。山岭过于陡直会崩塌，河泽过于涨满会外溢。舍弃美玉而收捡石头的人是有眼无珠，内心怯懦如羊而外表强硬似虎的只会招致侮辱。穿衣而领子在下的是倒行逆施，跑步而眼睛不看路的一定要栽跟头。柱子细弱的房屋会倒塌，大臣辅佐不力的国家会倾覆。脚受风寒会伤及心脏，民众怨恨会危及国家。山崖将要崩塌，风化的石块会先行跌落；国家将要灭亡，普通的民众已先行疲敝。树根枯死枝干就随之朽烂，民众穷困国家就随之残破。前面的车子已经翻了，继续沿着它的车辙走，一定也会翻车；前代的国家已经亡了，继续按着它的那套干，一定也会亡国。从已往的历史中汲取教训，在此基础上谨慎地面对现实；厌恶前人的劣行，就应当设法加以避免。唯恐天下混乱的，才能够安定天下；唯恐国家灭亡的，才能够保有国家。

者有近忧。

重可使守固，不可使临阵；贪可使攻敌，不可使分财；廉可使守主，不可使应机。(五)[三]者各随其材而用之。

同志相得，同仁相忧，同恶相党，同爱相求，同美相妒，同智相谋，同贵相害，同利相忌，同声相应，同气相感，同类相依，同义相亲，同难相济，同道相成，同艺相规，同巧相胜。此乃数之所得，不可与理违。

释己而教人者逆，正己而化人者顺。逆者难从，顺者易行。难行

一个人的所作所为，走正道便大吉大利，走邪道便凶险环生。所谓的大吉大利，就是各种幸运都降临到他的头上；所谓凶险环生，就是各种灾难都摊派到他的身上。这不是有什么神圣在做主宰，而是由自然规律所决定的。致力于谋划上的尽善尽美，就不会有遗憾的事情；不能做到深谋远虑的，忧患就会来到眼前。

稳重的人可以让他固守防御而不可让他冲锋陷阵，贪心的人可以让他冲锋陷阵而不可让他分发钱物，廉洁的人可以让他主持公务而不可让他处理机变。这三种人应当根据他们不同的特点而用其所长。

志向相同的人互相支持，仁爱相同的人互相关怀，恶行相同的人结成朋党，爱好相同的人互相吸引，美貌相同的人互相嫉妒，才智相同的人互相算计，权势相同的人互相倾轧，利益相同的人互相排斥，意见相同的人互相呼应，意气相同的人互相倾慕，类型相同的人互相依存，道义相同的人互相亲近，患难相同的人互相提携，事业相同的人互相促进，手艺相同的人互相制约，技巧相同的人互相克制。这些都是自然的一般规律，是不可加以违背的。

不能端正自身而企图端正别人的，这是逆背常理；首先端正自身然后再去教化别人的，才是顺乎常理。行为悖逆的难以收效，顺乎常理

则乱，易从则理。详体而行，理身、理家、理国可也。

的才通畅无阻。不能收效就会导致混乱，容易推行就会造成大治。仔细地体会其中的真谛，用之于修身、齐家、治国，都是一样可行的。

图书在版编目(CIP)数据

六韬 三略:附:素书/黄朴民导读、注译 .—长沙:岳麓书社,2024. 1
(2024. 11 重印)

(古典名著全本全注全译)

ISBN 978-7-5538-1950-1

Ⅰ. ①六… Ⅱ. ①黄… Ⅲ. ①《六韬》—译文②《三略》—译文
③《素书》—译文 Ⅳ. ①E892. 2

中国国家版本馆 CIP 数据核字(2023)第 189494 号

LIUTAO SANLÜE(FU:SUSHU)

六韬 三略(附:素书)

译　　注:黄朴民

出 版 人:崔　灿

责任编辑:孙世杰　陶嶒玲

责任校对:舒　舍

封面设计:罗志义

岳麓书社出版发行

地址:湖南省长沙市爱民路 47 号

直销电话:0731-88804152　0731-88885616

邮编:410006

版次:2024 年 1 月第 1 版

印次:2024 年 11 月第 2 次印刷

开本:890mm×1240mm　1/32

印张:9. 75

字数:255 千字

书号:ISBN 978-7-5538-1950-1

定价:40. 00 元

承印:长沙鸿发印务实业有限公司

如有印装质量问题,请与本社印务部联系

电话:0731-88884129